涛声过后

——教育管理沉思录

赵素文 著

海峡出版发行集团 THE STRAITS PUBLISHING & DISTRIBUTING GROUP | 海峡文艺出版社 Haixia Literature & Art Publishing House

图书在版编目(CIP)数据

涛声过后:教育管理沉思录/赵素文著.－福州:
海峡文艺出版社,2021.3(2021.9 重印)
ISBN 978-7-5550-2576-4

Ⅰ.①涛…　Ⅱ.①赵…　Ⅲ.①教育管理－研
究　Ⅳ.①G40－058

中国版本图书馆 CIP 数据核字(2021)第 030894 号

涛声过后
——教育管理沉思录

赵素文　著

责任编辑	李永远	
出版发行	海峡文艺出版社	
经　　销	福建新华发行(集团)有限责任公司	
社　　址	福州市东水路 76 号 14 层	邮编　350001
发 行 部	0591－87536797	
印　　刷	福州力人彩印有限公司	邮编　350012
厂　　址	福州市晋安区新店镇健康村西庄 580 号 9 栋	
开　　本	700 毫米×1000 毫米　1/16	
字　　数	320 千字	
印　　张	23.75	
版　　次	2021 年 3 月第 1 版	
印　　次	2021 年 9 月第 2 次印刷	
书　　号	ISBN 978-7-5550-2576-4	
定　　价	93.00 元	

自 序

　　教育是向着阳光奔跑的事业。在向前奔跑的路上，每一个脚印，或深或浅。或许，只有走过的人回头望去，才能体会到迈出的每一步是何等艰辛与不易。

　　21世纪之初，我跨入教育界，从2002年2月开始至2017年2月离岗，从事教育工作前后有15年。从一个地方政府工作部门福州市教育局，到一所高校福建教育学院，做教育行政管理工作这15年，正是新中国教育发展史上波澜壮阔的时期。

　　这是教育事业大改革的不寻常时期。这一时期，教育改革重大举措密集出台，在社会上引起的震荡不小：从"人民教育人民办"到实行义务教育"以县为主"的管理体制；基础教育课程改革从试验到课改全面铺开；高考改革从全国卷到省卷，又从省卷回到全国卷；中学教育从初、高中分设到鼓励公立高中名校复办初中；教师队伍补充从统招统配到公开招考……特别是《国家中长期教育改革和发展规划纲要（2010—2020年）》颁发后，教育改革更是走向了深水区。

　　这是教育事业大发展的不寻常时期。这一时期，教育事业大踏步、跨越式前进：从教育事业经费不足，到教育优先投入、城乡义务教育免除学杂费，实现了《中华人民共和国义务教育法》规定的真正意义上的义务教育；从基础教育发展不充分、不均衡，城乡教育办学条件差异很大，到福建全省全面实现县域义务教育基本均衡发展；从学前教育、高中教育两块短板突出，到学前教育、高中教育跨越式发展；从高等教育福建在全国排名靠后，到大学新区崛起，高等教育毛入学率进入全国中上水平……这15年，教育事业经历了翻天覆地的变化。

这是教育事业大激扬的不寻常时期。这一时期，教育事业激浊扬清、正本清源，逐步回到教育公益性、按教育规律办事上来：教育收费、招生入学、教育考试、教师补充等等，全部进入政务公开、校务公开，教育从"万炮齐轰"到人民满意；在教育评价"指挥棒"上，向唯分数、唯升学、唯文凭、唯论文、唯帽子的顽瘴痼疾"开刀"，着力推进立德树人，努力构建德、智、体、美、劳全面培养的教育体系……

教育事业的每一次阔步提升，都体现在教育管理的一个个看似平平常常、微不足道的细节里。而教育管理的一个个细节，都深深地刻画在教育改革发展的宏图大卷上，写在了教育事业发展的史册里。

21世纪之初的教育管理，处在改革发展、追求跋涉之中，有经验，也有教训。如今，站在新时代的历史阶梯上，回望世纪之初教育管理的一件件、一桩桩往事，那每一次的驻足、每一次的探索，都给我们带来非同寻常、耐人寻味的感受。回顾过往，可以看到世纪之初教育事业前进发展的轨迹，看到教育改革探索发展的跋涉。但愿这本世纪之初教育管理沉思录，能成为人们研究这一时期福建教育事业发展的有用资料，并为教育管理带来有益的借鉴。

赵素文

2020年5月20日

目　录

引　言

我与教育工作有不解之缘。在进入教育界之前，我曾在文秘界、新闻界工作，尽管不直接做教育，却一直联系教育、关注教育、宣传教育。从广义上说，我这一辈子干的都是教育工作。

在文秘界、新闻界工作期间，我是站在社会的角度看教育、做教育。

20世纪八九十年代，我在中共福州市委办公厅工作期间，主要从事精神文明范畴的文秘工作，因教育是精神文明的重头戏，自然对教育工作关注较多。那时的基础教育，重点解决百姓子女"有学上"的问题，党委、政府为解决百姓子女"上学难"，可谓花了九牛二虎之力。

记得1987年7月中旬，正是农村夏收夏种"双抢"大忙季节。时任中共福州市委书记袁启彤从长乐、福清等地调研归来，风风火火地决定7月22日召开福州市委、市政府电话会议，专门解决小学升初中难的问题。

当时，小学升初中的升学率全国平均68%左右，福建省排全国第24位，福州市则排在福建全省第6位。虽然福州市城区升学率已达100%，但八个县不平衡：高的，如闽清县，达到82.12%；低的，如罗源县，只有37.3%。据福州市教育局提供的资料，1987年，八个县小学毕业生共计83277人，而初中招收47312人，只占56.8%，低于全国平均水平。就是说，这一年将有35965个小学毕业生因学校没有学位升不了学！这怎么不让人着急？

在7月22日晚福州市委、市政府召开的电话会议上，袁启彤作了题为《解放思想狠下功夫，多种形式发展教育》的讲话。袁启彤在讲话

◆ 1987 年 7 月 23 日，《福州晚报》报道福州市委、市政府召开电话会议，部署解决小学升初中难的问题

中动情地说，为什么在农村进入"双抢"大忙的时候，专门召开电话会议强调这个问题呢？一是最近从长乐、福清等地调查了解到当前农村工作情况，其中相当一部分地方存在着小学升初中难的问题，群众反映强烈、呼声很高。二是这个问题事关重大，不及时解决好，将会带来一系列问题。三是时间紧迫，再过一个多月，新学期就要开学。而对这么重要、紧迫的大事，在一些地方还没有引起当地党委、政府的高度重视，或者处于知难叫苦、束手无策的状态。因此，市委、市政府认为，这个会非开不可，这件事非抓紧抓实不可。

这次会议发动全市上下解放思想、迅速行动，千方百计解决小学升初中难的问题。会后，各级党委、政府及社会各部门积极行动，从校舍、师资、资金等各方面切实采取有效措施，扩大初中学位。得益于此，当年福州市小升初入学率提高到 80% 以上。

尽管全市动员突击抓了一个多月，增加了 2 万余个学位，扩大了小升初的招生比例，但是，百姓子女"上学难"的问题仍然没有得到完全解决。为进一步动员全社会力量关心教育、支持教育，1988 年 9 月，福州市委、市政府召开福州市教育工作会议，在全市范围内部署开展"振兴福州应把振兴教育放在首位"教育大讨论。这场大讨论从1988年的教师节开始，一直开展到1989年教师节，历时一年。在这一年里，福州市委、市政府及市直有关部门经常组织召开研讨会、检查落实会等。特别是1989年4月至6月间，福州市组织振兴教育调查研究服务团1000多人，分成9个分团，深入基层，采取座谈、实地察看、现场采访、个别访问、问卷等方法，收集第一手材料，撰写了百余篇调研报告。这场教育大讨论成效明显，对福州市教育事业发展影响深远。正如1989年10月《光明日报》对"振兴福州应把振兴教育放在首位"教育大讨论的评价："提高了人们对教育重要性的认识，调动了社会各方面办学的积极性；调动了干部职工学习科学文化知识的积极性；调动了教师教书育人的积极性。"

作为联系精神文明战线的文秘人员，我参加了这场教育大讨论的各种重要活动，对教育管理工作的了解逐步加深。此后，我的目光一直跟进教育行进的步伐。

福州教育，是福建教育乃至全国教育的一个缩影。20世纪90年代末，基础教育集中力量打"两基"（即基本普及九年义务教育、基本扫除青壮年文盲）攻坚战。在福州市委、市政府的领导下，福州市各级各部门密切配合、奋力拼搏，到1997年，福州教育通过福建省"两基"验收。

追求公平教育、优质教育的步伐从未停歇。在通过福建省"两基"验收之后，世纪之交，福州又推进了一系列教育改革，其中影响比较大的有两个改革。

一个改革，是1998年的初招改革。这次初招改革，一改过去小学毕业生通过统一考试，按成绩录取到相应初中校的办法，实行"免试、对口、相对就近入学"政策。这时，我已在《福州晚报》工作。为了宣传、助推这一关系千家万户的教育政策，《福州晚报》与教育行政部门紧密配合，组织策划了初招改革系列宣传报道。1997 年 10 月 14 日，《福州晚报》第 1 版以学生家长"小恬妈妈"的来信——《请给小学生"松绑"》为由头，历陈小升初统一考试，让孩子过早地参加残酷的小学升重点中学的竞争，背上沉重的升学包袱，对身心发展造成的危害。《福州晚报》在刊登"小恬妈妈"来信的同时，刊发了编辑部的"编后语"："我们的基础教育究竟该怎么做？素质教育怎样才能落到实处？这既是关系到千家万户的事情，也是关系到福州的未来、祖国的未来的大事。""我们希望有识之士根据党的十五大报告精神，就我市现行的初招制度的利弊发表意见和看法，大家都来关心福州市的教育——这件振兴福州的首要之事。"《福州晚报》的群众来信刊发后，引起了强烈反响。之后，《福州晚报》连续刊登《榕城，回应一个母亲的呼唤》《该给小学生"松绑"的时候了》《小恬的境遇能避免吗？》《初招制度，你害病了吗》《害病的初招制度有治吗》等系列报道，反映社会各界群众对减轻小学生课业负担、实施素质教育的期盼，对现行初招制度进行改革的呼声，以及对省内外已进行初招改革的向往等等。《福州晚报》还刊发一系列福州初招工作的调研与思考

◆ 1997 年 10 月 14 日，《福州晚报》组织策划初招改革系列报道开篇——《请给小学生"松绑"》

文章，进行初招改革吹风宣传，为初招改革铺垫了良好的舆论基础。1998 年 3 月，福州市人民政府出台 1998 年福州市区初招改革对口入学政策。由于新闻媒体在 1997 年年底就有铺垫宣传，市民已有思想准备，所以福州市初招改革方案出台"波澜不惊"。在初招改革政策出台之后，为了做好初招改革宣传服务工作，《福州晚报》又开辟"初招改革答疑录"专栏，全方位开展初招改革宣传。由于初招改革工作宣传到位，教育行政部门准备充分，人民群众心理接

◆ 1998 年 9 月 1 日，《福州晚报》报道福州初招改革头班车驶入对口校

受，初招改革水到渠成。1998 年 7 月初，福州城区初招对口入学工作顺利结束，2.1 万多名小学毕业生全部对口升入初中。

另一个改革，是城区中学下放。这是在 2001 年，福州市改变过去区管小学、中学主要由市管的管理体制，把城区初中校下放区管。决策者的初衷是：调动城区政府办教育的积极性与主动性，整体办好义务教育阶段小学与初中学校。但是，这项决策在学校与学生家长层面反响较大。2001 年 2 月 26 日，福州市委、市政府有关领导在福州教育宾馆会议室，组织召开福州市教育系统干部座谈会，向大家宣传解释福州市委、市政府的决策。那一年，我在中共福州市委宣传部工作，列席了这个会

议。我亲历了福州市中学体制下放区管这一事件。基于学校与群众的意见与要求，福州市后来对下放中学做了调整——达标中学、完全中学仍归市管，一般中学下放区管（当时共下放了16所中学，其中鼓楼区2所、台江区3所、仓山区6所、晋安区4所、马尾区1所）。中学下放区管体制，震荡、反响多年，年年的福州市人大、市政协"两会"，都有代表、委员提案、议案反映城区中学下放问题。这一事件到2016年，以王金石等多位人大代表提案、福州市列为重点提案组织专题调研，福州市委、市政府再次专题研究，最后决定维持既定体制不变而了结。

如果说在进入教育界之前，我是站在社会的角度做教育的话，那么，2002年2月之后，我便是站在教育的角度做教育了。

2002年2月，在福州市党政机关机构改革中，中共福州市委派我担任中共福州市委教育工委书记、福州市教育局局长。虽然在这之前，我

◆ 2002年年初，福州市在党政机关机构改革中，撤销福州市教育委员会，设立福州市教育局。图为福州市教育局挂牌仪式

接触过教育管理工作，但毕竟是站在教育之外看教育、做教育，并非教育界出身。跨行、跨界，缺乏教育背景和专业能力，让我忧虑。但跨行、跨界思维，却也有诸多优势，让我充满信心。到教育界工作后，我从过去在面上关注教育，到深入教育之中学习、研究教育的方方面面工作，可以说，是从"杂"走向了"专"。为了尽快向内行、专业转变，我依靠的是学习。通过认真学习党的教育工作方针政策，学习教育管理理论知识，注意多深入一线调查研究，努力在工作实践中充实、提高自己。特别是2003年，我参加了教育部举办的市教育局长研修班，接受了系统的教育管理专业知识培训，让自己更加清醒地认识到教育管理在教育事业中的分量和所肩负的责任与使命。

在福州市教育行政管理岗位上工作8年多，对教育管理工作感悟良多：

教育是民族振兴、社会进步的重要基石，是功在当代、利在千秋的德政工程。千千万万的教育工作者，是这一浩大工程的具体施工者。施工中，每一钉、每一铆都要钉得对、铆得好，绝不能马虎与懈怠。

教育是关系千家万户的事业，每一项教育政策的出台，心中都要想到万千群众。教育政策文件稍有不慎，就会影响千家万户，甚至影响社会安全稳定。

教育是公益性事业，是最大的民生。教育管理者做每一件事情，都要以群众高兴不高兴、满意不满意为准绳，绝不能置群众利益于不顾，更不能以牺牲群众利益为代价，搞所谓的"政绩工程""面子工程"。

教育是千秋万代的事业，办教育要有定力与耐力，不要急功近利。教育的每一项改革，都要审慎对待，都要有利于人才培养，都不允许改革失败；否则，就会影响一茬人乃至几代人的培养。教育工作者只能"送福"，绝不能"作孽"。

教育管理者要敬畏权力，要让权力在阳光下操作，自觉接受群众监督，维护教育的公开、公平、公正。教育公平，是社会公平的基础；教育公

◆ 作者在福州市教育局工作期间照片（2005年）

正，是社会公正中最直接、最关注，也是影响最大的部分。

教育是社会性很强的事业。办好教育，既要靠教育人的自身努力、不懈奋斗，也要靠外界的大力支持与帮助。教育人自身不努力做不好事，教育人自身很努力但外界不支持也做不了事。有的时候，外因起着决定性的作用。教育人要积极、主动地争取外界方方面面的支持。

教育管理涉及方方面面，教育管理者要善于学习新理论、新政策，跟进党和国家的工作部署，熟悉国家教育方面的大政方针，准确把握区域教育发展方向。要与时俱进，转变思想观念，自觉从惯性思维中解放出来，从不合时宜的传统模式中解放出来，推动思想观念、管理思路的转变，推进教育管理工作的改革与创新。

教育管理者工作千头万绪、纷繁复杂，要胸怀大局、心系大局，在大局下思考，在大局下行动。要善于抓主要矛盾、抓矛盾的主要方面，应着力抓好公平教育、优质教育、平安教育、和谐教育、阳光教育。

……

这些感悟或多或少、或深或浅，都凝结在一个个教育管理事件之中，并深深地刻画在我的脑海之中。

潮声已渐渐远去。落潮之后，我沿着海滩，寻找、拾捡一个个小小的贝壳，并把它们串起来。它们虽然不像珍珠那样闪亮，但毕竟经过了大海浪花的冲淘，却也弥足珍贵。

第一篇章 公平教育的追求与跋涉

2016 年 10 月 16 日，这是福建教育发展史上一个永载史册的日子。这一天，福建省全域通过国家义务教育基本均衡发展评估检查。这是福建义务教育发展取得的重大成就，也是福建教育发展史上的一个重要里程碑！

义务教育均衡发展，倾注了数代人艰苦卓绝的不懈努力，承载了亿万人民群众的期盼与梦想！

1998 年，福建省在实现"两基"历史性目标任务之后，就开始了义务教育均衡发展的追求与跋涉。

义务教育均衡发展的进阶之路是如此艰辛、如此坚实。

1998 年至 2010 年，是福建省义务教育初步均衡推进阶段。这一阶段的目标是：巩固提高"两基"成果，解决百姓子女"有学上"的问题，保障适龄儿童少年最基本的受教育权利。从教育公平的角度来看，这一阶段解决的是入学机会的公平问题，属于起点公平的范畴。

2010 年，国家和福建省先后颁布实施教育改革发展规划纲要，明确提出了推进义务教育均衡发展的目标任务。2011 年 3 月，福建省人民政府与教育部签署《推进义务教育均衡发展备忘录》，并印发《关于进一步推进县域义务教育均衡发展的意见》，确定从 2012 年起至 2017 年，全省 92 个县（市、区，开发区）全面通过"义务教育发展基本均衡县"国家评估认定。决策层"谋局"，各级政府"谋事"，把最好的资源留给教育，促进义务教育均衡发展，成为各级政府的庄严承诺。在福建省委、省政府的领导下，经过全省上下共同努力，福建省于 2016 年提前通过

◆ 2011年3月，福建省人民政府与教育部签署《推进义务教育均衡发展备忘录》

义务教育基本均衡国家评估认定。

2011年至2016年，是福建省义务教育基本均衡推进阶段。这一阶段的目标是：从"有学上"到"上好学"，让适龄儿童少年享有符合国家办学标准的义务教育。从教育公平的角度来看，这一阶段解决的主要是教育过程的公平问题，重心从起点公平向过程公平过渡。

在实现了义务教育基本均衡之后，福建省又开始了义务教育优质均衡的追求。2017年，教育部发布《县域义务教育优质均衡发展督导评估办法》，福建省开启了义务教育优质均衡发展的新的登攀之路。在这一阶段，目标是为适龄儿童少年提供公平而有质量的教育。优质均衡，是均衡发展的高级阶段。这一阶段的发展重心，是提高教育资源配置水平、学校管理水平、教学质量等，为适龄儿童少年提供更具个性、更富特色、更高质量的教育。从教育公平的角度来看，优质均衡追求的是教育结果的公平，是保障人人享有高质量的义务教育的权利。

从教育起点的公平，到教育过程的公平，再到为实现教育结果的公平所做的努力，这一路，可谓历经坎坷、历经艰辛。在追求公平教育的路上，我亲历了福州市在追求教育起点公平、教育过程公平的征程中的一个个重要事件。这些事件，今天看起来似乎有点不可思议，但都书写着属于它们那个时代的一段教育历史。从中，我们可以看出教育前进发展的轨迹，看出在追求公平教育路上的风雨跋涉，并得到不少有益的启示。

事件之一：一所新校"小升初"对口的风波

2002年春夏之交，福州发生一起小学生罢课、学生家长上访事件，这是被媒体内参称为当年全国上访者中年纪最小、上访人数最多的上访事件。

世纪之交的福州，在解决百姓子女"有学上"的问题后，人民群众对"上好学"的愿望十分强烈。那时候，义务教育阶段学校之间的差距比较大：不仅是城乡学校之间存在较大差异，在城区的优质校与薄弱校、老校与新校之间，也存在很大差异。当时，为了办好新布点建设的新校，也为了推进义务教育均衡发展，教育行政部门对新办的学校采取"老校办分校"的形式。这在新校创办初期，确实有利于新校办学，也让老百姓感到心里踏实。但是，"老校带新校"也给群众带来错觉，鼓楼区屏西小学2002年发生的小学生罢课事件，就是在义务教育资源不充分、不均衡的情况下发生的一起尴尬事件。

20世纪八九十年代，随着城镇化的发展，福州城区的屏东、屏西等地区建起了大片住宅区。为解决城市新区人民群众子女上学问题，福建省、福州市人民政府先后在屏东、屏西地区布点建设了中小学。屏西小学于1996年秋季建成，由鼓楼区优质小学钱塘小学进行带动，原校名定为"钱塘小学屏西分校"，学校为鼓楼区区属学校，面向屏西住宅区招收学生。当时福州市并未进行初招改革，小学毕业生均通过统一考试，按成绩录取到相应的初中校，不存在对口初中的问题。1998年，福州市实施"免试、对口、相对就近入学"的初招改革。当年钱塘小学屏西分校还没有毕业生，所以初招改革这一年，钱塘小学屏西分校风平浪静。到2001年，钱塘小学屏西分校才有第一届毕业生。按照初招对口政策，钱塘小学屏西分校第一届毕业生全部升入对口学校福州铜盘中学。但是到了2002年，钱塘小学屏西分校第二届小学毕业生却发生了对口学校问题上访事件。

钱塘小学屏西分校2002年六年级有两个毕业班。家长自2001年年底开始向教育部门反映，既然作为钱塘小学屏西分校，就应该与钱塘小学一样，对口福州屏东中学。由于学校和鼓楼区教育局因种种原因未及时、准确、果断地处理此事，事态一直不能平息。2002年3月22日，钱塘小学屏西分校有两批各20多位家长到福州市教育局上访，要求将他们的子女视同钱塘小学学生，对口进福州屏东中学读书。3月25日，钱塘小学屏西分校又有几十位家长到福州市教育局上访。

当时钱塘小学屏西分校学生家长诉求让钱塘小学屏西分校学生与钱塘小学学生同待遇，对口进入福州屏东中学，而福州市教育局的态度是坚决"不开口子"。为什么不能让钱塘小学屏西分校对口福州屏东中学呢？这要从当时福州公立初中校教育资源紧缺、校际发展不均衡和福州市初招改革政策说起。

福州市原来老城区面积很小，1978年时，城市建成区面积才22平方公里。改革开放后，福州经济迅速发展，城市人口也逐步增多。1990年，建成区面积为48.8平方公里，市区人口80多万人。到2000年，福州城区面积超过100平方公里，城市人口达200多万人。福州城区的屏东、屏西、屏北等处，过去都是农村菜地，从20世纪80年代开始，这些地方逐步开发建设大片住宅区。1982年，福建省、福州市在屏东地区配套建了福州屏东中学。这所学校占地30亩，招生规模为1500名左右，对口招收鼓楼区钱塘小学、九彩小学和鼓楼实验小学3所小学的毕业生。

由于屏东一带新村楼院入住人口骤增，对口小学生源爆满，大大超过了福州屏东中学规划的办学规模。2000年时，福州屏东中学在校生总数已达2800多人，成了福州市区一所超大规模的学校。为了容纳3所对口小学毕业生，福州屏东中学只好把会议室隔成教室使用。生源爆满，造成学校操场不够用，学生做操必须轮流分批来做。在福州屏东中学生源这么爆满的情况下，已没有容量再招收钱塘小学屏西分校的毕业生了。况且，福州市初招政策是"免试、对口、相对就近入学"，从钱塘小学屏西分校的地理位置来看，相对靠近的是福州市市属公立中学福州铜盘中学。1998年，福州初招改革时，已向社会公布小学升初中对口学校名单。2001年，钱塘小学屏西分校第一届毕业生也已按对口政策进入福州铜盘中学就读。如果第二届毕业生又改为进福州屏东中学，不仅福州屏东中学无接纳能力，也会对福州初招改革政策、对周边学校带来不良连锁反应，将影响社会安定稳定。

教育行政部门均衡学校生源的考虑与学生家长的愿望不一致，怎么办？2002年4月2日晚上，福州市教育局在福州教育宾馆会议室召开福建省直有关单位负责人座谈会，向学生家长所在单位——福建省直12家单位有关负责人宣传福州初招政策，并详细解释为什么钱塘小学屏西分校不能对口福州屏东中学的理由。座谈会上，对福建省直单位有关负责人提出的一系列问题，分管初招工作的福州市教育局副局长许荔萌、初教处处长陈聪抟等人，一一作了耐心解答。福州市教育局领导恳请福建省直单位有关负责人配合，向学生家长宣传福州初招政策，帮助宣传福州市教育局提高福州铜盘中学办学质量的决心与举措，引导家长用发展的眼光看待福州铜盘中学；并请他们共同关注省会城市安定稳定，协助劝阻家长不要做影响孩子身心健康发展的事情。但是，这次座谈会收效甚微。以至到4月8日，发生了部分学生家长带领80多名学生到福建省人民政府上访事件。

教育问题牵动着党委、政府领导的心。对钱塘小学屏西分校学生上访事件，时任中共福建省委常委、中共福州市委书记何立峰，福州市人民政府市长练知轩，中共福州市委副书记陈扬富，中共福州市委常委、宣传部部长张作兴，福州市人民政府副市长高翔等分别作了批示。分管教育工作的福州市委、市政府领导陈扬富、高翔多次召开协调会，福州市、鼓楼区两级教育部门反复对上访家长做耐心细致的劝导工作，但仍有一些家长继续上访。鉴于上访家长中发起人多为福建省直单位干部，为迅速平息事态，维护社会安定稳定，2002 年 4 月 8 日，中共福州市委办公厅、福州市人民政府办公厅向中共福建省委办公厅、福建省人民政府办公厅上报《关于请求协助做好部分上访家长息访工作的紧急报告》。

4 月 9 日下午，中共福建省委办公厅召开钱塘小学屏西分校部分家长上访事件协调会。会上，中共福建省委办公厅领导传达了中共福建省委领导指示，并要求福建省直各单位负责做好本单位干部职工的宣传教育工作，理解、支持福州市的中招改革工作，如果上访人中有机关干部，应予以批评教育。

在福建省领导的重视和省直各有关单位的支持与配合下，钱塘小学屏西分校学生及家长上访事件得到有力、有效处置。福州市委、市政府分管领导陈扬富、高翔紧接着作了具体部署，福州市、鼓楼区教育局干部和钱塘小学屏西分校教师迅速行动，于 4 月 9 日晚逐一做好学生及家长的联系工作，动员学生第二天到校上课。4 月 10 日清晨，老师又逐一打电话与学生联系，做过细的工作。经过多方配合、迅速工作，4 月 10 日上午，钱塘小学屏西分校毕业班 142 名毕业生全部到校正常上课，学校教学秩序恢复正常。

这是一起因为当时福州城区教育资源不均衡、公立初中校办学条件差异而引发的罢课、上访事件。事态平息之后，福州市教育局立即采取多项措施，提升福州铜盘中学办学质量，包括投资改善办学条件，调整充实学校领导班子力量，由福州市教育局分管中学教育副局长卓国坦具体组织推动优质中学福州第三中学、福州屏东中学与福州铜盘中学结成帮扶对子，开展教师轮岗交流等等，积极推进义务教育资源均衡，让百姓看到政府在缩小校际差距、为所有学生创造平等机会方面所做的努力。在福建省、福州市新闻媒体的配合宣传下，群众不满情绪逐步化解，社会趋于安定稳定。

钱塘小学屏西分校上访事件，从教育行政管理层面来看，值得反思的问题至少有五个：

其一，教育行政管理要始终将促进教育公平作为根本价值取向。我国的社会主义性质，决定了我们举办的是社会主义教育，这就要求必须坚持以人民为中心的理念，大力发展面向所有孩子的教育。基础教育属公共产品，义务教育还是基础公共产品。所以，义务教育无论发展到哪个阶段，都要将教育公平作为根本价值取向。为人民群众提供公平教育，包括教育起点的公平、教育过程的公平、教育结果的公平。择校是教育发展不充分、不平衡的表现，是人民群众对教育的期望，也是促进教育全面发展的动力之一。差异的存在是现实，但我们要尽可能改变不合理的差异，以实现平等，促进教育公平。钱塘小学屏西分校上访事件，既折射出群众对优质教育的追求，更折射出群众对优质教育不充分、不平衡，以及对公平教育不满意的呼声。教育行政管理一定要将教育公平作为根本价值取向。教育公平具有阶段性特征，应根据教育形势变化，及时调整教育公平政策的侧重点。

其二，对涉及千家万户的教育政策要谨慎宣传。钱塘小学屏西分校上访事件的起因，是在办校之初，鼓楼区教育局对钱塘小学屏西分校与钱塘小学结对帮扶的宣传上，用了分校与总校"同等待遇"这样含混不清的词句。鼓楼区教育局后来的解释是"同等待遇"是指学校管理方面，不含招生政策。但群众却认为，"同等待遇"就是钱塘小学屏西分校学生与钱塘小学学生一样，没有差别，理所当然也包括升学政策上没有差别。这就导致了后来因群众理解问题造成的上访事件。所以，教育行政部门在教育政策的制定与宣传上，一定要严谨认真、慎之又慎，否则就会带来麻烦，甚至引起社会动荡。

其三，对群体上访苗头要早抓、主动抓。钱塘小学屏西分校学生家长在 2001 年年底就开始向教育行政部门反映，要让 2002 届小学毕业生对口进入福州屏东中学。但是，学生家长的动态并没有引起教育行政部门的足够重视，教育行政部门对学生家长的背景也没有做深入分析，对群众诉求不能满足可能引发的问题也估计不足。所以，一开始对待群众来访，教育行政部门有关人员并没有认真对待、耐心解释、明确答复，以至于学生家长认为他们的诉求解决有希望，而且事情闹得越大解决越有希望，致使上访不断升级——3 月 27 日，90 多名学生家长到福建省信访局上访；4 月 8 日，部分学生家长带孩子到钱塘小学门口罢课，并带孩子到福建省信访局上访。对这一事件，如果在开始阶段，教育行政部门就认真对待，不避事，主动到学校，与学生家长面对面沟通解释，及早打消他们的不恰当的念头，可能就不会酿成后来的罢课、上访事件。

其四，教育方面的事情不能仅靠教育部门的力量来解决。都说"教育无小事"，但还要说"教育不仅是教育部门的事情"。在处置钱塘小学屏西分校上访事件中，对此有更深的体会。福州市是省会城市，特别是鼓楼区，更是党政首脑机关所在地，学生家长层次高。钱塘小学屏西分校学生家长中，相当部分是福建省直机关干部。在这样的情况下，做好家长的息访工作，单凭教育部门的力量是远远不够的。在处置钱塘小学屏西分校上访事件中，福州市、鼓楼区党政领导都全力支持教育行政部门工作，并亲自出面协调，鼓楼区委、区政府领导还到第一线与群众对话、劝导。中共福建省委办公厅召开省直机关单位负责人座谈会，明确支持福州市严格执行初招改革政策。这些都让上访家长看到党委、政府坚决、一致的态度，从而彻底丢掉了幻想。宣传、新闻部门对钱塘小学屏西分校上访事件多帮忙、不炒作，也为处置上访事件创造了良好的舆论环境。

其五，教育行政部门对超出本级管理权限的教育政策的把握要特别慎重。钱塘小学屏西分校的小升初对口政策，牵涉到福州市、鼓楼区两级教育行政部门的管理权限问题。钱塘小学屏西分校是鼓楼区区属小学，而对口入学的初中是福州市市属中学。鼓楼区教育行政部门对福州市市属学校的办学情况、对福州屏东中学生源爆满的问题并不太了解，所以开始对钱塘小学屏西分校学生家长要求毕业生与钱塘小学"同等待遇"对口进入福州屏东中学，并没有把不可能的相关情况向家长讲透，这在客观上也让学生家长感到诉求有希望解决，所以他们抱着幻想集结上访。因此，教育行政部门在面对超越本级部门管理权限的事情时要慎之又慎，要切实加强上下沟通、协调，避免带来不必要的麻烦。

事件之二：一起禁止招收择校生的"紧急刹车事件"

2003 年秋季，福州市在福建全省打响了义务教育阶段禁止招收择校生的第一枪，在福建全省乃至全国影响很大。但这不是义务教育均衡发展之后的"禁择"举措，而是在义务教育整体办学水平不高、学校间办学差距甚大的情况下的一起"紧急刹车事件"。

改革开放之初，我国百废待兴。为了在最短的时间内取得最佳的教育实效，国家采取把有限的教育资源集中到少数学校和重点领域，集中力量培养急需人才的做法。1978 年 1 月，教育部颁发《关于办好一批重点中小学的试行方案》，对办好重点中小学的有关工作作了规定。根据教育部文件精神，福建省也公布了办好一批重点中小学的名单。由于历史的原因，中小学形成了重点与一般的差距。重点中小学成了老百姓向往的学校。

20 世纪 90 年代至 21 世纪初，在我国经济体制、科技体制和教育体制改革全面推进的历史背景下，教育领域开展了教育与市场经济关系的讨论。那时有一种观点认为，教育既具有公益性，同时也具有产业属性，可以在某些范围、某些领域内运用市场调节机制。"教育产业化"的改革思路，旨在实现缓解教育经费紧张和扩大内需的双重目的。"教育产业化"的观点，曾经一度在官方的文件中出现过。当时，各地正处于教育大发展且资金紧缺的时期，对优质中小学招收片外生、择校生，收取借读费，用以弥补教育经费不足的情况，比较普遍。所以，一些重点学校每年都招收不少片外生、择校生。以福州市区为例，有的重点小学班生数达六七十人，教室里第一排课桌顶到教师讲台，最后一排课椅靠到墙壁的情况并不少见，老百姓形容教室像"炖蛏"。

钱塘小学作为福州城区优质小学，占地只有 7 亩多，运动场地只有 2500 平方米。2002 年，有 46 个教学班，在校生达 2740 人，人均占地仅 1.84 平方米。课间操时，尽管走廊上都站满了学生，但还是无法让全校学生一次性一起做操，只好把学生分成三批来做。

与钱塘小学对口的福州屏东中学，占地 30 亩，原规划容纳 1500 名左右学生。由于对口小学的生源逐年增加，从 2000 年开始，福州屏东中学的教育资源就开始超负荷运转，至 2002 年，在校生达 2800 多人。在教育资源严重超负荷的情况下，学校不得不把会议室隔成两间给学生上课。课间学生上厕所都得排队，拥挤的时候 10 分钟都排不上；为了减少上厕所的次数，不少学生不敢喝水。与钱塘小学一样，福州屏东中学学生做课间操要分两批来做。

福州市区部分中小学学生爆满的问题，成为 2002 年新学年开学初社会议论的焦点之一。2002 年 9 月初，《福州日报》记者陈宓到钱塘小学、福州屏东中学等福州市区中小学暗访，对优质校学生爆满的问题，写了

《超负荷中小学"气喘吁吁"》的报道，刊发在9月17日的《福州日报》头版上。时任中共福建省委常委、福州市委书记何立峰阅后，当即批示"请市教育局组织力量调研此类情况，并分析原因，提出对策、建议或意见"。

接到批示后，福州市教育局领导班子立即作了研究，并迅速组成调研小组，对择校生问题进行深入调查研究。

九、十月间，我和许荔萌、连仲恺、何旺

◆ 2002年9月17日，《福州日报》刊发反映福州市区优质中小学学生爆满问题的报道——《超负荷中小学"气喘吁吁"》

金同志及福州市教育局初教处、人事处、计财处、办公室等部门负责人，先后到福州市区的钱塘小学、鼓楼实验小学、福州屏东中学、茶园山中心小学、福州第十八中学、福州师范学校附属第一小学（现福州教育学院附属第一小学）、福州师范学校附属第二小学（现福州教育学院附属第二小学）、乌山小学、群众路小学等20所中小学调查了解情况。经过一个多月的调查，基本摸清了市区超负荷中小学的情况：

鼓楼区有公立小学36所，学校总体容量基本满足小学教育需要，但钱塘小学、鼓楼实验小学、鼓楼第一中心小学、鼓楼第二中心小学、湖滨小学、福州师范学校附属第一小学、福州师范学校附属第二小学、福州实验小学等 8 所小学生源爆满。而道山小学等 20 所小学生源较少，教育资源有空余。

台江区有公立小学 29 所，总体容量基本满足小学教育需要，超负荷学校主要集中在台江第三中心小学和群众路小学。

仓山区有公立小学 71 所，晋安区有公立小学 54 所，总体容量均能满足小学教育需要，仅个别学校超负荷。

在调查中了解到，福州市区部分中小学生源爆满的情况，属鼓楼区最为突出，共有 8 所小学、4 所初中（福州屏东中学、福州第十八中学、福州延安中学、福州教育学院附属中学）生源爆满。超负荷问题给学校教育教学带来了不良影响。造成福州市区部分中小学超负荷的原因是多方面的，有教育投入不足，学校布局不合理，教育改革不配套、不到位，教育发展不能适应社会需求等因素，也有义务教育发展不均衡等原因。

调查中，还对四城区的生源趋势作了预测。当时四城区共有公立初中 44 所，初一容量为 410 个班，每年可容纳初一新生 20500 人；而四城区 2003—2008 年小学毕业生人数将分别为 20612 人、19612 人、19922 人、18698 人、18768 人、18516 人。也就是说，四城区在校毕业生总量呈平缓下降趋势。如果流动人口子女数量维持在 2003 年 1000 人左右的水平，那么到 2008 年，四城区初中总量总体够用。其中最为主要的问题在于如何度过 2003—2005 年，特别是 2003 年的初中入学高峰，如何解决鼓楼区部分小学、初中生源爆满的问题。

为有效解决这些问题，2002 年 10 月 11 日，福州市教育局就初招工作进行专题研究。福州市教育局领导班子成员及有关部门负责人对初招改革、解决部分中小学生源爆满问题提出了许多建设性意见，诸如加大教育投入，根据城区发展需要合理布点建校；开展优质校与薄弱校帮扶工作，推进教师轮岗交流，促进学校办学均衡；加大薄弱校改造力度，缩小优质校与薄弱校之间的差距；完善小学招生办法，用

◆ 2003年，时任福建省教育厅厅长朱之文（前排中）视察福州市百年老校——乌山小学

行政手段控制办学规模；借鉴北京、上海及福建省兄弟市的经验，提高小学借读"门槛"，用经济杠杆遏制择校行为，等等。而后，福州市教育局又组织开展深入研究论证，并于10月31日，向中共福州市委上报《关于解决市区部分中小学超负荷问题的汇报》，时任中共福州市委书记何立峰、市委副书记雷春美分别作了批示。12月15日，中共福州市委副书记雷春美主持召开专题会议，就解决福州市部分中小学超负荷问题作了研究。福州市教育局根据专题会议研究提出的意见，又作了深入论证修改。

2003年1月23日晚，中共福州市委主要领导主持召开专题会议，研究解决城区部分中小学超负荷问题。会议认为，中小学教育涉及千家万户，是全社会关心的一件大事，必须紧密结合城市旧城改造和新区建设的实际情况，不断优化教育资源配置，尽快解决市区部分中小学超负荷问题。会议对中小学超负荷现象主要集中在鼓楼区的问题，提出扩大福州屏东中学规模，从 2003 年秋季起，福州屏东中学拟不再招收高中新生，以腾出资源，集中办好初中教育；尽快启动建设屏北中学；加快屏北小学建设；将九彩小学并入钱塘小学等。会议对加强教师队伍建设、建立健全教师轮岗调配制度、加强薄弱校教育教学等提出了明确要求。对福州市教育局提出的根据办学成本合理调整城区小学片外生的择校借读费等问题，会议要求比照福建省内其他市已在施行的办法；有关这方面的工作，要做好过细的宣传解释。关于老城区教育预留地征用问题，由福州市统一结合旧屋区异地搬迁改造等工作进行。

在中共福州市委专题会议之后，福州市教育局等有关部门密切配合，认真落实相关工作要求，积极推进屏北中学（后定名福州屏东中学屏北分校）、屏北小学（后定名福州钱塘小学屏北分校）建设，推进九彩小学与钱塘小学整合，以及教师轮岗交流等准备工作。与此同时，福州市教育局还于 3 月下旬邀请福州市人大代表、市政协委员、教育界人士、学生家长代表参加座谈会，向各界代表通报解决部分中小学超负荷问题采取的一系列措施，并就小学片外生拟按小学生均办学成本适当收取办学成本费问题进行听证、征求各方意见。3 月 26 日，福建省、福州市多家主流新闻媒体均进行吹风宣传，社会各界反映比较平稳。

当年国家抓"纠风"工作力度加大，国务院把治理中小学乱收费列为"纠风"的第一项，福建省、福州市有关部门对治理中小学乱收费问题十分关注。6 月初，福建省政府纠风办领导约谈福州市政府纠风办和福州市教育局负责人。在听取福州市教育局有关小学片外生收费问题的汇报后，福建省政府纠风办领导指出，教育收费问题是群众关注的热点。要正确理解中央精神，认真贯彻执行福建省根据中央精神出台的纠风工作实施意见。义务教育阶段不能出台任何收费项目，不能收取择校生，不能收取建校费、捐资助学费等。小学择校问题比较复杂，目前必须强

◆ 为缓解优质校办学压力，福州市加快建设福州屏东中学屏北分校。图为时任福州市教育局、福州屏东中学领导检查校区建设工程

调规范管理。建议通过办优质民办小学，以满足群众对教育的多样化需求。

　　鉴于当时"纠风"工作大形势，以及福建省监察厅、省政府纠风办领导的明确指示，福州市教育局经过研究，拟对小学片外生问题采取控制班生数、对小学片外生借读费稳定在上年水平等办法，并于6月3日将《福州市教育局关于今年小学片外生收费问题的汇报》上报中共福州市委。7月13日晚，中共福州市委领导听取福州市教育局关于小学片外生收费问题的汇报。会议要求，福州市委、市政府分管领导带领福州市教育局、市物价局负责同志，就城区小学择校问题再向福建省教育厅请示，并专门向福建省委、省政府分管领导汇报，以稳妥处理城区小学招生这一敏感问题。

　　7月15日，福州市教育局向福建省教育厅上报《关于用经济调控办法解决市区部分小学超负荷问题的请示》，向福建省教育厅报告福州市为解决城区部分优质中小学超负荷问题采取的一系列措施，包括在中心城区建立优质校与新区校、薄弱校校长、教师轮岗调配制度；合理规划小学办学规模，严格控制班级数和班生数；在新区布点新建一批学校，新区学校全部以名校、优质校来带动；采取经济调控的办法，适当提高片外生收费"门槛"，以遏制优质校超负荷问题。7月底，时任中共福州市委副书记雷春美、福州市人民政府副市长朱华带领福州市物价局、市教育局负责人到福建省教育厅汇报工作。8月5日，福建省教育厅复函："一、义务教育阶段收费问题，中央及省有关部门已有明确规定，请严格按规定执行；二、捐资助学问题，国家法律、规章都有明确条款和规定，请遵照执行。"

8月6日、7日，雷春美、朱华带领福州市教育局负责人向福建省人民政府分管领导作了汇报。

随后，福州市教育局对小学招生及规范捐资助学作出具体部署安排，鼓楼、台江、仓山、晋安四城区小学招生工作统一于8月20日至22日进行，8月21日为片外生报名时间。

但是在8月中旬，情况发生了急剧变化。

8月12日，福建省政府纠风办给福州市政府纠风办下发《关于福州市教育局要求用经济调控办法解决部分小学超负荷问题的函》，指出福州市教育局提出用经济调控办法解决市区部分小学超负荷问题的思路，违反了国务院关于治理教育乱收费的有关规定，应立即纠正这种违规的错误做法。福州市政府纠风办收到函件后，即向福州市委、市政府作了汇报。记得8月19日晚，在福州市防汛抗旱指挥部，参加完福州市抗击台风紧急会议后，我向中共福州市委、市纪委主要领导汇报了福建省政府纠风办的函件精神，请示该如何处理择校生收费问题。中共福州市委主要领导明确指示："明天再向省政府纠风办作汇报请示。如果省里明确不能做，就坚决停掉。禁止招收择校生，一个也不收！"

8月20日上午，我和福州市教育局副局长、市教育纪工委书记连仲恺，市政府纠风办鄢荣同志等到福建省政府纠风办汇报。福建省政府纠风办负责人听取汇报后明确表示："按照国务院七部委文件精神，今年一律不出台新收费项目，不扩大收费范围，不提高收费标准。地方政府无权出台收费项目及提高收费标准。要出台新的收费政策，需要省财政部门立项，经省物价部门核定后报省政府批准。福州市的做法违反了上述规定，如果做下去，一旦查起来，除清退款项外，还要按规定进行罚款，并追究领导责任。福州出问题，在全国来说，就是福建出问题，我们不希望福建省的基层单位出问题。其他设区市如果有违反规定行为的，发现一起，严肃查处一起。希望你们从讲政治的高度，来认识这件事情。"

福建省政府纠风办的态度已经很明确。我们按照中共福州市委主要领导8月19日晚的指示精神，立即研究部署做好禁止公立学校招收择校生的工作。

原定8月21日是片外生报名日，时间紧迫。8月20日下午，福州市教育局组织召开福州市委教育工委会议，传达上级有关指示精神，统一思想认识，并召开各区教育局局长和市区14所小学校长紧急会议，传达福建省、福州市政府纠风办的意见，并对8月21日将要进行的小学一年级片外生招生的应急事务处置工作进行具体部署。会议要求，义务教育阶段各公立小学一律严禁招收择校生，每一所学校都要坚决做到令行禁止，绝不允许任何学校、任何个人"讲特殊""开口子"，如发现违反规定者，将对校长、局长予以严肃处理；各学校要大力宣传《中华人民共和国义务教育法》，宣传"纠风"工作要求，由福州市教育局拟出统一告示格式，交由各学校以学校名义出告示，向家长做好宣传解释，动员家长送子女到片内学校报名入学；教育部门和学校要满腔热情地为家长做好服务工作，各小学再安排8月27日、28日为片内生源报名时间，确保新学年每个片内生都按时注册报名上学。

当天下午，福州市教育局向福州市委、市政府上报《关于市区部分超负荷小学招收片外生工作的紧急报告》，汇报贯彻落实福建省政府纠风办工作要求，做好禁止择校工作拟采取的六条措施。当晚，中共福州市委主要领导作了批示，中共福州市委副书记、市纪委书记陈伦，市委副书记雷春美，市委常委、宣传部部长张作兴，福州市人民政府助理巡视员刘通也分别作了批示、指示。根据福州市领导的指示精神，福州市教育局迅速组织落实做好"禁择"的相关工作。

8月21日，原定为小学片外生报名注册日，在福州市委教育工委的统一领导下，福州市教育局组织两个工作小组进行分组活动：一个是小学招生工作接待小组，由许荔萌副局长负责，抽调6名干部组成，做好群众上访的接待与宣传解释工作；一个是小学招生工作联络小组，由郑家夏副局长负责，抽调17名干部组成，到14所优质小学，配合学校做好学生家长的宣传解释工作。

当天，14所优质小学全部张贴了福州市教育局统一拟写的"禁择"通告："根据上级有关部门通知，义务教育阶段严禁招收择校生。经研究，本校坚决贯彻执行严禁招收择校生规定。请各位家长于8月27日至28日持'两证'（户籍证、住房证）送子女到当地教育部门划定的招生片所在小学报名入学。敬请各位家长理解谅解。"很多家长带孩子来学校报名注册，看了学校通告，都感到很突然——大部分人比较理解，自觉带孩子回去；但也有一部分家长情绪激动，福州市群众路小学、福州师范学校附属第一小学、福州师范学校附属第二小学等福州市属学校有60多名片外生家长集结到福州市教育局上访，迫切希望缴费让孩子上学，在接待小组做好耐心宣传解释后，学生家长才陆续散去。

8月22日，福州市教育局和14所优质小学又接待学生家长270余人次。对个别情绪激动的家长，福州市教育局初教处通过找到"条子生"的推荐人，配合做好宣传工作，迅速平息了事态。

在"禁择"应急事务处置中，福州市委、市政府给予了强有力的支持。根据中共福州市委领导指示精神，8月21日，福州市教育局、市监察局、市政府纠风办联合印发《关于严格执行严禁公办小学招收"择校生"规定的通知》，要求各级各部门干部带头执行中央、福建省、福州市关于治理教育乱收费的有关规定，支持教育部门做好严禁公办小学招收"择校生"工作，不向教育部门"递条子"，不要求教育部门"开口子""搞特殊"。对违反规定的，经举报、核实，按党纪、政纪予以严肃处理。8月21日下午，中共福州市委宣传部召开新闻通气会，向中央、福建省、福州市新闻媒体通报"禁择"工作，在宣传舆论上形成支持"禁择"的有利氛围。8月23日晚，中共福州市委副

福 州 市 教 育 局
福 州 市 监 察 局
福州市政府纠正行业不正之风办公室

榕教[2003]14号

关于严格执行严禁公办小学招收"择校生"
规定的通知

各县（市）区教育局、监察局、政府纠风办：

为坚决贯彻落实中央纪委第二次全体会议和国务院廉政工作会议精神，进一步贯彻落实《福建省人民政府办公厅转发省政府纠正行业不正之风办公室关于福建省2003年纠风工作实施意见的通知》（闽政办〔2003〕39号）、《福州市人民政府关于印发福州市2003年纠风工作实施意见的通知》（榕政综〔2003〕102号），关于严禁义务教育阶段公办学校招收或变相招收"择校生"等规定。经市教育局、市监察局、市纠风办研究，现将严禁公办小学招收"择校生"的有关事项重申如下：

一、各县（市）区教育局及各小学领导及教职员工必须认真学习中央、省、市关于今年治理教育乱收费工作的有关会议和文件精神，从讲政治、讲大局的高度，充分认识纠正行业不正之风，治理教育乱收费工作的重要性和必要性，增强执行严禁义务教育阶段公

◆ 2003年8月21日，福州市教育局、市监察局、市政府纠风办联合印发《关于严格执行严禁公办小学招收"择校生"规定的通知》

书记雷春美，市委常委、宣传部部长张作兴，福州市人民政府助理巡视员刘通专门召开会议，听取福州市教育局关于"禁择"工作情况的汇报；并对继续过细地做好"禁择"后的工作，力求保持平稳态势，确保城区各小学新学期办学顺利进行提出七条要求。特别是对推进教师轮岗交流，加强学校软、硬件设施建设，不断提高城区学校办学条件，力争把每一所学校都办成优质校等提出具体要求。

"禁择"之后，福州市教育局按照中共福州市委指示精神，扎实推进义务教育均衡发展工作。当年，共计推进市区56所公立小学对口帮扶，

第一篇章　公平教育的追求与跋涉

27

中共福州市委教育工作委员会
福州市教育局

榕教[2003] 9 号

关于在市区 56 所小学开展挂钩帮扶活动的决定

各县（市）区教育局、市直学校：

　　为推进义务教育均衡发展，扩大优质教育资源，加快新区学校建设，提升基础薄弱学校的教育教学质量，缩短校际之间差距，努力满足广大市民子女接受优质教育的需求；为落实市委关于加快建设中心城区一流水平的幼儿园和中小学的指示精神，经市委教育工委、市教育局研究决定，从 2003 年秋季开始，在我市鼓楼、台江、仓山、晋安四城区 56 所小学开展挂钩帮扶活动。

　　一、实行优质校与新区学校、薄弱校互派教师，建立起人才培养与轮岗流动的优化机制。在优质校与新区校、薄弱校之间，建立校长和骨干教师定期互派轮岗制度。由市、区两级教育行政部门统筹考虑，挂钩帮扶学校具体安排，每两年进行一次挂钩学校干部与优秀教师互派轮岗工作。每对挂钩学校之间

◆ "禁择"之后，中共福州市委教育工委、福州市教育局作出决定，组织开展市区公立小学对口帮扶活动，推动义务教育均衡发展

互派教师 205 人开展轮岗交流。同时，对新布点建设的金山小学、鼓山苑小学、钱塘小学屏北分校等一批新区学校，全部以优质校进行带动。

　　城区小学择校问题在鼓楼区最为突出。2003 年 10 月下旬，我和福州市教育局副局长许荔萌及初教处、计财处有关同志，与鼓楼区教育局负责人一起，到鼓楼区每一所小学察看，对鼓楼区 36 所小学办学情况有了全面了解。我们看到，鼓楼区一些学校办学条件确实还比较差，需要改善办学条件；但更重要的，是要提升教师队伍素质，推进师资均衡配置。钱塘小学的办学条件并不比其他学校好多少，但老百姓却对其极为"热衷"，说明校际间的差距更多地体现在学校的办学理念与教师水平上。所以，推进义务教育均衡发展，首先是要加强教师队伍建设，推进师资均衡配置，提高师资整体水平。因此，福州市教育局后来一直把加强教师队伍建设紧紧抓在手上，大力加强师德师风建设，积极推进教师轮岗交流，加强教师培训、教研，组建"名师工作室"等，着力提升教师队伍素质，并积极当好福州市人民政府的参谋助手。2006年，《福州市人民政府关于进一步加强教师队伍建设的意见》出台，当

时在福建省内反响很好。在 2007 年召开的福建省教育工作会议上，福州市介绍了加强教师队伍建设的经验做法。

"禁择"事件是在义务教育发展不均衡、不充分的情况下发生的一起突发事件。这一事件至今已过去将近 20 年，但如今回忆起来，犹如昨日之事。我们可以从这个事件中汲取以下几条经验教训：

第一，必须坚持教育的公益性方向。教育是公益性事业，必须坚决反对"市场化"行为。在 20 世纪 90 年代至 21 世纪之初，"教育产业化"观点比较盛行，给当时的教育工作带来不小的影响。反观 2003 年福州"禁择"事件，是在"教育产业化"观点影响下，来考虑解决市区部分中小学超负荷问题的办法。福州市教育局在调研中提出了解决市区部分中小学超负荷问题的一系列措施办法，其中一个措施就是用经济手段遏制择校生。这是受"教育产业化"观点的影响，过多地考虑了通过筹措教育经费来弥补教育投入不足的问题。"教育产业化"这一观点，违背了教育的公益性原则，幸亏福州市委、市政府和福建省政府纠风办及时为我们拨正航向，坚决果断下达"禁择令"，福州市教育局"紧急刹车"，维护了教育的公益性质，也刹住了福州市教育系统在义务教育阶段招收择校生、收取择校费的不正之风，刹住了拜金主义思想对教育的侵蚀。据当年统计，"禁择"之后，许多学生回到片内学校，一般校生源比往年大幅度增加，优质校生源骤减，不再"气喘吁吁"了。2003 年秋季，鼓楼区一般校有 26 所，生源增加的有 23 所，与上年持平的有 3 所；台江区一般校有 25 所，生源增加的有 13 所；仓山区街道片一般校有 11 所，生源增加的有 7 所；晋安区街道片一般校有 9 所，生源增加的有 4 所。市区 14 所优质校共招收学生 2682 人，比 2002 年的 5289 人减少 2607 人。当时业内也有人议论，此举仅 14 所学校就少收了 1000 多万元，影响了学校更快改善办学条件。确实，"禁择"对优质校来说有所"损失"，但在贯彻落实中央方针政策、狠刹教育乱收费不正之风上，必须讲政治、态度坚决，必须坚决维护广大人民群众的利益，必须坚持教育的公益性方向不动摇。如果学校巧立名目乱收费，就会背离教育的公益性质，损害教育品质，损害人民群众利益，败坏社会风气，最终会影响人才的培养。

第二，必须做好突发事件处置工作。"禁择令"是一个突发事件，处理稍有不慎、不周，都会引起社会动荡。福州市教育局当年在处置这一突发事件中，一是注意做好社会舆论的引导工作。2003年8月19日、20日，福州市委、市政府和福建省政府纠风办明确作出禁止招收择校生的指示后，8月21日下午，在中共福州市委宣传部的牵头协调下，福州市召开新闻通报会，向中央、福建省、福州市新闻单位记者通报"禁择"的意义、措施、办法，并回答群众关注的若干问题。各新闻单位对福州

福州严禁小学招收"择校生"
小学报名时间推迟到8月27日至28日

◆ 2003年8月22日，《福建日报》刊登《福州严禁小学招收"择校生"》报道

福州紧急禁止小学招收择校生
教育系统子弟带头到一般校就学

◆ 2003年8月22日，《中国青年报》刊登《福州紧急禁止小学招收择校生》报道

市坚决整治行业不正之风予以积极支持配合，8月21日晚的电视新闻、22日的报纸新闻，对福州市"禁择"工作作了正面宣传报道，在社会上形成了强大的舆论氛围，营造了"择校当禁"的声势。教育行政部门对"禁择"之后采取的措施办法，也通过新闻媒体传递到千家万户，让群众感到暖心，使得"禁择"工作得以顺利施行。二是注意做好突发事件的预案处置工作。"禁择令"出台后，可能会出现什么情况？该怎么应对？福州市教育局领导班子作了分析，对可能出现学生家长上访乃至闹事现象均制定了周密的预案：市、区两级教育局干部于8月21日到14所优质校，协助学校做好安定稳定工作；同时，列出所有"条子生"名单，由教育局干部及学校人员包干，分别与"条子生"推荐人逐一进行宣传解释，人盯人做好学生家长思想工作。这一措施非常有效。8月21日，片外生注册报名当天，各报名点学生家长虽然情绪激动，但没有发生闹事现象；有少部分家长思想不通，到市、区教育局上访，但通过推荐人协助做思想工作后，上访者很快息访。"禁择令"出台虽然是"急刹车"，但社会安定稳定。三是注意做好骨干带头工作。"禁择令"从决定到施行只有一天时间。为了确保"急刹车"平稳刹住，福州市委、市政府要求各级各部门干部在"禁择"中要起到带头作用，并由福州市教育局、市监察局、市政府纠风办三家联合发文，要求各级各部门干部带头执行中央、福建省、福州市关于治理教育乱收费工作的规定，支持教育部门做好严禁公办小学招收"择校生"的工作，不给教育部门"递条子"，不要求教育部门"开口子"。各级监察和政府纠风部门主动配合教育部门抓好"禁择"规定的落实，严肃查处违反规定的行为。纪委、监察、政府纠风部门的强有力的支持与配合，各级党政干部和教育系统干部、教师的自觉带头，在社会上起到了很好的榜样作用。所以，虽然"禁择""急刹车"，老百姓总体上心平气顺，没有很大的对立情绪。四是注意做好善后服务工作。"禁择令"后社会总体安定稳定，与福州市、区教育行政部门及时做好善后服务工作有很大关系。这些善后服务工作包括：迅速妥善协调安排择校生到相应学校就读。福州市教育局出台人性化措施，安排 8 月 27 日、28 日进行片内生回对口校补报名，并允许学生到父母及外祖父母户籍所在地学校就读，让所有学生在 9 月 1 日开学前都能选择到相对就近的学校就学。福州市教育局还通知各小学认真做好新学期开学有关工作，要求市区所有小学领导在 9 月 1 日开学前每天上岗到校，热情接待学生家长来校咨询，做好一年级新生入学有关工作。各一般校对办学环境进行全面整理、修缮，改善办学环境。市、区两级教育部门及时做好各学校教材余缺、课桌椅余缺、教师余缺调剂，确保各所学校新学期教学之需。

第三，必须做好义务教育均衡发展推进工作。择校问题是在教育资源分配不公以及义务教育发展不充分、不均衡的情况下产生的问题。解决择校问题的最根本办法，是推进义务教育均衡发展。2003 年，福州市出台"禁择令"，是在义务教育还未达到均衡的情况下施行的。所以，虽然禁止择校，但老百姓对优质教育资源的渴求、对择校的愿望仍然非常强烈。之后相当一段时间，择校的形式便发生了新的变化：从千方百计向教育部门、学校托关系择校，到想方设法搬户口或挂户择校；甚至出现有的楼房只有 6 层，却出现有 7 层单元房户口等怪现象。学校周边的学区房，则成了房地产交易市场最活跃、房价上涨最快的楼市。所以，不从根本上推进义务教育均衡发展，择校问题靠一纸"禁择令"是无法解决的。在这之后，福州市采取一系列措施，积极推进义务教育均衡发展，取得了明显成效。原来择校问题最为严重的鼓楼区，2009 年成为全国推进义务教育均衡发展先进地区。至 2016 年，福州市所有县（市、区）全部通过国家义务教育均衡发展县评估验收。现在，福州市的招生、办学越来越规范。

◆ 2005年春节，时任福州市人民政府市长练知轩（后排右二）视察鼓楼区一般校西峰小学，并对推进义务教育均衡发展工作作出重要指示

事件之三：一则农民工子女"入学难"的报道

　　2004年春季开学前夕，福州城区有不少农民工为子女入学问题而焦虑。2月14日，《福州日报》刊发一则消息，报道一名四川籍农民工的孩子因找学校而四处奔波的情况。这则报道不长，却引起福州市教育局的高度关注。福州市教育局迅速反应，于2月15日在福州地区几家媒体上公布福州五城区尚有容量的124所公立小学、15所初中校名单，以及市、区两级教育行政部门联系电话，竭诚为农民工提供服务。此举让农民工感到温馨，迅速化解了社会矛盾问题。

　　农民工子女入学，是21世纪之初教育出现的新情况、新问题。

世纪之交，随着经济建设的发展，城市化步伐的推进，中心城区涌入大量农民工。农民工是改革开放的伴生物，是城市建设的主力军，为城市带来了充沛的劳动力；同时，也给城市的社会事业带来很大压力，农民工子女教育便是其中一个突出的问题。

2003 年 9 月发布的《国务院办公厅转发教育部等部门关于进一步做好进城务工就业农民子女义务教育工作意见的通知》要求，进城务工就业农民流入地政府负责进城务工就业农民子女接受义务教育工作，以全日制公办中小学为主。这是国家最早为解决农民工子女入学问题而印发的文件。这份文件提出："建立进城务工就业农民子女接受义务教育的经费筹措保障机制。流入地政府财政部门要对接收进城务工就业农民子女较多的学校给予补助。"这份文件对减轻进城务工就业农民子女教育费用负担提出了要求："流入地政府要制定进城务工就业农民子女接受义务教育的收费标准，减免有关费用，做到收费与当地学生一视同仁。要根据学生家长务工就业不稳定、住所不固定的特点，制定分期收取费用的办法。"

说实话，落实农民工子女入学以流入地政府为主、以公办中小学为主的"两个为主"原则，当时确实存在不少困难。当年，福州市各城区财政收入都不宽裕，区政府用于教育的经费都占区财政开支的大头，尽管政府已经很尽力，但用于教育的经费仅仅只能保障本区教育人口的正常运转，还没有能力承担外来农民工子女的教育费用。于是，那一时期，外来农民工子女就学问题，就成了中心城区教育部门十分纠结的事情。基层学校只能靠收取少量的借读费，用以弥补办学经费的不足。而且农民工工作不稳定，他们的子女因家庭条件、生活习惯等原因，也给学校的教育教学工作带来一定困难。所以，在接收外来农民工子女入学方面，基层学校的积极性不高，有的甚至对外来农民工子女存在歧视现象。做好外来农民工子女入学工作，成了当时基础教育工作当中的一个突出问题。

2004 年春季，在协调解决外来农民工子女入学之后，福州市教育局立即组织开展外来农民工子女入学问题的专项调查。在深入调研的基础上，于 2004 年 5 月下发《福州市教育局关于进一步做好进城务工就业农民子女义务教育工作的通知》，在福建省率先提出对农民工子女就学切实做到"三个一视同仁""三个特别照顾""三个灵活办理"。

"三个一视同仁"是：对农民工子女在接受教育、评先评优、入队入团等方面，与当地学生一视同仁。

"三个特别照顾"是：对学习困难者、家庭经济困难者、生活不便者给予特殊照顾。

"三个灵活办理"是：对农民工子女入学，在收费、入学、转学等方面给予灵活办理。

在当时城区公办学校教育资源十分有限的情况下，为防止大量外来农民工子女涌入中心城区学校就学，也为了统一规范外来农民工子女招生入学工作，福州市教育局对进城务工就业农民子女作了界定，要求同时具备四个条件：一是父母双方或单方属于农业户口或户籍在村、组等基层单位；二是父母均在县级城关及福州市区务工就业；三是父母有相对稳定的职业和相对固定的住所；四是子女属于义务教育阶段的适龄儿童。这样的界定，在今天看来确实掌握得比较紧，手续也繁，但在当时城区教育资源有限的条件下，也只能制定这样的"门槛"。否则，中心城区学校在办学容量极其有限和准备不足的情况下，是无法全纳突然涌进的大量外来农民工子女入学流的。

2005 年秋季，为进一步做好农民工子女入学工作，福州市教育局向社会公布五个城区定点接收农民工子女的 124 所小学、15 所初中学校名单，供农民工子女就近入学。当年，福州市区学校共吸纳 5 万多名农民工子女就近就读公办中小学。

◆ 2005 年 6 月，时任中共福州市委副书记雷春美（前排右四）、福州市人大常委会副主任高翔（左三）等领导到晋安区学校检查农民工子女入学工作

随着国家和福建省、福州市人民政府对农民工子女入学工作越来越重视，教育行政部门对做好农民工子女入学工作的力度也越来越大。2007 年 7 月，福州市人民政府出台《关于进一步推进义务教育均衡发展的决定》，明确提出对农民工子女入学放开定点、简化手续、免收借读费。福州市教育局下发《关于进一步做好农民工子女义务教育工作的意见》，要求各级教育行政部门和学校要以强烈的政治责任感，共同做好进城务工就业农民子女的义务教育工作。从 2007 年秋季开始，福州市中心城区和八县（市）城关地区除了满员的学校外，都放开接受农民工子女入学。每学年，各县（市、区）教育局要提前公布具有接纳能力的学校名单，并根据本辖区实际情况划出若干片区，就近统筹安排农民工子女到该片区内学校就读。各县（市、区）教育局要将本地划分片区的情况、每一片区有哪些学校可以接收农民工子女、学校的地址和联系电话等，在政

务公开栏及社区、学校公布。学校要专门设立农民工子女入学的办事窗口，公布办事指南和联系方式，认真负责做好服务工作。农民工子女到市区或县（市）城关地区就学，只要具备"三证"材料，就可申请入学。这"三证"是：父母身份证和原籍户口簿、暂住证、劳动合同。对没有劳动合同的，允许放宽至提供工资册复印件或单位证明、社区证明，这样就解决了打短工、做家政服务工作的农民工子女"入学难"的问题。对农民工子女就读公立义务教育阶段学校，全部免收借读费。对家庭困难的贫困生实行"两免一补"（免学杂费、免书本费、补贴生活费）。

2007 年秋季，福州市教育局向社会公布了五城区未满员的 189 所公立义务教育阶段学校名单，以方便农民工子女就近报名入学。为了把农民工子女入学服务工作做好、做到位，福州市和县（市、区）两级教育局内，均设农民工子女入学协调办公室，及时做好农民工子女入学的统筹协调、督促检查工作。各学校都设立临时办事窗口，于开学前两周安排专人受理农民工子女入学事宜。尽管这样，在开学前，还是有一些农民工及社会群众子女入学存在某些问题。2007 年 8 月 24 日，福州全市教育系统举行教育局长、校长统一接待日，受理农民工子女及社会群众子女入学疑难问题。根据统计，当天共计接待群众 9000 多人次，化解了大量社会矛盾问题，促进了社会和谐稳定。这一做法，福州市教育局后来一直坚持了下来；到 2019 年，仍坚持开学前全市教育系统教育局长、校长统一接待日制度。开学后，福州市教育局又部署各学校开展自查自纠，对违规收费的坚决退费。对于农民工子女因"三证"材料不全而收费的，能在国庆节前补齐"三证"的，一律退费。根据统计，2007 年秋季，福州全市义务教育阶段公立学校共接纳农民工子女 9.2 万人，其中市区 5.29 万人、八县（市）城关 3.91 万人。

对于福州市积极做好农民工子女入学工作，新华社于 2007 年 8 月 2 日作了报道。2007 年 8 月 3 日，《中国教育报》在头版刊登《福州义

福州义务教育全面接纳农民工子女

在收费、入学、转学等方面给予灵活办理

新华社福州8月2日电（记者 沈汝发）从2007年秋季开始，福州市所有初中、小学都将接纳农民工子女入学。这是福州市最近出台的一项保障农民工子女入学的举措。

据福州市教育局长赵素文介绍，福州市原来对农民工子女入学实行定点学校接纳，福州一共有124所小学、15所初中对农民工子女开放。从今年秋季始，福州全部273所小学、80多所初中，除满员的以外，都要积极接收农民工子女入学。

另外，福州市还将在原来的基础上进一步简化农民工子女入学手续，农民工子女入读公立学校免交借读费，属于特困学生的落实"两免一补"政策。

赵素文说，福州市对农民工子女在接受教育、评优评先、入队入团等方面与当地学生一视同仁；对学习困难者、家庭经济困难者和生活不便者给予特殊照顾；对农民工子女入学在收费、入学、转学等方面予以灵活办理。

据了解，目前福州市区及县（市）城关地区公立学校已接纳农民工子女9.3万多人。

◆ 2007年8月3日，《中国教育报》刊登《福州义务教育全面接纳农民工子女》报道。

农民工子女，后来更名为"随迁子女"。对随迁子女就学工作，也逐步规范。

2012年9月5日发布的《国务院关于深入推进义务教育均衡发展的意见》提出："保障进城务工人员随迁子女平等接受义务教育。要坚持以流入地为主、以公办学校为主的'两为主'政策，将常住人口纳入区域教育发展规划，推行按照进城务工人员随迁子女在校人数拨付教育经费，适度扩大公办学校资源，尽力满足进城务工人员随迁子女在公办学校平等接受义务教育。在公办学校不能满足需要的情况下，可采取政府购买服务等方式保障进城务工人员随迁子女在依法举办的民办学校接受义务教育。"

2015年11月25日发布的《国务院关于进一步完善城乡义务教育经费保障机制的通知》要求，自2016年起，进一步完善城乡义务教育经费保障机制。从2016年春季学期开始，统一城乡义务教育学生生均公用经费基准定额。

2016年7月11日发布的《国务院关于统筹推进县域内城乡义务教育一体化改革发展的若干意见》，进一步提出改革随迁子女就学机制。该文件要求，"各地要进一步强化流入地政府责任，将随迁子女义务教育纳入城镇发展规划和财政保障范围，坚持积极进取、实事求是、稳步推进，适应户籍制度改革要求，建立以居住证为主要依据的随迁子女入学政策，切实简化优化随迁子女入学流程和证明要求，提供便民服务，依法保障随迁子女平等接受教育。利用全国中小学生学籍信息管理系统数据，推动'两免一补'资金和生均公用经费基准定额资金随学生流动可携带。要坚持以公办学校为主安排随迁子女就学，对于公办学校学位不足的可以通过政府购买服务方式安排在普惠性民办学校就读……公办和民办学校都不得向随迁子女收取有别于本地户籍学生的任何费用"。在国家政策的保障下，随迁子女入学工作更加规范。

2017 年，教育部工作要点强调，制定以居住证为主要依据的随迁子女义务教育入学政策。

2019 年，教育部工作要点进一步提出，完善以居住证为主要依据的随迁子女义务教育入学政策。

从"建立"到"制定"再到"完善"，显示出随迁子女入学相关政策有效推进的积极态势。

省委常委、福州市委书记袁荣祥等领导与晋安区鼓山新区小学学生代表合影
07.9.20

◆ 2007 年 9 月，时任中共福州市委书记袁荣祥（后排左五）、市委副书记周宏（后排右四）、市委常委、秘书长徐启源（后排左四）等领导视察以接收农民工子女为主的学校——晋安区鼓山新区小学

现在，随迁子女入学已经很规范、便捷。每年秋季入学前，教育行政部门都提前公告，向群众告知办理随迁子女入学的时间、需要准备的相关材料等等。2019 年，福州市规定，随迁子女就读公立小学需具备原籍户口簿和父母身份证，父母双方辖区内有效期内的居住证或者房屋所有权证。福州市的鼓楼、台江、晋安、仓山、马尾五城区随迁子女一年级入学，采取个人填报志愿、电脑派位的办法。每个随迁子女均可填报三个学校志愿，教育部门对第一志愿学生设置了最优先、次优先、第三优先等三个派位优先等级。其中，最优先是具有相关房产证明，次优先是父母有营业执照或符合相关户口要求，第三优先是父母一方在市区持续缴纳社保六个月。各区将随迁子女入学电脑派位后，向家长进行短信通知。2019 年，福州五城区共有 14842 名随迁子女申请学位并通过审核，通过电脑派位进入公办小学就读，确保了每一个随迁子女都能上好学。

回顾 21 世纪之初的头十年，解决随迁子女入学的历程，对以下几个方面感悟颇深：

其一，教育工作必须牢固树立为经济建设中心服务的意识。随迁子女入学问题，是改革开放、经济建设、社会发展中出现的新情况、新问题。教育管理者既要站在教育的角度办教育，更要站在经济建设全局的角度看教育、办教育。如果只是站在教育中看教育、办教育，必然目光短浅，就会对各种"额外负担"采取消极甚至抵制的态度；只有胸怀大局、心系大局，在大局下思考，在大局下行动，才能在实际工作中自觉服从大局、为大局服务。

其二，教育工作必须牢固树立全心全意为人民服务的意识。解决随迁子女入学问题，是对教育管理者为人民服务宗旨意识的考验与检验。解决随迁子女入学问题，不仅要解决好显性问题，关注起点公平，更要解决好隐性问题，关注过程公平甚至结果公平。只有心中装着人民，才会认认真真地解决教育工作中存在的显性问题和隐性问题。福州市教育局于 2004 年在福建省率先提出对随迁子女就学做到"三个一视同仁""三个特别照顾""三个灵活办理",是解决校内不公平、教育过程不公平问题的具体措施,也是解决教育隐性问题的有益探索,体现了全心全意为人民服务的意识与自觉行动。

其三,解决教育问题需要经济支撑。在解决随迁子女入学问题上,开始是国家出政策,要求流入地政府出钱补助有关学校。由于各地经济状况不一,流入地政府对相关学校的补助能力有限,客观上对接纳随迁子女入学工作带来一定影响。后来是国家既出政策也出钱,省、市政府统筹资金,通过财政转移支付的办法,对流入地政府财政予以补助,从而调动了随迁子女比较多的区域政府和教育部门的工作积极性,这项工作就做得更顺、更好。

其四,解决教育问题需要观念引领。21 世纪初,国家对随迁子女入学提出"两为主"政策。这项政策的落实过程,实际上是一个艰难的观念转变过程。面对涌入的随迁子女,一开始,不少地方和学校不情愿,认为增加了"额外负担";随迁子女入学后,校内不公平的情况也比较普遍。后来,随着人们思想观念的转变,使得随迁子女入学工作逐步得到很好落实。国家发改委于 2019 年 4 月 8 日对外发布的《2019 年新型城镇化建设重点任务》提出,继续加大户籍改革力度,到 2020 年,努力实现 1 亿左右农业转移人口和其他常住人口在城镇落户。据专家分析,未来 30 年,我国还将有 3 亿左右的农村劳动力需要转移到城镇,将形成 5 亿城镇人口、5 亿流动人口、5 亿农村人口"三分天下"的格局。从这个角度来看,解决随迁子女教育问题意义深远,仍需要进一步树立新观念。只有当承载着公平与公正的义务教育均衡发展成为一种高度共识之时,与之相关的政策举措才会水到渠成地进入系统化推进的节奏,才能进一步做好随迁子女入学工作,真正实现随迁子女"教育同城化"。

事件之四：一组农民工子弟学校在夹缝中生存的照片

2004年2月17日，《人民日报》第五版刊登新华社记者拍摄的一组照片《福州——农民工子弟学校在夹缝中生存》。这是一起农民工子弟学校举办者在教育行政部门督促其进行办学整改的压力下而进行的新闻炒作事件。

在城市化进程中，福州中心城区外来务工人员急剧增多，出现了学龄人口急剧膨胀与公立学校办学容量不足的突出矛盾。在这一矛盾凸显期间，一批特殊的民办学校应运而生。

之所以说"特殊的"，是因为这些民办学校几乎是"三无"学校（即无经过教育部门审批、无合格的办学场所、无合格的师资队伍），但是，这样的民办学校，在2004年时，福州五城区却有12所。这些民办学校的举办者多是外省人，他们利用老乡关系，在福州一些外来人口聚集地带进行招生宣传。举办者还抓住打工人员每天早出晚归无法接送和照顾孩子的特点，每天安排校车接送学生，并为学生办午餐……这些服务，确实吸引了不少老乡子女生源。中心城区没有办学场所，举办者往往租用废弃厂房或是关闭的校舍进行办学。为了追求收益最大化，这些学校都是超负荷办学，有的班级学生数竟高达八九十人；接送学生的校车，大部分是租用破旧车辆超载运行，存在极大的安全隐患；学校食堂设施设备既简陋，也不规范，也存在安全隐患……

位于晋安区铁路道口附近的山越小学，租用原铁路机务段小学的校舍办学，在校生18班1423人，平均班生数79人，最多的一个班超过85人。学校每天租用7部旧中巴车，从仓山、台江、鼓楼等城区边缘的出租房里，接送外来务工人员子女上学。校车要穿越3条铁路，这些道口都没有设置红绿灯及安全栏杆标志，车况极差的校车一旦在铁轨上抛锚，将引发重大伤亡事故。

位于晋安区新店镇西园村的站北小学，在校生1483人，系租用西园村违法占地建设的房屋。这个校舍没有规划、用地、建筑审批手续，被建设部门认定为不符合建筑安全标准。2003年10月，福州市国土资源局对西园村作出责令退还土地，限期拆除违法建筑并处罚款的处理意见。

位于晋安区的新春小学，原为春蕾小学，办在鼓楼区屏西的一栋危楼内，墙体裂缝，卫生状况很差。在2003年年初被鼓楼区教育局予以取缔后，举办者将学校搬至晋安区的福建省粮食干部学校内过渡办学。

位于鼓楼区的长河路打工子弟学校，是利用废弃厂房进行办学，有的教室窗户又高又小，光线、空气都非常差。这所学校有20个班，在校生1258人，平均班生数62.9人……

2003年9月，《国务院办公厅转发教育部等部门关于进一步做好进城务工就业农民子女义务教育工作意见的通知》要求，"加强对以接收进城务工就业农民子女为主的社会力量所办学校的扶持和管理。各地要将这类学校纳入民办教育管理范畴，尽快制定审批办法和设置标准，设立条件可酌情放宽，但师资、安全、卫生等方面的要求不得降低"。为贯彻落实该份文件精神，福州市教育局于2003年10月开展农民工子弟学校问题专题调研，并召集鼓楼、晋安两区教育局负责人进行专门研究，明确要求对社会力量办学积极予以鼓励扶持，并要依法加强管理，特别对安全、卫生的要求不能降低，对不规范的问题要督促整改到位，确保外来工子女的安全。2003年10月，福州市教育局对安全、卫生问题突出的民办山越小学、站北小学、春蕾小学下发了限期整改规范的通知书；晋安区按照有关精神，对三所不规范、问题突出的农民工子弟学校多次下发整改通知书，并多次派人到学校督促整改。农民工子弟学校举办者在教育行政部门的压力下，多次找新闻单位记者反映，企图通过新闻舆论造成社会影响，给教育行政部门施加压力，不做整改。有的新闻记者不了解实情，在未与福州市、区教育部门联系核实的情况下，对福州农民工子弟学校问题进行了报道。

报道出来后，福州市教育局立即与新华社福州记者站、《人民日报》福州记者站汇报沟通有关情况，得到新闻单位的理解与支持。后来，《人民日报》福州记者站专门写了一篇福州积极做好外来工子女入学工作的正面报道，予以消除不良影响。

对农民工子弟学校存在的安全、卫生问题，福州市、区两级教育行政部门按照国务院办公厅文件精神，区别不同情况分别予以处理。

在当时公立学校教育资源短缺的情况下，对农民工子弟学校，是予以取缔，还是进行引导并督促其规范办学？教育行政部门确实处于两难的境地：如果取缔这些学校，仅福州市区12所农民工子弟学校就有7000多名学生需要分流到周边公立校。而城乡结合部地区的公立校都已爆满，确实无法接纳这些学生。如果将这些学生协调安排到未满员的学校，公立学校又无能力解决农民工子弟学生上学接送及午餐问题。而如果让农民工子弟学校继续生存，又存在安全隐患，这些学校不规范的师资与教学管理，也影响少年儿童的教育。怎么办？福州市市、区两级教育行政部门认真学习领会《国务院办公厅转发教育部等部门关于进一步做好进城务工就业农民子女义务教育工作意见的通知》，对其中关于"加强对以接收进城务工就业农民子女为主的社会力量所办学校的扶持和管理。各地要将这类学校纳入民办教育管理范畴，尽快制定审批办法和设置标准，设立条件可酌情放宽，但师资、安全、卫生等方面的要求不得降低"的精神，经过慎重研究，最后决定对农民工子弟学校采取分类施策办法。即对民办农民工子弟学校，按办学条件状况，将其分为三类：一类是基本达到办学要求的，督促这些学校立即进行整改，向教育部门上报相关审批手续；一类是目前不够规范，但经过下力气整改，可以基本达到办学要求的，限定在一定的期限内进行整改，整改到位后上报教育行政部门审批；一类是基本达不到办学条件且无法整改的，予以坚决取缔，将生源疏导、分流到周边公办学校。2006年，福州市人民政府拨出512万元专款，补助农民工子弟学校改善办学设施。

2007年，福州市教育局进一步采取措施加强对民办农民工子弟小学的扶持与管理，以确保在福州务工就业的农民子女都能顺利接受九年义务教育。这些措施包括：在办学场所方面，帮助解决民办农民工子弟小学的办学场所问题；在师资培训方面，帮助民办农民工子弟小学教师提高专业水平；在教学管理方面，帮助民办农民工子弟小学提高教学质量，由各县（市、区）指定辖区内办学质量好的公立小学与民办农民工子弟小学结成"一对一"帮扶关系，通过帮扶，使民办农民工子弟小学在办学理念、学校管理、教学质量、师资队伍建设等方面得到提升，促进民办农民工子弟小学规范化办学；通过建立学生"手拉手"关系，发动社会各界对民办农民工子弟小学进行慈善捐赠等，帮助农民工子女改善学习、生活条件；各县（市、区）教育局还选派优秀干部担任农民工子弟学校督导，督促民办学校规范办学……福州市分类施策、加强管理的做法，得到中共福建省委教育工委、福建省教育厅领导的肯定。2007年11月8日，新华社对福州市加强民办农民工子弟小学的工作进行了报道。11月9日，《中国教育报》刊发了《福州选派优秀干部督导民工子弟校》的报道。

回顾21世纪之初，在处理特殊的民办学校问题中，有以下几个感悟：

一是处理教育问题不能偏激，也不能简单化，要多考虑方方面面，尽量稳妥周全。对农民工子弟学校，如果只看到不规范的问题，简单进行取缔，这样在公办学校教学资源紧缺、全纳准备不足的情况下，可能会造成相当一部分学生就学难和失学的问题，给社会带来不安定、不稳定。当时在处理农民工子弟学校问题上，福州市市、区两级教育行政部门采取分类施策的办法，既有疏，也有堵。按照《中华人民共和国义务教育法》和《中华人民共和国民办教育促进法》，福州市教育局下发了《关

福州选派优秀干部督导民工子弟校

优质公立小学与民工子弟小学"一对一"帮扶

【今日关注】

新华社福州11月8日电（记者孟昭丽）记者从福建省福州市教育局获悉，福州市计划选派优秀干部到民办农民工子弟小学担任教育督导员，主要负责督促指导民办小学规范化办学，加强学校教学和行政管理。

福州市今年采取了一系列措施，加强对当地民办农民工子弟小学的扶持与管理，以确保在福州务工就业的农民工子女都能顺利接受九年义务教育；在办学场所方面，帮助解决民办农民工子弟小学的办学场地问题；在师资培训方面，帮助民办农民工子弟小学教师提高专业水平；在教学管理方面，帮助民办农民工子弟小学提高教学质量。

福州市要求，各县（市）区教育行政部门要指定辖区内办学质量好的公立小学与民办农民工子弟小学结成"一对一"帮扶关系。通过帮扶，使民办农民工子弟小学在办学理念、学校管理、教学质量、师资队伍建设等方面得到提升，促进民办农民工子弟小学规范化办学。此外，通过建立学生"手拉手"关系，发动社会各界对民办农民工子弟小学进行慈善捐赠等，帮助农民工子女改善学习、生活条件。

福州市教育行政部门还将深入民办农民工子弟小学，深入课堂教学第一线，了解农民工子女的学习情况，督促、指导民办农民工子弟小学开展素质教育。

◆ 2007年11月9日，《中国教育报》刊登《福州选派优秀干部督导民工子弟校》报道

于加强民办农民工子弟小学规范化管理的意见》，加强对民办农民工子弟小学的审批与管理。对一时还达不到办学条件要求的，按照《国务院办公厅转发教育部等部门关于进一步做好进城务工就业农民子女义务教育工作意见的通知》中提出的"设立条件可酌情放宽，但师资、安全、卫生等方面的要求不得降低"这一原则，对民办农民工子弟小学在坚持原则的前提下，适当放宽一定办学要求，发给临时办学许可证，进行规范化管理。这样，既给了民办农民工子弟学校整改的缓冲期，也给了公办学校扩容招生准备的缓冲期，比较稳妥地解决了义务教育阶段办学中的一大难题，维护了社会安定稳定。

二是对民办农民工子弟学校的管理要疏堵结合。福州市在处理接收以农民工子女为主的民办学校问题上，做到"四扶持，一监管"。"四扶持"，即在办学场所上给予扶持，县（市、区）教育行政部门积极协调帮助解决民办学校的场地问题；在师资培训上给予扶持，各县（市、区）教育局负起本辖区内以接收农民工子女为主的民办学校的师资培训任务，促进民办学校教师专业成长，提高民办学校教师队伍整体素质；

在教学管理上给予扶持，教育行政部门将民办学校的教育教学纳入本县（市、区）教育工作范围，督促、指导民办学校开展素质教育，每年都对农民工子弟学校进行专项督查，以促进民办学校教育教学质量的提高；在教学设备方面给予扶持，教育行政部门积极协调社会力量及公办学校，为办学困难的民办农民工子弟学校捐赠教学设备，改善民办学校办学条件。"一监管"，即在卫生、安全方面加强监管，以确保民办学校安全。对有的民办学校随意延伸办初中的问题给予坚决叫停，以确保义务教育阶段规范办学，确保初中教育教学质量。各县（市、区）教育局还向辖区内民办农民工子弟学校下派政府督导员，这些督导员以退休公立校校长为主，以保证民办农民工子弟小学的规范化管理。由于疏堵措施到位，在民办农民工子弟学校存在的特殊时期，既解决了公立小学学位不足的问题，又确保了农民工子女在民办学校平平安安地接受比较良好的教育。

三是处理教育问题既要灵活，也要坚决把住底线。一开始，教育行政部门一些管理人员对民办学校管理存在畏难思想，认为审批责任很大，谁批准谁负责，干脆不批也不负责，所以对农民工子弟学校不批也不管。在深入学习有关文件后，福州市市、区教育部门管理干部提高了认识、统一了思想。大家感到，教育行政部门不仅要对有审批的民办学校的管理负责，还要对辖区内所有的各级各类学校的管理负责。那些"先斩后奏"的民办农民工子弟学校虽然未经审批，但他们的办学已成了事实，必须纳入民办教育管理的范畴。而后，福州市教育局很快制定了具体审批办法和设置标准，对民办农民工子弟学校设立条件上酌情放宽，但在师资、安全、卫生等方面的要求不予降低。2007年，第一批审批了两所学校，这对其他民办农民工子弟学校的举办者震动很大。不久之后，原先那些游离于教育行政部门管理之外的农民工子弟学校，也全部纳入了教育行政部门管理。

事件之五：一个持续关注的中小学布局调整的课题

在 21 世纪之初，随着城乡人口的急剧变化，部分农村学校出现教育资源闲置，而城镇地区又面临着学校容量不够、教育资源不足的问题。为促进教育资源优化配置，提高教育资源使用效益，教育行政部门进行了一系列探索，采取了种种措施办法。其中一个办法，是对农村中小学进行撤点并校。

20 世纪八九十年代，我国面临适龄人口入学高峰期。为了解决老百姓子女就学问题，各地掀起了村村办小学、乡乡办中学的热潮。后来，随着学龄人口的回落、城镇化进程的推进，农村不少学校生源锐减，教育资源闲置。据 2001 年年底统计，福州市八县 (市) 有 790 所学校成为单、双人校，其中福清市 127 所、长乐市 37 所、闽侯县 144 所、连江县 36 所、闽清县 82 所、罗源县 75 所、永泰县 245 所、平潭县 44 所。

根据教育部和福建省教育厅的部署，福州市从 1999 年起开展中小学布局调整工作。当年提出中小学布局调整的重点为：一是以老校改造、扩建、撤并相结合为主；二是控制老城区重点小学办学规模；三是新区中小学建设与新区建设同步进行；四是调整农村学校布局，采取集中办学的方式进行。从 1999 年开始，福州市在晋安区、罗源县开展农村中小学布局调整试点工作，在吸取经验的基础上，于 2001 年在全市范围推开。2001 年，福州市共完成 89 所学校新建、改扩建任务，撤点并校 295 所。

2001 年，国务院发布《关于基础教育改革与发展的决定》，要求"按照小学就近入学、初中相对集中、优化教育资源配置的原则，合理规划和调整学校布局。农村小学和教学点要在方便就近入学的前提下适当合并，在交通不便的地区，仍需保留必要的教学点，防止因布局调整造成学生辍学"。为贯彻落实该文件，全国各地对撤点并校工作进行了积极探索，有的地区步子迈得很大。福建省也进行了大胆探索。

2002年2月底，我刚到福州市教育局工作，参加的第一场会议就是在罗源县西兰乡学校召开的福州市农村学校布局调整现场会。这次会议对我的心灵震撼很大。

在西兰乡集中办学的学校，我看到一批一、二年级学生在水槽前洗涤杯罐，对这些幼小年纪就离开家庭住校生活的学生不免心有隐忧。但是在这次会议上，我也听到罗源县教育局介绍撤点并校的好处——原来众多分散的教学点、小学校，因教师编制配备不允许，无法按学科配齐教师，不少学校无法开齐、开足所有课程，教学质量差，影响了学生素质教育；集中办学后，县里将镇上分散的师资资源集中在一所学校，实现了规范办学，也节省了不少教育经费。布局整合带来的效益是明显的，但究竟中小学布局调整要怎么做？在布局调整中会出现哪些新情况、新问题？如何解决这些新情况、新问题？……这些都成了福州市教育局当时调研的重点课题。

之后的几年，我和当时分管基建、财务工作的福州市教育局副调研员何旺金以及福州市教育局计财处处长张乃清、副处长宋友师等同志经常到各县教育局及乡镇中小学实地调研。在听取方方面面意见的基础上，2005年，福州市教育局为福州市人民政府代拟了《福州市人民政府关于进一步加强农村教育工作的决定》。这份文件，对积极稳妥推进农村中小学布局调整工作、全面提高教育教学质量和农村教育投资效益提出了明确的要求。其要点有五个方面：一是布局调整的原则。应遵循小学就近入学、初中相对集中、优化教育资源配置的原则，按照农村城镇发展规划，结合人口密度、地理环境、交通状况等方面因素，既要立足当前，又要考虑发展趋势，重点解决百人以下学校调整和年级不全的教学点的撤并问题，尽可能做到布局合理、方便群众。二是如何撤并。对于布局不合理的危房学校，先行安排撤并；对于交通不便的山区、海岛，应从实际出发，保留必要的初小教学点，以方便群众，防止因布局调整造成学生辍学问题。三是推广"完初联校"的办学模式。以一所上规模的村级完小为本部，将地理位置较近的2至3所初小作为教学点，实行本部与教学点的联合办学。"完初联校"实行"学校联管、教师走教"的办学管理模式，做到人事统一调配、财务统一收支、教师统一待遇、教学统一管理。对教学点的计算机、英语、体育、音乐、美术等课程统一调配走课教师，坚持按课表走课，保证送教到点、执教到班、辅导到人，摆脱因教师缺编带来的学科开课不足的问题。四是布局调整应有计划、有步骤地进行。原则上，一个乡镇办一所初中（2.5万人口以上的乡镇可增设），每10万人口布点一所普通高中，每30万人口至少布点一所职业中学。其中，普通高中、职业中学的选点应尽量在县城或人口密集的乡镇，以保证师资的相对稳定。五是在布局结构调整中，要保证教育资源不流失。要采取措施，盘活教育资产。撤并后空余的校舍，可举办幼儿园、成人文化技术学校、职业学校以及中小学社会实践基地、校外活动中心等；或通过公开拍卖、置换等形式筹措资金，用以改善农村中小学办学条件和加强农村学校建设。

应该说，21世纪之初福州市农村中小学布局调整是比较平稳的，基本上没有发生大拆大并的问题。福州市农村中小学布局调整工作得到了福建省教育厅的充分肯定。2008年3月，福建省教育厅在罗源县召开福建省义务教育布局调整和学校建设规划工作部署会，福州市教育局在会上作了工作经验介绍。

对农村中小学布局调整问题，后来我一直跟踪并做研究。2008年，受福建省教育厅委托，我和福建教育学院调研课题组团队承担了福建省教育厅"科学发展'四求先行'教育要先行"系列调研课题之一的《中小学布局调整和城市义务教育阶段学校扩容建设》课题调研；2011年，又承担福建省教育厅委托的《福建省农村中小学布局调整》课题调研，对福建省21世纪之初农村中小学布局调整工作进行跟踪研究。

福建省于 2001 年开展中小学布局调整工作，通过布局调整，合理配置教育资源，全省义务教育阶段学校从 2001 年的 15129 所，到 2010 年调整为 8302 所，比 2001 年减少 6827 所（其中小学减少 6690 所、初中减少 137 所）。从农村学校布局调整情况来看，全省农村义务教育阶段学校从 2001 年的 12592 所，到 2010 年调整为 4884 所，比 2001 年减少 7708 所。其中，农村小学 2001 年为 11720 所、在校生 2370706 人、校均学生 202.28 人，2010 年为 4267 所、在校生 709827 人、校均学生 166.35 人，2010 年学校数、在校生数、校均学生数分别比 2001 年减少了 7453 所、1660879 人、35.93 人；农村初中 2001 年为 872 所、在校生 834186 人、校均学生数 956.64 人，2010 年为 617 所、在校生 296175 人、校均学生 480.02 人，2010 年学校数、在校生数、校均学生数分别比 2001 年减少了 255 所、538011 人、476.62 人。从对比数据中看出，农村学校经过十年调整，虽然小学、初中校数均有减少，但由于生源减少、城镇化步伐加快，2010 年农村小学、初中平均在校生数与 2001 年比均有下降。根据 2011 年抽样调查，福建省 72 个县 216 所农村小学，步行走读的学生有 52478 名，单程步行上学时间在 20 分钟之内（不含 20 分钟）的占 84.89%、20 分钟到 40 分钟（不含 40 分钟）的占 10.78%、40 分钟至 60 分钟（不含 60 分钟）的占 1.65%、60 分钟至 90 分钟（不含 90 分钟）的占 0.07%、90 分钟以上的占 0.03%，走读时间不详的占 2.58%。从调查数据中看，福建省农村中小学布局总体比较合理。

在学校布局的调整中，客观上产生了学生"上学远"的问题。为此，各地重视加强寄宿制学校建设，到 2010 年，福建全省农村义务教育学校共有 4884 所、在校生 1006002 人，其中寄宿制学校有 1953 所、寄宿生有 292434 人。各地还重视解决布局调整后连带产生的交通问题。据 2011 年统计，福建全省学校共有校车 3169 辆（其中民办校 3055 辆、公办校 114 辆）。

21世纪的头十年，福建省农村中小学布局调整中也出现了一些新情况、新问题：一是有的偏远地方因学校整合造成农民子女上学远、上学难的问题。例如宁德市47个省定扶贫挂钩村，大多地处偏远地区。2001年至2011年共整合15所小学，其中人口在千人以上的7个村的小学被整合；布局调整后，距中心校11公里以上的村庄有7个。二是交通问题突出。尽管各级政府及有关部门采取了一系列措施解决学生周末班车问题，但交通上还存在两个比较难解决的问题，即学生周末班车覆盖面还不广；学生因上学远，通过家长接送、骑车往返、包车接送、自行搭车等，存在较大安全隐患。三是寄宿制学校配套设施未配套到位。根据对72个县的调查数据，2011年全省农村义务教育阶段共有寄宿制学校1953所、寄宿生292434人。当时，各个县自报寄宿制办学容量不足的学校有926所，需改扩建寄宿生宿舍面积87.37万平方米、食堂41.35万平方米。此外，还有467所寄宿制学校食堂餐厅还未配齐餐桌椅。四是寄宿制学校生管人员、校医配备严重不足。根据对1953所农村寄宿制学校的问卷调查，共配备生管老师4224人，平均每百名寄宿生配备生管老师1.44人，低于教育部要求每百名学生配备生管老师2人的要求；配备校医的学校仅562所，占寄宿制学校的28.78%，共配备校医608人。五是留守儿童教育问题。2001年，全省义务教育阶段有留守儿童232261人，其中相当部分在学校寄宿。寄宿生中的留守儿童教育全部由学校承担，而很多学校又未配备生管老师和校医，留守儿童的生活教育、亲情教育存在较大缺失，对身心健康成长有一定影响。六是校产处置问题。布局调整后，全省农村出现334万平方米闲置校产，已处置的有193万平方米，尚有141万平方米未做处置，占42.2%。这些闲置校产，有的因产权不明晰难以处置，有的因地处偏远难以拍卖或利用。这些闲置校产基本无人看管。由于福建地处东南沿海，台风、暴雨等自然灾害频发，长期无人看管养护的闲置校产，很容易形成危房、倒塌。

针对农村中小学布局调整中出现的新情况、新问题，福建教育学院调研课题组提出，对布局调整工作建议把握"七个原则"：一是因地制宜、实事求是的原则。要做到合理布局，核心是妥善处理好学生就近上学与接受良好义务教育的关系。"就近上学"与"上好学"这两个问题必须同时解决。布局调整中，一所学校的辐射半径以3公里为宜。福建省山区、平原情况差别很大：平原地区交通便利，适度整合集中办学，有利于优化教育资源配置，提高办学质量，要坚持因地制宜，成熟一所调整一所；在山区和边远海岛，则要充分考虑学生上下学的方便、交通安全等多种因素，该保留的教学点要予以保留，不能以生源多少而简单化决定学校是否要撤并。二是以人为本、守住底线的原则。在布局调整中，既要考虑生源因素，也要充分考虑服务半径，要以方便学生就近入学、安全健康成长为底线。三是尊重民意、民本取向的原则。布局调整要重视征求家长、当地乡镇人民政府、村委会的意见，尊重群众的知情权。要采取听证、协商、座谈等形式，向群众做好宣传解释、听取意见，避免工作简单化。群众超过三分之一以上持反对意见的，应暂缓撤并。四是先建后撤、先办后撤的原则。在撤并校之前，应对保留的学校先做好改扩建工作，确保整合后学校容量足够。同时，要对保留的学校先办好寄宿生宿舍、食堂，以及教学设施等后续事宜；不具备条件及未解决好后续问题的不予撤并，避免产生新的撤并校配套设施不足的问题。五是保护边远、备案审批的原则。农村边远小规模学校是保障无法进城就读的社会困难群体的公平底线，有助于解决农村学生上学难、上学远、上学负担重等问题。为防止过度整合，建议建立边缘乡村学校和教学点福建省教育厅备案和撤并审批制度，未经批准的不得随意撤并，以保护边远地区学生公平受教育权利。六是稳步推进、留有余地的原则。在规划义务教育学校整体布局时，既要根据义务教育不同阶段学龄人口变化的特点、城镇化的进程来调整教育资源，同时也要充分考虑学龄人口的波动，在学校布局调整中注意稳步推进、留有余地。七是沟通合作、统筹兼顾的原则。农村学校布局调整与社会主义新农村建设同步进行。乡村学校是农村文化的根基，教育行政部门要主动与有关部门加强合作，统筹兼顾做好农村学校布局调整工作。

调研课题组还建议，要把中小学布局调整战略重心转到合并校的后续建设上来，重点抓好加快完善寄宿制学校配套设施建设、抓紧配齐生管老师和校医、对寄宿制学校安排专项补助经费、统筹解决好教师宿舍问题等；要采取积极措施扶持农村学校提高办学质量，并做好闲置校产的处置工作等。

福建教育学院调研课题组的调研报告，得到福建省人民政府领导、福建省教育厅领导的重视。2010年，福建省人民政府批转福建省教育厅制定的《关于进一步完善中小学布局的实施意见》。2012年，福建省教育厅印发《关于妥善解决农村小学生远距离上学问题的意见》，对慎重、稳妥实施农村中小学布局调整提出具体意见。21世纪第二个十年，福建省农村义务教育阶段学校布局调整，在福建省人民政府和市、县各级人民政府以及教育行政部门的正确把握下，更加稳妥推进，不断加以完善。2016年10月，国家督导检查组到福建省进行义务教育发展基本均衡县督导评估，福建省人民政府向国家督导检查组提交了福建省推进义务教育均衡发展的工作总结，报告了福建省在推进义务教育均衡发展中注意调整优化学校布局："2011年以来，福建省人民政府连续将城区学校扩容列入为民办实事项目，全省累计投入67亿元（其中省级以上投入30亿元），新增50万个学位，满足城区人口就学需求，有效缓解'大校额''大班额'问题。同时，严格控制农村撤点并校行为，办好小学教学点，全省98.8%的小学生上学路程控制在3公里以内。"经国家督导检查组实地检查评估，福建省于2016年实现全省县域内义务教育均衡发展，成为全国第七个全域通过国家评估认定的省份。

事件之六：一个令人揪心的中小学危房改造话题

21世纪之初，在学校教育工作中，令各级政府、教育行政部门揪心的一个问题，就是农村中小学存在数量不少的危房。据统计，2003年时，全省农村中小学D级危房面积为165.2万平方米，其中福州市有16.1万平方米，约占全省的十分之一。每到阴雨连绵的春季、台风暴雨频发的夏季，政府和教育行政部门总担心破旧的校舍禁不住风吹雨打倒塌，造成师生伤亡事故。

农村中小学危房的产生，既有历史的、经济的原因，也有地理环境的因素。改革开放之初，根据当时国情，国家把发展基础教育的责任交给了地方，国家调动地方发展基础教育的积极性，地方同时依靠人民群众办教育。这一时期，我国义务教育是实行"人民教育人民办"的管理体制。特别是在20世纪七八十年代出现学龄人口入学高峰期，为解决百姓子女上学难的问题，各级政府积极引导和鼓励镇、村办学校。这一时期，村村办小学的积极性很高。由于村级财力有限，当时人民群众生活水平及基建水准也不高，小学校舍建设一般是砖木结构或砖混结构，即使是砖混结构的，也多是预制板或水泥浇筑楼面，基本没有框架结构的校舍。福建地处东南沿海，春季雨水多，夏季台风、暴雨频，校舍极易损毁，每年都产生一批危房。究竟有多少危房？2000年时，福州市各县（市、区）教育局对中小学危房存量进行排查。当时，全市农村公办学校共有校舍面积444万平方米，排查出中小学危房有19.6万平方米。根据危房损毁程度分为A、B、C、D四个等级，D级危房是必须立即停止使用的，福州市的D级危房有16.1万平方米，占现存危房的82%，这让政府和教育行政部门很揪心。

危房改造刻不容缓，但危房改造要掏出巨资。2000年时，福州八县

（市）在推进"两基"攻坚中，教育基础设施建设还欠有2亿多元债务。当年福州市财政总收入才74.8亿元，其中地方财政收入才55.3亿元，而市里要用钱的地方也很多。时任中共福州市委书记何立峰、福州市人民政府市长练知轩表态："办教育平安最重要，再穷不能穷教育，再苦不能苦孩子！"从2001年开始，福州市实施为期两年的第一期中小学危房改造工程，市里成立了中小学危房改造领导小组，由时任福州市人民政府副市长高翔、朱华先后担任领导小组组长，福州市财政、计划、建设、教育等有关部门负责人担任领导小组成员。福州市中小学危房改造领导小组办公室设在福州市教育局，由何旺金、张乃清负责具体工作。他们经常风里来雨里去，到全市各县（市、区）每一个危改项目现场督促检查。各县（市、区）人民政府、教育行政部门都把中小学危房改造作为一项重点工程来抓，全市上下齐心协力，至2003年年底，共完成"中央危改项目"50项，新建、扩改建校舍建筑面积6.3万平方米，总投资4275万元；未纳入"中央危改项目"32项，改建、新建校舍面积4.4万平方米，翻修加固0.7万平方米。

由于沿海、山区自然灾害频繁和校舍建筑使用年限到期等原因，虽然经过第一期危改工程消除了不少危房，但动态性地又产生了一批新的危房。2003年，福州市又排查出存量危房27万平方米，其中D级危房20.9万平方米。福州市人民政府常务会议决定，自2003年起，从农村税费改革转移支付用于农村义务教育补助的资金中，安排不低于50%比例的资金用于危房改造。同时，多渠道筹措资金，力争再用三年时间完成农村中小学27万平方米危房改造。对D级危房改造，福州市人民政府按中央、福建省拨资金的1/4比例补助各县，由福州市教育主管部门对既有危房改造工程进行跟踪监控。2004年3月5日，福州市召开全市农村中小学危房改造工作会议，时任福州市人民政府副市长朱华与各县（市、区）人民政府分管领导签订了开展第二期农村中小学危房改造责任状。第二期中小学危改工程制定了具体时间表：2003 年，实施危改项目 65 个，面积 66086 平方米，其中 D 级危房 43322 平方米；2004 年，实施危改项目 118 个，面积 137443 平方米，其中 D 级危房 108087 平方米；2005 年，实施危改项目 89 个，面积 69193 平方米，其中 D 级危房 58153 平方米。在实施危改项目中，福州市建立了责任机制、管理制度、资金专户，确保危改工程质量，新建校舍要求达到 50 年使用期限、80 年不出险情、100 年不用返修。这是一场硬仗！得益于党委、政府的高度重视与支持，各级教育部门的不懈努力，计划、财政、土地、建设等有关职能部门的通力配合，第二期危改工程如期完成。据统计，2001 年至 2005 年五年中，福州市共投入危改资金 2.82 亿元，新建、改扩建农村校舍面积 42.76 万平方米。2006 年，福州市继续做好危改工程扫尾项目，共完成危改项目 25 项、面积 2.3 万平方米。后来，学校危房改造进入常态化管理，危改工程也成为一定时期的历史名词。

回顾实施农村中小学危改工程往事，有以下几点感悟与体会：

第一，教育工作不能就事论事，要在宏观大局下来考虑解决教育问题。校舍改造是一项重要工作，这项工作必须放在经济、社会、人口发展大局中，放在中小学布局规划之中来考虑。21 世纪之初，城镇化步伐加快，城乡人口变动比较大。在实施危房改造时，如果就危改搞危改，就有可能出现校舍改建好之后，因学龄人口减少而闲置浪费的现象。在实施危改工程中，福州市综合考虑人口变动情况、学校资源的合理布局安排，对农村中小学布局进行调整，做到在布局调整规划下进行危改，这样就避免了学校改建不久出现撤点并校，造成教育资源闲置浪费的现象。当然，学校布局规划也是动态的——尽管当年在危改中已经考虑到随着城镇化进程、人口变动的因素，有的学校今后会被撤点并校而不进行改造扩建，但仍因对经济、社会、人口发展因素把握不准、预计不足，有一部分学校改造好，用了几年，还是出现了闲置浪费问题。

第二，解决教育问题，要综合考虑经济状况、财力状况，并分步实施。中小学危房改造工程需要投入大笔资金，当年政府财力有限，一下子不可能拿出大笔资金进行危改。在财力有限的情况下，对中小学危房改造，福州市采取分步实施的办法，即制定两期危改计划，分轻重缓急进行投资改造：对布局不合理的先拆，对 D 级危房先拆，对集中办学点的危房先拆先改，确保当年有限的资金用在最需要改造、有必要改造的地方，并做到对危改项目咬住不放，有序推进。

第三，办教育困难多，但办法总比困难更多。福州市于 2003 年实施农村税费改革。农村税费改革后，筹措学校建设工程资金比较困难。当时全市农村义务教育学校"两基"债务还有 1.8 亿元。为了做好中小学危房改造工作，各级政府和项目单位想方设法，采取"几个一点"的办法，千方百计多渠道筹集建设资金。所谓"几个一点"，即采取政府安排一点、乡村和学校自筹一点、闲置资产置换一点、社会资金引进一点、减免有关规费节省一点的办法，努力化解危改资金难题。在"十一五"期间，福州市农村完成了新中国成立以来规模最大的中小学危房改造工程，让中小学校成了乡村最安全的建筑。

第四，教育基建工程是生命工程、良心工程，来不得半点马虎。2003 年、2005 年，我目睹两个学校受灾场面。2003 年 10 月，永泰县长庆乡发生百年一遇的特大暴雨山洪灾害，在短时间内下了 100 多毫米暴雨，周边山上山洪倾泻而下，凶猛的山洪摧枯拉朽，低洼地成了泄洪道，只几分钟内便将在低洼地上的小学推成一片平地。幸亏当时是夜间发生山洪灾害，师生都不在校，否则后果不堪设想。灾害过后，时任中共福州市委书记何立峰、福州市人民政府市长练知轩带领市、县有关部门负责人到灾害现场察看。站在灾后学校废墟上，我的心灵受到很大震撼。2005 年 10 月 3 日，"龙王"台风后福州发生百年不遇的特大暴雨洪涝灾害，福州秀山小学、福州屏东中学等学校进水，水位达一米多。据福州秀山小学校长介绍，当时只五分钟左右时间，洪水涨至一米多高，幸亏当时是国庆学校放假，如果是上课时间，学生紧急疏散跑上楼都来不及。这两起严重自然灾害对教育系统干部职工也是深刻的警示教育，在学校危房改造基建工程选址上，我们都特别强调避开低洼地带。在实施中小学危房改造工程中，福州市教育局一再强调要按标准化要求进行建设，特别是房屋结构上，要确保两个梯位，为紧急状态下师生安全逃生留好通道。平潭县是海岛县，有的工程队图便利，就地取材，用海沙做建筑用沙。福州市中小学危房改造领导小组办公室何旺金、张乃清、宋友师等同志一次又一次地到平潭检查建筑用沙情况，要求平潭县教育行政部门加强监管，一定要使用淡水沙，严禁用海沙建房子，以防止海沙对钢材造成腐蚀，影响校舍使用寿命。在实施危改工程中，福州市教育系统干部就是以这样的高度负责精神，敬畏生命工程、良心工程。

事件之七：一个破解"城市挤"难题的探索

21世纪之初，随着城镇化的进程和城乡人口的变化，在基础教育上出现了"农村弱""城市挤"两大难题。而解决"城市挤"这一难题，可谓非常艰难。

第一难，难在老校扩容上。城区老校周边已盖满了房子，无法扩大办学场地。中心城区的校园原来都有学校预留地，但在20世纪七八十年代，为解决教职工住房问题，不少学校在校园内或学校预留地内盖了教职工宿舍，用去了不少校园面积。加之进入20世纪90年代后，学校周边开发了不少房地产项目，有的学校虽然有教育预留地，但因高昂的拆迁补偿费而无法征用教育预留地。例如福州第十八中学，在校生达4000多人，原来校园面积只有13亩，学校周边有教育预留地19.77亩。当时每亩拆迁补偿费约500多万元，要拿下教育预留地，须投入1亿多元。

而当年福州市本级教育经费才4亿多元，其中教育事业费才2亿多元，不可能拿出1亿多元用于一所学校改善办学条件。

第二难，难在校际差距上。从总体来说，城区学校存在"挤"的问题，但校与校"挤"的程度不同。大量学生集中在少数热点学校，优质校挤得不堪重负，"气喘吁吁"，但薄弱校并不满员。以福州市鼓楼区内的小学为例，对口到福州延安中学、福州屏东中学等优质初中的片内小学挤，对口到一般初中校片内的小学不挤；同样对口到福州延安中学的片内3所小学，福州教育学院附属第二小学、鼓楼区第二中心小学挤，法海小学并不挤。产生这种状况的原因在于校际间不均衡，所以从客观上加重了城市学校挤的程度。

第三难，难在城乡结合部学校布点少、容量小。老城区的城乡结合部，过去人口不太稠密，学校布点比较少，已有的学校规模也只适合当时的居住人口入学。在城镇化进程中，中心城区一幢幢高楼拔地而起，居住人口迅速膨胀。在城乡结合部地区，因房租相对便宜，成了外来务工人员的聚居地。城乡结合部又是房地产开发的重点地区，新区建设入住很多人口，原有的学校办学容量远远不能满足新区人口就学需要。比如鼓楼区新店镇湖前小学，原来只是一所乡村小学，只服务湖前村的学龄人口，学位宽裕。城镇化进程中，湖前村土地被开发建设了大片商品房，民居里又租住了大量外来人口，这所简陋的乡村小学已不适应城镇化进程中人民群众的教育需求，群众对改善办学条件呼声很高。

第四难，难在人们的思想观念上。人们宁愿在老城区学校挤，也不愿到新区学校就读。为了疏解中心城区住房、交通等压力，从2001年开始，福州市委、市政府加快推进城市建设"东扩南进"发展战略，在金山、鼓山等地进行新区开发建设。在新区建设进程中，市里配套建设了一批新校，以满足新区群众子女入学需要。但老百姓对新区学校的认可有一个过程，并不愿意送孩子到新区学校就读。

凡此种种，都造成了"城市挤"。

　　"城市挤"尽管是一大难题，但办法总比困难多。在21世纪之初，福州市市、区两级人民政府和教育行政部门在解决"城市挤"上进行了一系列卓有成效的探索。

　　办法之一：规划先行，锁定教育用地。解决"城市挤"的问题，最根本的是新建、改扩建学校，增加学位供给。而要搞好学校扩容建设，就必须前瞻性地做好教育发展规划，将教育发展规划与其他经济社会发展同步规划、多规合一。要注重搞好城区教育布局，防止出现城市新区楼盘摆满后没地方盖学校，以及老市区教育预留地被蚕食的问题。2005年、2006年，福州市教育局会同福州市规划局、市建设局，根据城市发展、人口变化等情况，对城区教育布局进行重新规划，制定了《福州市城区中小学布局发展专项规划》，规划至2020年，福州四城区（鼓楼、台江、仓山、晋安区）和福州大学城新区规划布局中小学431所，其中小学299所、中学132所。教育布点规划报经福州市人民政府审批后，由福州市规划局锁定，在城市建设中严格执行。这个教育规划，为优化城区学校合理布点、保护教育用地，以及推进城区教育均衡发展，起到了重要作用。但是在执行中小学布局专项规划中也遇到了新的问题，就是由于财力有限，当时教育预留地难以征用用于扩大学校面积。在当时城市建设大发展时期，如果只强调"保护"，势必造成城市今后最破烂的地方是学校周边预留地上的建筑物，而且也不利于区域内统一布局规划建设；如果不"保护"，则教育预留地又有被蚕食的危险。2017年3月，福州市教育局向福州市人民政府办公厅上报《福州市教育局关于城区中小学规划建设及预留地开发使用思路的汇报》，对城区当时7012亩教育预留地（其中学校扩建预留地1870亩、新区预留地5142亩）提出了开发思路：凡福州市城区中小学布局专项规划中撤销的中小学，在其周边学校建设的同时，可将整校及预留地全部公开拍卖，所得资金全额用于易地周边学校的建设；开发使用预留地由区人民政府统筹规划、提出意见，上报福州市规划局、市土地局、市教育局、市建设局联审后，报福州市人民政府审批，由区人民政府具体实施等九条措施，在保护和开发教育预留地方面积极当好政府的参谋。

办法之二：整合资源，优化教育存量。由于历史的原因，福州老城区有不少"麻雀学校"，这些学校占地面积小，办学条件不标准、不规范。21世纪之初，城区政府结合旧城改造，根据城市教育规划，对教育资源进行适当盘整，优化教育资源存量。比如，台江区对一些"麻雀学校"进行资源整合，将整合后腾出的小校用地面积，等额用于扩大周边保留学校的占地面积，或是进行公开拍卖，将所得资金用于另一所保留学校扩容建设，促进了区域内学校标准化建设。

办法之三：梯次补位，优先确保义务教育。老城区一些地方由于种种原因，义务教育学校无法扩容建设。在这样的情况下，有的采取调整学校用房的办法，优先保证义务教育学校办学。比如，鼓楼区温泉小学原来办学规模小，2002年时只有8个班、在校生400多人，而温泉小学招生片，东至六一路，西至五四路，南至东大路，北至华林路。由于片内不断建设新楼房，随着入住率的不断增加，到2006年，学校生源激增至19个教学班、1100多人。生源激增造成教室不够用，2004年、2005年多出的班级全部借用毗邻的鼓楼区科艺宫用房上课。为了解决温泉小学生源爆满的问题，鼓楼区人民政府根据教育布局规划，将原温泉小学附近的三山职业中学改为温泉小学新校区；在福州市人民政府、福州市教育局的积极支持下，三山职业中学在校生分流到市属职业学校就读，以确保义务教育阶段办学。学校用房调整后，温泉小学新校园面积达到18亩，有20间教室，并有10多间专用教室，一下子舒缓了温泉小学片区内老百姓子女"入学难"的问题。福州第一中学、福州第八中学等学校高中外迁办学，腾出老校区校舍办初中，也有助于福州老城区缓解初中"挤"的问题。

办法之四：挖掘潜力，扩大办学场地。中心城区一些学校，在无法扩大占地面积的情况下，有的采取向地下要面积的办法，以扩大办学场地。例如，鼓楼区钱塘小学是一所优质校，校园面积小，学生运动场地严重不足。2006年，鼓楼区在改扩建钱塘小学校舍中，因地制宜、想方设法开挖地下，建了一个风雨操场。2018年12月，教育部督导局义务教育处处长陈卫军在广西召开的督导工作会议上，曾举了钱塘小学从地下挖出一个风雨操场，千方百计解决学校运动场地不足的例子，让在场的各地教育干部深受感动。福州延安中学毗邻福州孔庙，学校无法扩大占地面积，也是开挖地下建造游泳馆。类似这样靠挖掘各种潜力来扩大办学场地的办法，还有不少。

办法之五：名校带动，扩大优质资源。为解决"城市挤"这一难题，福州市采取优质校带一般校、老校带新校、创办九年一贯制学校、组建教育集团等办法，推进义务教育均衡发展。在老校带新校方面，2002年，福州市在金山新区新办金山小学。为了让新区学校站在高的办学起点上，也为了让老百姓接受新区学校，不造成新办学校教育资源闲置浪费，福州市对金山小学采取由百年老校、名校福州乌山小学带动的办法，从乌山小学派出一位副校长担任金山小学校长，并抽调一批骨干教师到金山小学任教，使得金山小学迅速办成老百姓家门口的好学校。金山小学创办三年，在校生就已满员。2002年至2008年，福州市在金山新区、鼓山新区、鳌峰新区、屏北新区建设多所中小学，全部采取市属优质校带新校的模式，如福州第三中学金山校区、福州第四中学橘园洲初中、福州格致中学鼓山校区、福州第八中学鳌峰初中、福州屏东中学屏北分校、福州第十八中学象园校区、福州教育学院附属第三小学等等，这些学校一开办，就受到群众欢迎，使得教育资源很快就得到了充分利用。在优质校带一般校方面，通过福州第三中学、福州屏东中学与福州铜盘中学，福州第二中学与福州教育学院附属第二中学结对子等，将优质学校的先进办学理念输送到一般校去。福州铜盘中学、福州教育学院附属第二中学原来办学基础比较差，经过优质校带动，进步很快，不久均进入省级二级达标中学行列。

办法之六：调派干部，传播先进办学理念。在 21 世纪之初，为推进义务教育均衡发展，福州市教育局重视发挥优质校人才库、孵化器的作用，既注意把优质校表现优秀、经验丰富的干部派到一般校当校长、副校长，也注意从一般校中选拔优秀的有培养前途的干部到优质校中任职，让他们接受先进的办学理念。经过多年干部轮岗交流，基本上实现了每一所一般校的领导班子中都有人曾在优质校的工作经历，使得优质校先进的办学理念有效地向一般校传输，全面提升了一般校的办学水平，从而有效地促进了义务教育均衡发展。

办法之七：教师轮岗，着力提升师资素质。福州市从 2003 年出台"禁择令"起，推行教师轮岗交流，每年在优质校、一般校中抽调一批教师进行互派轮岗交流，并把教师轮岗交流经历作为评聘高一级职称的条件。2003 年、2004 年、2005 年、2006 年、2007 年抽调轮岗交流的教师分别为 205 人、687 人、1000 多人、2375 人、2281 人，这对推进义务教育均衡发展起到了很好的作用。

21 世纪之初，在破解"城市挤"的难题中，福州市各级教育行政部门进行了积极探索，并取得明显成效。但是，由于城镇人口快速增长，适龄少年儿童大量增加，福建省内中小学"大班额"问题依然存在。2018 年，福建省教育厅等六部门联合印发《关于加快推进城镇幼儿园和城镇义务教育学校建设工作的意见》，明确提出通过实施城镇义务教育学校扩容工程，重点加强城镇义务教育学校建设，提高学位供应能力。到 2020 年，义务教育学校基本消除 56 人及以上大班额，51 人至 55 人班额比例控制在 10% 以内。福州市提出，到 2020 年基本消除 56 人及以上大班额，51 人至 56 人班额比例控制在 8% 以内。

解决"城市挤"的问题，各级政府和教育行政部门已经进行了近 20 年的不懈努力。回望近 20 年的工作历程，有以下几点感想与体会：

第一，解决"城市挤"的问题，最重要的是要扩大教育供给，提供足够的学位。只有多渠道扩大学位供给，才能从根本上缓解城市教育压力。而要扩大教育供给，就要解决好土地、资金和教师编制问题。解决土地问题，最重要的是要做好教育布局规划，并严格执行规划。制定、执行教育规划，仅靠教育部门和学校是不够的，只有规划、土地、建设等部门参与其中、合力支持，才能使教育规划落到实处。解决土地问题，只要真心支持教育、办好教育，通过整合资源、调整置换、挖掘潜力等等，办法多多。城区学校扩容，需要投入资金、增加教师编制，只要政府重视统筹协调，难事不难。

第二，解决"城市挤"的问题，必须大力推进义务教育均衡发展。"城市挤"，挤在哪里？挤在老城区学校，挤在优质校。所以，缓解"城市挤"，必须办好新区学校、办好众多的一般校，以舒缓优质校"挤"的压力，这就得着力推进义务教育均衡发展。要通过老校带新校、优质校带一般校，开展校长互派、教师轮岗交流等办法，办好每一所学校，让老百姓的家门口都有好学校。

第三，解决"城市挤"的问题，必须联动解决"农村弱"的问题。产生"城市挤"的问题，既有城镇化进程的因素，也有农村教育弱的原因。"农村弱"和"城市挤"是城乡义务教育一体化发展的两种情境，一体两面，互为因果。由于农村学校办学条件、师资水平相对较差，一些农村家庭不得不送子女到城镇学校就读，这既带来"城市挤"，也使农村学校人气越来越差，学校办学积极性受到影响。因此，在有序扩大城镇学校学位供给的同时，切实加强农村教育，改善农村学校办学条件，提升农村学校办学水平，提高乡村教育质量，适度稳定乡村学校生源，是联动解决"城市挤"的重要途径之一。这些年，我到福建省外参加义务教育均衡发展督导评估，见过不少地区通过加强农村教育工作，让农民子女从城镇"回流"农村学校就读，既减轻了农民家庭的经济负担，又有效地舒缓了"城镇挤"的问题。

事件之八：一串教育管理体制震荡后的冷思考

基础教育的管理体制，在21世纪之初经历了比较大的变动。有的是国家层面的管理体制改革，如实行"以县为主"的教育管理体制；有的是地区的改革探索，比如初、高中分设，中学下放区管，学校干部取消行政级别等等。这些政策，初衷都是为了促进教育事业又好又快发展；但是这些改革由于种种原因，或多或少带来了社会震荡，经过十几年的实践，有的正在逐步完善，有的正在进行修正……在教育改革探索的路上，留下了诸多思考。

思考之一：实行"以县为主"的教育管理体制之后，如何进一步调动人民群众办教育的积极性？

改革开放之初，我国义务教育是高度集中的教育管理体制。1985年出台的《中共中央关于教育体制改革的决定》，将高度集中的中央教育管理权力下放到地方，坚持"基础教育地方负责，分级管理"的原则，基本形成了"市县办高中、乡镇办初中、村办小学"的格局。"人民教育人民办""全民办教育""集资办学"是这一时期的教育管理特征。那时候，镇村对办教育负有直接的责任。"再苦不能苦孩子，再穷不能穷教育"的重教传统，让老百姓对办教育充满了极大的热情。特别是20世纪八九十年代，面对学龄人口入学高峰，为了解决"入学难"的问题，海内外乡亲倾囊相助办教育。那一时期，几乎村村办学校。但是，随着时间的推移，基层政府和农民负担过重，"普九"欠债、教育资源调配能力差等问题暴露出来，出现了教育经费、教师工资等保障不足的问题，阻碍了基础教育的健康发展。2001年，《国务院关于基础教育改革与发展的决定》提出，"进一步完善农村义务教育管理体制。实行在国务院领导下，由地方政府负责、分级管理、以县为主的体制……县级人民政府对本地农村义务教育负有主要责任，要抓好中小学的规划、布局调整、建设和管理，统一发放教职工工资，负责中小学校长、教师的管理，指导学校教育教学工作。"国家第一次把农村义务教育管理的主要责任落实到县级人民政府的层面上。

从"人民教育人民办"到"以县为主"管理体制，这是国家在根据不同时期的主要矛盾推进教育管理改革。当普及是主要矛盾时，国家把基础教育的发展权交给地方，实行地方负责、分级管理；当均衡成为主要矛盾的时候，国家与时俱进调整基础教育管理体制，强调"以县为主"和省级统筹。这次改革的调整，适应了基础教育的发展。

纵观21世纪前20年，实行义务教育"以县为主"的管理体制，确实充分发挥了县级人民政府统筹管理教育的重要作用，学校的办学条件、教育质量都发生了很大的变化。福建省于2016年通过县域义务教育均衡发展国家评估验收，这都得益于"以县为主"的管理体制。但是，在实行"以县为主"的管理体制下，也不同程度地出现了"一个过低""两个弱化"的问题。

"一个过低"：管理重心过低。基础教育"以县为主"的管理体制，在经过20年的运作之后，目前已显得管理重心过低。2001年，《国务院关于基础教育改革与发展的决定》印发，对农村义务教育实行"以县为主"的管理体制，解决了之前"以乡镇为主"的农村义务教育管理重心过低的问题。20年来，随着我国区域发展不平衡、城乡差异扩大、人口流动加快等，在实践中，"以县为主"的管理体制已显示出管理重心过低的问题，加强省级统筹成为时代的呼声。2010年印发的《国家中长期教育改革和发展规划纲要（2010—2020年）》，提出要加强省级政府教育统筹。2012年印发的《国务院关于深入推进义务教育均衡发展的意见》提出，"加强省级政府统筹，强化以县为主管理，建立健全义务教育均衡发展责任制"。2016年印发的《国务院关于统筹推进县域内城乡义务教育一体化改革发展的若干意见》也提出，"各地要加强省级政府统筹，根据国家新型城镇化发展的总体部署和本地城镇化进程，把义务教育摆在优先发展的突出位置，纳入城镇发展规划"。国家的这些政策文件，对地方政府义务教育发展责任进行了全方位规定，其中一个鲜明特点是：在继续坚持"以县为主"的基础上，更加突出省级政府的统筹规划实施责任和市级政府的统筹协调责任。2011年后，北京、上海、安徽、广东等地已开展省级政府统筹综合改革试点工作，探索统筹建立健全以政府投入为主，多渠道筹集教育经费、保障教育投入稳定增长的体制机制。希望在不久的将来，义务教育"以县为主"的管理体制会向"省级统筹"跨越，以进一步发挥省级政府在区域协调办学标准、经费投入、教师编制等方面的统筹和保障，更加有效地推进区域内公平而又有质量的教育。

"两个弱化"：一是乡镇政府对教育的关心与支持有所弱化。2001年印发的《国务院关于基础教育改革与发展的决定》，在明确实行"以县为主"的管理体制的同时，也要求"乡（镇）人民政府要承担相应的农村义务教育的办学责任，根据国家规定筹措教育经费，改善办学条件，提高教师待遇"。但实际上，现在乡镇人民政府对教育关心比较少了，积极筹措经费支持改善办学条件的并不多，农村义务教育经费主要由县级财政扛、上级财政补来解决。乡（镇）跟学校的关系比较"疏远"了。二是村民自治组织对教育的关心支持有所弱化。《国务院关于基础教育改革与发展的决定》要求，实行"以县为主"教育管理体制后，"要继续发挥村民自治组织在实施义务教育中的作用"。

村级究竟要发挥什么作用？文件并没有明确。现在，村一级组织对教育基本没发挥什么作用，捐资助学的积极性也大不如以前。所以，在义务教育实行"以县为主"的管理体制后，如何调动乡镇和村级关心支持教育的积极性，还需要进一步探索，总结出一套明晰的工作体制，才能压实各层级的教育工作责任。

思考之二：中学教育是市管好，还是区管好？

2001年，福州市在学校管理体制上进行了一项重大改革，即将城区原本由市管的16所中学下放由区管。这一改革引起教育系统内部及社会很大反响，一直震荡了五六年才平息下去。

2001年2月26日，福州市委、市政府领导在福州教育宾馆会议室召开"深化改革、建设教育强市"座谈会。福州市委、市政府有关领导出席了会议；福州市直有关部门领导，部分市人大代表、政协委员，各区区委宣传部部长、分管教育的副区长、区教育局长，市属中学校长等参加了会议。当时我还在中共福州市委宣传部工作，作为中共福州市委宣传部代表列席了这次会议。

据福州市领导在会上通报，2000年11月，中共福州市委专题研究教育工作，提出将部分市属中学下放区管的思路。2000年年底，中共福州市委宣传部召集五城区有关领导、市直有关部门负责同志进行座谈，后来由福州市教委代拟了《关于部分区属中学下放区管的实施意见》。2001年1月30日，中共福州市委会议议定部分市属中学下放区管原则意见，要求2001年3月份组织实施。

据原福州市教委主任刘通同志回忆，福州市委、市政府动议此事时，福州市教委从科学管理角度，曾建议对城区教育管理体制进行梳理，由省里管高校、市里管中学、区里管小学；对小学，不论是省属、市属，都由区来管。那时在福州城区小学中，有省属2所、市属4所。但是，这个建议没有被采纳。

◆ 2015年，原福州市教委主任刘通（中）、时任福州市教育局局长郑勇（左）与作者在福州第八中学合影

在2月26日召开的座谈会上，福州市领导在讲话中指出，市属校下放区管是深化教育体制改革的重要工作，有利于福州市教育的改革与发展，有利于调动区级人民政府的办学积极性，有利于全面提高学校的教育教学质量，必将对推进福州市教育的改革和发展产生积极深远的影响。会上，对中学下放区管作了具体部署。此后，部分市属中学下放区管工作正式启动。当年上半年，16所市属中学下放区管移交完毕。

福州市部分中学下放区管的改革，当时遇到不少阻力，可以说是吃力不讨好。首先是学校不愿意。认为由市管变为区管，低了一级降了格。其次是学生家长不愿意。主要是对区级管理中学的能力存在疑虑，担心教育质量受影响。再次是区一级的积极性也不高。区级教育行政部门长期以来主要管小学，没有管过中学，对接收中学管理存在畏难情绪，并认为中学下放区管加重了区的财力负担、工作负担。

下放中学的改革工作，从动议到实施的过程中阻力重重。2000 年年底，这项工作开始动议时，市里召开方方面面座谈会，就听到各种声音。后来市里决定，保留达标中学及部分重点中学。市属学校中除保留若干所窗口学校，在实施素质教育中发挥示范性和试验性作用外，其他市属中学全部下放。下放学校所有固定资产及在册人员，按编制一次性全部划转。教职工待遇，按"老人老办法"原则实行。财政基数以 2000 年年底为准一次性划转，包括生均公用经费每生每年 100 元。城市教育附加按收税渠道按比例划转。今后新建小学由各区负责，新建中学由市、区两级共建。职称职数按教师结构比例划转，留本校使用。住房公积金按市里规定个人 8%、财政 8% 执行。教职工住房货币补贴按市统一规定执行。

中学下放有个衔接与磨合的过程，难免有一些不适应、不完善的地方。2002 年，针对下放学校发展中存在的一些实际困难，市里提出了"七个继续支持"：对原来承诺的建设项目及在建项目，在资金上继续支持；在评先评优等方面继续予以照顾；市级学校开展校际教研活动，继续通知下放学校参加，互相学习，共同提高教育教学质量；省、市教研、科研重点课题，下放中学继续参加研究攻关；在招聘、引进优秀人才方面，继续给予服务、支持；继续帮助做好培训教师工作；继续做好重点校、优质校与下放校挂钩帮扶的牵头推动工作，促进下放学校教育教学工作更好发展。尽管这样，在下放中学管理体制问题上，还是有不少声音，也成了福州市人大、市政协"两会"代表、委员关注的热点。自 2001 年市属中学下放之后，每年的市人大、市政协"两会"，都有代表、委员对下放中学问题的提案、议案。2005 年，中共福州市委主要领导干部变动。2006 年，十几位福州市人大代表联名提案反映下放中学问题，要求将 16 所下放中学收归市管。福州市人大将这一提案作为当年重点提案进行督办。

福州市教育局作为这一重点提案的责任部门，牵头组织有关部门对下放中学问题进行深入调研后认为，城区中学下放区管是深化教育体制改革的一项重要举措，这一改革已实行多年，各方面运行比较正常，群众也已逐步接受并已习惯，应进一步加强管理，完善区属中学管理体制，而不宜换一任领导做一次改变，在学校管理体制上做折腾。为此，2006年，福州市教育局对下放中学问题，建议在不改变学校现有行政隶属关系的前提下，对市区中学落实"同城同待遇"，即区属中学与市属中学在教育经费、教师待遇、教师编制和职称职数、教师培训与教研、干部培养等方面落实同等待遇。福州市教育局还就加强区属中学管理工作提出五个方面的建议，包括：明确管理职责，推进城区中学教育均衡发展；加大经费投入，推进区属中学加快发展；加强队伍建设，提高区属中学管理水平；加强教学管理，提升区属中学教学质量；加强督促检查，确保各项措施落实到位。5月22日，时任福州市人民政府市长郑松岩主持召开市政府常务会议，研究教育工作，听取福州市教育局关于区属中学管理问题汇报。会议认为，决策短期就变化不好；对区属中学管理体制维持现状，不再议论；对中学下放中出现的问题逐步加以完善。会议对加强区属中学管理提出具体要求：要落实区属中学"同城同待遇"；城区中学"同城同待遇"上实行"五个统一"，即教育经费统一、教师待遇统一、教师编制和职称职数统一、教师培训与教研统一、干部培养统一；各级政府要认真检查教育政策措施落实情况，把工作落到实处。会议一锤定音，至此，下放中学管理体制算是"尘埃落定"了。《福州市人民政府关于进一步加强区属中学管理的意见》随后下发，福州市教育局、福州市财政局联合下发《关于贯彻落实福州市人民政府关于进一步加强区属中学管理的意见的通知》，对确保区属中学教育经费落实到位工作提出具体要求。

中学下放区管已经 20 年了。反思这项体制改革工作，有三个方面值得深思：

第一，教育体制改革要慎重考虑。城区中学是市管好还是区管好，确实各有利弊。在市管时期，福州市教育局、福州教育学院分别加强对市属中学领导班子配备、教育教学等统一管理，对中学的发展确有不少好处。中学归区管，由于各区的中学数量不多，在干部培养选派、教学指导等方面有不少局限性。2003 年，时任厦门市人民政府副秘书长赖菡到福州调研中学下放改革。我坦诚地对赖菡说，教育体制改革要慎重，福州市中学下放后有利有弊，目前很多工作正在探索、完善中。后来，厦门市权衡利弊，在决策时持慎重态度。近 20 年，厦门市的教育管理体制基本没什么变动，这应该是厦门市教育事业稳健发展的一个重要因素。

第二，教育体制改革要水到渠成。教育关系千家万户，牵涉方方面面，教育改革举措的出台，要多做过细的宣传解释和各种预后准备。福州市下放中学工作，从决策动议到实施只有五个月时间，宣传解释工作不够细，教育行政部门、学校、家长等几个方面的思想准备都不足，所以改革举措出台后，各种声音很多，遇到的阻力也不小。市属部分中学于 2001 年下放，到 2006 年时已经 5 年，仍是社会议论的热点。对关系千家万户的教育改革，一定要谨慎细致、水到渠成，才能确保顺利实施。

第三，教育体制改革要综合考量、前后连贯。2001 年时，福州市区下放了 16 所中学。2006 年，时任中共福建省委常委、福州市委书记袁荣祥在调研福州教育工作中提出，对教育管理体制，是否考虑省管高校、市管中学、区管小学？后来他了解到，省里既管高校也管中学、小学，感到省会城市教育管理体制错综复杂，还是维持现状。但问题是，市里一边下放中学，一边又再办新的中小学。为了配合城市开发建设，市里在城市新区配套建设了一批中小学。据统计，自 2002 年至 2019 年，福州市又增加了 13 所市属中小学（其中中学 11 所、小学 2 所）。一边搞下放，一边又再办，全凭"长官意志"。教育体制改革没有综合考量、前后连贯，势必缺乏科学性、影响有效性。

思考之三：初高中分设好，还是连贯好？

2018年，福建省教育厅明确提出支持优质高中复办初中。此后，全省各地都加快实施名校复办初中的"壮腰"计划和推进脚步。

福建省的一些地方，初、高中办学经历了从合到分，又从分走向合的曲折路程。

20世纪90年代末期，为解决高中上学难的问题，增加公办高中学位，扩大优质普通高中招生，也为了适应初招改革，遏制初中择校热，福建省教育厅发出文件，要求各地推行普通中学初、高中分设。1998年，福州市与其他城市一样，实施了公办中学初、高中分设。福州市初、高中分设之后，最明显的成效是扩大了公办优质高中的招生计划，福州市区的福州第一中学、福州第三中学、福建师范大学附属中学、福州第八中学、福州第四中学、福州格致中学、福州高级中学、福州第二中学等"老八所"名校因停办初中，腾出学位扩招，每所学校高中部都从原来一个年段只招收4个班扩大到招收8个班，后来又扩大到招收10个班，让更多的百姓子女能进入优质高中就读。此举受到广大群众的欢迎。与此同时，1998年，福州市进行初招改革，按照"免试、对口、相对就近"的原则，小学毕业生免试进入对口初中学校。由于名校停办初中，那时的公立初中校，基本上都在同一起跑线上，各初中校的办学水平差距不大。

但是，这种"削峰填谷"式、行政命令式的均衡，挡不住人民群众对多样化教育的需求。为满足群众多样化教育需求，这一时期，一批民办学校应运而生，福州市先后办起了时代中学、黎明中学、华伦中学、格光中学、超德中学、日升中学、三牧中学等民办学校。这些民办学校大部分是名校办的民校，虽然办学条件比较薄弱，但由于依托名校的教师资源，吸引了不少生源。当时福州市的民办教育刚刚起步，为扶持民

涛声过后——教育管理沉思录

办教育发展，福州市在初招中，对民办学校赋予提前自主招生的政策。这些政策，后来一直延续了 20 多年。

在 21 世纪之初，福州市区的民办初中校招生总体上并不火爆，除了一两所民办初中校要找人托关系"批条子"外，基本上没有出现招生报名人数超过招生计划的"挤破头"的现象。那时的教育生态，总体还是比较好的。一些原来并不起眼的公立初中校，抓住初招改革、名校停办初中的机遇，苦练内功，通过加强教育教学，逐渐脱颖而出，如福州延安中学、福州屏东中学、福州第十八中学、福州第十九中学、福州第十六中学等，成了老百姓心中的优质初中校。

但是，随着时间的推移，由于公办初中全纳生源与民办初中选择生源带来的生源入口的差距，一些社会培训机构变相考试选拔，一些学校间的恶性竞争，以及公办初中办学质量有效提升成为瓶颈，民办初中经过多年发展异军突起等，使得义务教育生态蜕变，民办初中校集聚了更多的优质生源，正常的基础教育环境被异化。在深化教育改革、提高基础教育质量中，"初中壮腰工程"成为一项重点，被提上议事日程。福建省在实施"初中壮腰工程"中，出台了《关于加快推进初中办学水平和质量提升的指导意见》，把鼓励优质高中复办初中作为一项重要举措。

此政策一出，与当年初、高中分设一样，舆论又加强了名校复办初中的宣传。有的文章认为，"名校复办公立初中就是一个趋势"。确实，在政府部门的主导下，福州市名校复办初中似乎成了一股潮流。"老八所"名校，至 2019 年已有七所以校（部）等各种形式，走在了"复办重生"的路上。2007 年，福州第一中学首先复办初中；2013 年，福州第八中学复办初中；2017 年，福州第十九中学挂牌"福州第三中学初中部"；2018 年，福州高级中学与福州第十六中学、福州第四中学与福州第十四中学达成合作关系；2019 年，福州格致中学办起初中。据媒体披露，福州第二中学也在酝酿复办初中。

福州市中学体制从 20 世纪 90 年代末的初、高中分设，到近些年来名校陆续复办初中，这 20 年，经历了一番折腾。究竟是分设好，还是连贯好？现在舆论一边倒地认为分设不好，并指出：福州基础教育质量受影响的根源在于初、高中分设。我于 2002 年年初到福州市教育局工作，于 2008 年 5 月离开福州。初、高中分设工作在我来之前就已实施，名校复办初中则是在我离开之后施行——我不是当事者，可以比较客观、冷静地对这件事说出自己的思考。

第一，学校管理体制还是以相对稳定为好。学校的主要任务是教书育人，学校的主要精力要用在教育教学上，而不要把精力耗在学校管理体制变来变去上。特别是对于具有丰厚积淀的教育教学经验、良好的教风学风，具有系统性、连贯性的人才培养模式，不要因为某种需要说砍就砍，也不能因为某种需要说恢复就可以恢复过来。纵观各个城市学校管理变化情况，从总体上说，稳定的就能"免受伤"。厦门市学校管理体制一直比较稳定，在很多城市搞初、高中分设时，厦门市没有实施初、高中分设；在一些城市搞中学下放区管时，厦门市也没有跟风下放。正是因为学校管理体制相对稳定，所以厦门市学校办学"元气十足"，近几年教育质量一直稳居福建省之首。福州市在学校办学体制上实行初、高中分设而后市区一批中学又下放区管，在教育管理体制动荡中，让公立中学的办学元气受到损伤。如果说从初、高中连贯到初、高中分设是一次动荡，近几年再从初、高中分设回到名校复办初中，何尝不是又一次的动荡？名校初、高中分设已 20 年，系统性、连贯性已遭到严重破坏，在专业性、学术性上已走了很远。现在再叫他们回头复办初中，能否壮起公办初中之腰，还有待实践检验。

第二，名校复办初中，基础教育质量是否就会上去？在分析一个地区的基础教育质量上，有一种声音，就是：高考没考好，是高中质量不行；高中质量上不去，是因为初中没办好；初中没办好，是因为公办初中不行；公办初中不行，是因为名校初、高中分设。似乎把基础教育质量的所有问题都归咎于初、高中分设。现在大搞名校复办初中，是否就会改变教育生态，就可以解决高中教育质量问题呢？对这个问题，需要冷静对待。确实，福州市一些地方近年来出现民办初中的入学吸引力和应试影响力比较明显超过公办初中的现象，这里原因多多。实际上，有的民办校的办学条件、硬件并不如公立校，师资力量也不比公立校强，但由于扶持民办学校发展的小升初提前自主招生政策、民办学校各显神通的招生宣传，有的甚至通过校外培训机构，与招生入学隐性挂钩，通过"面试"等等，使得一批民办校提前"掐尖"，招收到一批水平相对齐整的优质生源。本来起点就高的生源造就了高升学率，使得社会群众看到民办学校就会"一拥而上"，这样也进一步助推了择校热。所以，初中教育生态的异化，不能全部归咎于初、高中分设。现在推动名校复办初中，确实可以提振社会群众对公办初中的信心，但要在短时间内改变基础教育生态，还是很难的。而且，名校复办初中也可能会对名校的高中教育造成一定的分心与影响——毕竟初、高中分设已经20年，这20年里，独立高中校的初、高中的系统性、连贯性体系已受破坏，工作已经断层，名校已在专门性和学术性的路子上走得很远了。名校复办初中，要重新形成办学上的系统性和连贯性，非得下一番苦功不可。问题是：目前名校正面临高考改革，面临全国一张卷的巨大压力，在这样的形势下，让名校再分出力量复办初中，让名校重新投入精力研究初中教育教学，研究中考改革，让名校既应对高考，又应对中考，这对名校办学、对高中教育，是利大还是弊大？如果说当初初、高中分设有些不够慎重的话，那么今天搞名校复办初中就得全面衡量利弊，从名校当下工作实际出发，慎重考虑，切忌搞一阵风，以避免名校再伤元气。

第三，名校复办初中，哪种方式为好？福建省著名教育专家、厦门市教育局原副局长任勇，2019年4月11日曾在《福建日报》发表一篇《教书育人，完中做得更精彩》的文章，认为既有初中又有高中的完中，教育做得更精彩。任勇在文章阐述了完中有学校教育的整体规划、初高中衔接的有效实施、特色项目的品牌创建、学科教学的广域视野、学生群体的相互影响、资源设施的充分利用等"六个精彩"。厦门市的所有高中都是完全中学，这些精彩一直在延续、创新。任勇分析的这"六个精彩"是完中的优势。但是，福州市这几年名校复办初中，却不是让名校恢复完中这个概念。福州第一中学、福州第八中学、福州格致中学三所名校办的初中与高中部并不在一个校园里。福州第三中学办的初中是在福州第十九中学挂上牌子。福州高级中学和福州第四中学办的初中，分别是与福州第十六中学、福州第十四中学达成合作关系。这些名校办的初中，初、高中实际上都是各办各的，并不是真正意义上的完中。名校复办初中，究竟要以哪种形式来办？应该认真研究、有效推进。如果只是穿靴戴帽的"复办"，公立初中的办学可能也不会有大的改变——毕竟，穿上西装并不会马上变成绅士。

思考之四：学校干部取消级别何其时？

2018 年，福州市将福州第三中学、福州第八中学、福州格致中学三所学校校长管理权限收归中共福州市委组织部。此举在福州市学校干部管理权限"下放"福州教育系统管理 20 多年之后进行上收，在教育系统反响不小。

福州市学校干部自 20 世纪 90 年代开始取消级别。当时在进行事业单位机构改革中，市里取消了市属学校干部级别，将市属学校干部管理权限放给市教委管。福州市对教育系统干部放权的举措走在福建省前面。让了解学校办学状况、学校干部表现情况的教育行政部门直接考核干部、调配干部，确实有很多好处。校长无级别，也打掉了重点校与一般校之间的干部等级观念，对促进优质校与一般校之间的干部轮岗交流，对学校干部公平竞争、共同进步等，也有很多好处。

但是，取消校长级别走得太快，也有一些麻烦事。因为学校干部无级别，也就意味着无待遇。在我国还未实行校长职级制的情况下，对学校干部管理进行超前改革，校长只有责任，没有任何待遇。校长们拿的是职称职务工资，并没有校长职务补贴，特别是每当晋升职称、评先评优时，上级部门的文件中都有对校长参评的控制比例。每一所学校的校长本来都是学校中的优秀教师、优秀干部，提拔担任校长后，晋升职称、评先评优等反而处于不利地位，这确实有些不公平。更为尴尬的是，因为市属学校校长由市教育行政部门管理，市委组织部在使用市属学校干部时，只把市属学校干部级别的基点当作科级来考虑。在福州地区，福建省省属两所中学校长均为正处级级别，而市属学校校长只有正科级别，这对市属学校校长而言，显然也很不公平。

取消市属学校校长级别 20 多年之后，福州市又将福州第三中学、福州第八中学、福州格致中学三所学校的干部管理权限收归市管。是利是弊，还有待实践检验。但从教育管理体制的角度进行反思，有几个看法：

第一，改革要符合国家教育体制改革的大方向。《国家中长期教育改革和发展规划纲要（2010—2020 年）》明确，对建立现代学校制度，要求"探索建立符合学校特点的管理制度和配套政策，克服行政化倾向，取消实际存在的行政级别和行政化管理模式"。对加强教师队伍建设，要求"推行校长职级制"。取消行政级别，推行校长职级制，这是国家教育改革发展的方向。我们在进行教育管理体制改革中，要把握住国家教育改革的方向，要在大方向下思考、在大方向下行动，这样改革就不会走向偏差。

第二，改革既要"蹄急"，更要"步稳"。国家推进教育体制改革，在全国建立一批各类改革试点基地，一些试点工作取得成效，已在全国推开。一些试点虽已取得成效，但并未在全国推广实行，说明国家对教育体制改革持十分慎重的态度。学校是育人阵地，教育改革毕竟不比其他改革。其他改革不成功可以重来，但教育改革面对的是人才培养，只能成功，不能失败。所以，教育的任何一项改革都必须稳扎稳打，不要超前，更不要冒进。在没有进行尝试的前提下超前改革，必然成功与风险并存；而对教育只允许成功不允许有风险而言，有风险的改革是不可取的，必须经过实践总结完善，方可稳妥推进。以此审视福州市以往超前取消市属学校校长级别工作，是不是可以从中吸取教育工作智慧呢？

第三，改革要在符合国家大方向上循序推进。福州市取消校长级别的改革已实行 20 多年，这项改革总体上符合国家建立现代学校制度的方向。当下的工作，是将这项改革沿着国家提出的"推行校长职级制"这一改革方向推进，让这项改革更加完善，更有利于调动学校干部的工作积极性。前几年，国家已在宝鸡市等地进行校长职级制试点，并已取得经验。厦门市 2019 年也启动校长职级制改革，校长职级被分为特级校长、一级校长等四个级别，并要求根据申报学校的类别、规模以及校长专业水平和工作业绩等实际，设定一定比例。校长职级制聘期为三年，职级考核评定设定为每三年一次；聘期满后，重新进行校长职级评定。我们可以学习、吸取试点地区的经验教训，稳妥推进校长职级制，把原来的学校干部无级别的改革与校长职级制改革接轨，而不应是从无级别再回到行政级别上来。

事件之九：一段农村寄宿制学校建设的记忆

21 世纪之初，随着农村中小学布局调整，不少地方撤点并校，寄宿制学校随之增多。那时，政府财力不足，人民群众生活水平也不高，寄宿制学校配套设施不全，寄宿生的生活条件比较差。

2005 年时，福州市有寄宿制学校 305 所、寄宿生 38674 人。那时的寄宿制学校普遍存在七个问题：

一是学生无法一人一张床。2004年，我和何旺金、张乃清等同志到连江蓼沿乡、闽侯山区的一些农村寄宿制学校察看，见到学生宿舍有的打统铺，有的两人睡一张床。那时的教育经费捉襟见肘，还无法为每个寄宿生置办一张床。

二是学生宿舍拥挤不堪。农村寄宿制学校，有的一个房间安排十几个人，最多的一间达32个人，整个房间挤挤挨挨，接近于打大统铺。

三是学生食堂大部分没有餐厅，或是有餐厅，但只有餐桌，没有餐椅。学生打了饭，大部分是端到教室吃，或是围着餐桌站着吃。有的学校虽有餐厅和餐桌，但餐厅面积很小，学生要轮班就餐，很不方便。

四是寄宿制学校基本没有配备校医。由于受编制影响，寄宿制学校无法配备校医，学生生病只能到附近乡村诊所就医。学校领导最怕学生夜间急病，因为乡村卫生所医疗条件有限，加之乡村交通不便，对此感到纠结。

五是寄宿制学校没有专职生管老师。那时寄宿制学校没有生管老师编制，有的学校由任教老师轮流值班，有的学校花钱外聘工人。总体上来说，生管老师不专业，工作不规范，这对留守儿童占大比例的寄宿生的身心健康成长是很不利的。

六是寄宿生的生活水准低。农村学生家庭经济状况都不大好，不少学生周末回家带了咸菜、酱制品等菜品，到校将就配饭吃上一周。在永泰县一所小学，我们看到学生从家里带来的酱制品因时间长了已开始变味，只好放在食堂蒸笼里蒸一下再吃。寄宿生的营养很差，学校食堂一般只买冬瓜、大白菜、包菜、马铃薯之类的可储藏的瓜菜，采购一次吃上几天。

七是寄宿制学校学生出行交通很不便。寄宿制学校的学生来自附近乡村，那时有的地方还未实行村村通公路。有通公路的地方，大部分也未通班车；有的地方私人营运车辆超载运送学生，学生上学途中存在诸多交通安全隐患。闽侯县荆溪乡有一个偏远山村寄宿生周末回家途中就发生了交通事故惨案。

改善寄宿制学校条件成了"十一五"期间农村教育的重点工作之一。在福州市人民政府印发的《福州市教育事业发展"十一五"规划》中，提出九项重点建设项目目标。其中农村有两项工程，一项是农村寄宿制学校建设工程，一项是农村中小学危房改造工程。《福州市教育事业发展"十一五"规划》提出，"'十一五'期间，加强农村197所寄宿制学校建设，新建教学用房和生活用房19.8万平方米，计划投资1.3亿元。"那一时期，政府财力不足，投入的教育经费有限，而教育需要用钱的地方还很多，对寄宿制学校建设只能是先急后缓。比如，结合农村中小学危房改造，先改善寄宿生住房，让学生住上安全牢固的宿舍；然后，逐步添置床架，实现一人一张床；再接着，逐步改善食堂餐厅配备餐桌椅等。寄宿制学校建设，就是这样逐步推进的。2007年，福建省教育厅发布《福建省义务教育校舍建设标准（试行）》，对寄宿制学校学生宿舍及食堂的使用面积指标提出了规范化要求。随着经济发展、教育经费增多，福建省加快了农村中小学标准化建设，农村中小学寄宿制学校条件得到很大改善。"十二五"期间，福建各地按照省定标准，为寄宿制学校配备教室、学生宿舍、食堂饮用水设备、厕所、澡堂等设施，并聘用必要的管理、服务、保安人员等；到"十二五"末，福建省农村中小学寄宿制学校全部达到了标准化要求。与此同时，福建省从2007年秋季开始，率先在中、东部省份开展对所有农村义务教育阶段公办中小学寄宿生实行生活补助，每人每天补助1元，其中低保家庭小学生每人每天补助2元、初中每人每天补助3元。全省每学年需2.3亿元，所需资金全部由省级财政承担。2016年，福建省实现全域义务教育基本均衡。

今天，回望农村中小学寄宿制学校走过的历程，我们可以从中看到义务教育前进发展的铿锵脚步，并从中得到教育管理方面的一些感悟。

感悟之一：在教育经费有限的情况下，改善学校办学条件的投入要分清轻重缓急、渐次推进。当年寄宿制学校办学条件差，在加强寄宿制学校建设中，是按县（市）分片推进，还是按中小学分阶段推进，或是按学校规模大小予以推进？福州市从实际出发，按轻重缓急程度予以推进，就是先考虑保安全，再考虑改善设施设备，这样能够确保学校平安办学，使有限的资金真正用在刀刃上。"十一五"期间，福州市农村寄宿制学校逐步达到了有整洁的校园、标准的课桌椅、满足师生就餐需要的卫生食堂、卫生公厕、安全宿舍、每个寄宿生有一张床的"六有"标准。

感悟之二：学校办学中遇到的问题，有时换个思路就能解决好。寄宿制学校缺校医的问题，既受编制之限，也受医务人才短缺之限，怎么办？罗源县有一个农村寄宿制学校，与村卫生所建立联动机制，将卫生所视为学校医务室，遇到学生需要就医的情况，学校打个电话，医生随叫随到，如此便解决了寄宿制学校无医务室、无校医的问题。寄宿制学校没有生管编制，不少地方采取购买服务的方式，解决了生管老师的问题。有的地方则采取将超编人员转岗培训担任生管老师的办法，既消化了学校富余人员，又确保一些缺员岗位的工作需要。

事件之十：一个免学杂费政策何时落地为好的思考

2018年9月1日，这是令人难忘的一天。这一天，全国城乡义务教育阶段1.6亿多名学生学杂费全部免除。至此，我国实现了真正意义上的免费义务教育。

全国实现义务教育阶段免费之前，曾走了"四大步"。第一步：2006年春，国家免除西部地区农村义务教育阶段学生的学杂费，并为家庭经济困难的学生免费提供教科书，对其中的寄宿生补助生活费。第二步：2007 年春，"两免一补"从西部推广到中东部，实现了对全国农村中小学义务教育阶段 1.5 亿名学生的全面覆盖。第三步：2008 年春，北京、天津、上海等 16 个省（区、市）和 5 个计划单列市进行免除城市义务教育学杂费试点。第四步：2008 年秋，在全国范围内实施免除城市义务教育阶段学生学杂费。在这"四大步"中，福建省在 2006 年提前一年在全国率先实施农村义务教育阶段学生免除学杂费，全省免除学杂费资金 6.78 亿元。在 2008 年上半年，比全国提早半年对城市义务教育阶段学生免除学杂费，全省免除学杂费资金 2.8 亿元。

福建省在免除城乡义务教育阶段学生学杂费方面走在了全国前列，非常之不易。

不易之一：福建省的财力并不是特别雄厚，但在教育投入方面，却连续 11 年（2005 年至 2016 年）实现预算内教育经费占财政支出比例位居全国前列。

不易之二：福建省生均公用经费水平不高，但在免费义务教育方面却走在了全国前头。据教育部公布的《2007 年全国教育经费执行情况统计公告》，福建省各级各类教育生均公用经费，在 2007 年时，小学为 421.3 元，初中为 519.68 元，高中为 502.32 元，中等职业学校为 596.02 元，普通高校为 1920.72 元，均处于全国平均水平之下。在这样的情况下，当年率先实现免费义务教育，从中可以看出各级政府推进义务教育的决心与魄力。

不易之三：福建省在学校办学条件还相对落后的情况下，拿出钱来率先实现免费义务教育，显示了各级政府的担当与勇气。福建省在 2001 年至 2007 年持续实施农村中小学危房改造，共投入资金 37.5 亿元，消除中小学危房 405.8 万平方米，其中 D 级危房 346.3 万平方米。到 2007 年时，福建省中小学还存在 47 万平方米危房，学校办学条件离标准化的差距还比较大，教育需要办的事情还很多。在这样的情况下，福建省提前实现免费义务教育，确实很不容易。

福建省比国家要求的时间提前一年实现农村免费义务教育，提前半年实现城市免费义务教育，永载教育史册。但是，从教育管理的角度进行深思，是否有值得探讨的地方呢？

思考之一：教育投入的近与远的问题。教育经费里的钱，是提前用在百姓身上好，还是用在改善办学条件好？这个问题乍一看，好像有些对立，实际上都关乎人民群众的利益——只是一个为近的利益、眼前的利益，即提早让百姓享受免费教育；一个为远的利益、长期利益，即改善办学条件让百姓长远受惠。福建省当年的财力有限，无法在正常拨付的教育经费之外，另外增加一笔经费作为义务教育免费的资金。因此，只能在年度教育经费盘子中，切出一大块用于免费义务教育。当年，福建省义务教育阶段学生有449万人，仅免学杂费一项，全省一年就要花费近9.58亿元。由于教育经费捉襟见肘，难免在投入上此长彼消——这样提前一年把本可用于改善办学条件的9亿多元资金，先用在了学生身上，无疑在这一年中，少办了改善办学条件的很多事。从某种意义上来说，相应放缓了改善办学条件的步伐。

思考之二：教育投入的快与慢的问题。福建省从2005年至2016年，连续11年实现预算内教育经费占财政支出的比例位居全国前列。应该说，福建的教育投入是多的，从中我们可以感受到政府对教育的重视、关心和支持。政府确实对教育尽了大力。但由于福建特殊的、历史的原因，教育欠账很多，教育经费基数也偏低。据教育部、国家统计局公布的《2017年全国教育经费执行情况统计公告》，福建省各级各类教育生均公用经费，小学为2782.90元，位居全国第18位；初中为3861.90元，位居全国第18位；高中为3047.95元，位居全国第18位；中等职业学校为6197.99元，位居全国第11位；普通高校为9694.83元，位居全国第10位。从上述数字中可以看出，尽管福建省的教育投入"紧赶慢赶"，但在生均公用经费上，到 2017 年，也就是在全国率先免除义务教育阶段学生学杂费 10 年之后，仍处于全国中等偏后位置。就是在这样的经费保障水平下，福建省比国家要求的免除农村义务教育阶段学生、城市义务教育阶段学生的学杂费时间分别提前一年、半年实现。2016 年，《福建省"十三五"教育发展专项规划》又提出，福建省将实行普通高中免费教育，实现 12 年免费教育。据福建省教育厅 2007 年、2008 年有关资料显示：2007 年，全省安排资金 6.78 亿元，为 360 万名农村学生免除学杂费；2008 年，全省安排资金 2.8 亿元，为 89 万名城市义务教育阶段学生免除学杂费；安排 3.14 亿元，对全省农村义务教育阶段公办学校学生免费提供教科书。仅提早一年、半年为城乡义务教育阶段学生免杂费、免教科书费，福建省财政就投入十余亿元。如果再提前实现免费高中教育，福建省一年的教育投入又要再增加十亿元以上。在生均公用经费水准还不高的情况下，福建省如果按照国家要求的年份正常实施免费义务教育和高中教育，将这些钱先用于加快改善学校办学条件，是否会更有力地支持教育工作呢？

思考之三：教育投入的多与少的问题。提早实施免费义务教育、高中教育，惠及每一个学生。但具体分析到每一个学生，有的家庭经济条件状况好，并不急需；有的家庭状况差，确实非常急需。如果对小部分家庭经济困难的学生先实施免费义务教育，无疑是雪中送炭；而对大部分家庭经济状况尚可的学生，如果按国家规定的年份实施免费教育，这样既能帮助少数需要帮助的学生上好学，又能把有限的教育经费投放到急需改善的教育项目上。这样安排，好像受益者"少"，但实际上受益者"多"。因为在教育经费总量有限的情况下，用在人身上的钱越少，用在改善办学条件上的钱就越多；用在改善办学条件上的钱越多，受惠的人也就越多。

第二篇章　素质教育的困惑与探索

在教育管理中，有一个绕不开的话题——素质教育。

素质教育，从提出，到自由讨论、试验推广，再到党和国家正式决定在全国全面实施，经历了一个逐步形成共识的过程，经历了一个"实践先行、理论提升、政策引导、区域试点、全面推进"的过程。2017 年，党的十九大报告提出"要全面贯彻党的教育方针，落实立德树人根本任务，发展素质教育"，标志着素质教育从"实施"进入"发展"的新阶段。这既是新时代基础教育改革发展方向上的重大变化，也是今后相当长时期内我国教育的一项中心工作。

20 世纪 70 年代末、80 年代初，我国进入改革开放新时期。这一时期，突出了对人口素质、民族素质的重视。1985 年，在改革开放后召开的第一次全国教育工作会议上，邓小平同志提出"我们国家国力的强弱，经济发展后劲的大小，越来越取决于劳动者的素质"。这一年，《中共中央关于教育体制改革的决定》再次提出"提高全民族素质"。此后，理论界和教育界展开了关于素质教育的大讨论。经过 1985 年至 1993 年长达八年的大讨论，1994 年 6 月，改革开放后召开的第二次全国教育工作会议提出，基础教育必须从应试教育转到素质教育上来。1994 年到 1998 年，教育部组织开展素质教育试点实验与推广工作。1999 年，改革开放后召开的第三次全国教育工作会议，主题为"深化教育改革，全面推进素质教育"。这一年，《中共中央、国务院关于深化教育改革，全面推进素质教育的决定》出台，正式在全国范围内推广素质教育，标志着素质教育进入全面实施阶段。2006 年重新修订的《中华人民共和国义务教育法》，将素质教育写入其中。至此，素质教育上升为国家意志。2010 年，《国家中长期教育改革和发展规划纲要（2010—2020 年）》出台，素质教育进一步被提升到我国教育改革发展的战略高度。2017 年召开的中共第十九次代表大会，把"发展素质教育"第一次写进了党的工作报告。这说明，新时代，把素质教育进行到底，是基础教育十分明确的工作任务，也是十分重要的历史使命。

今天，素质教育已成为人们的共识。回望 21 世纪之初，那时人们对素质教育的认识还不是太明晰，实施素质教育也有些缩手缩脚，于是一连串带有那一时期的困惑与探索的事情随之产生，这也是福建省、福州市在实施素质教育之路上留下的一串历史印记。

共识：在大讨论中逐步形成

思想认识是行动的先导，只有认识、理念走在前面，才会有行动的自觉。

21 世纪之初，福州市教育系统开展了"争创一流教育"大讨论。这场讨论是继 20 世纪 80 年代福州市开展"振兴福州应把振兴教育放在首位"大讨论之后，又一场思想大解放、力量大凝聚的讨论。有所不同的是：20 世纪 80 年代的教育大讨论是福州市委、市政府组织，全市各级各部门广泛参与的大讨论，这次大讨论的目的，是提高全党、全社会对教育工作重要性的认识，唤起全党、全社会关心教育、支持教育，促进福州教育事业又好、又快发展；21 世纪之初的"争创一流教育"大讨论，是中共福州市委教育工委、福州市教育局组织，在教育系统内部开展的大讨论，目的是引导全市广大教职员工正确认识和理解实施素质教育、课程改革，以强烈的工作责任感和危机感、紧迫感，齐心协力争创省会一流教育。

世纪之交，福州基础教育面临一系列变革：

1998年，福州市初招改革，小学升初中取消统一考试，实行"对口、免试、相对就近"的初招政策。这一年，重点中学实行初、高中分设。

1999年，《中共中央、国务院关于深化教育改革，全面推进素质教育的决定》出台。

2002年，福建省推进新一轮课程改革。当年秋季，福州市六个区（鼓楼区、台江区、仓山区、晋安区、马尾区、琅岐经济区）进入课程改革。

那几年，课程改革、素质教育成为教育工作的关键词。

在推进素质教育中，教育人有不少困惑：实施素质教育，还要不要传统教育？搞课改，中考、高考怎么办？实施素质教育、减轻学生学习负担声浪这么高，小学升初中也不再统一考试了，是否还要对教育教学工作抓得那么紧？重点校不办初中了，公立初中校基本处在同等水平，竞争也不那么激烈了，是否可以松一口气了？这些困惑，或多或少地影响了学校和教师抓教育教学工作的力度。

2002年春夏之交，福州市委、市政府在学习贯彻江泽民同志"5·31"重要讲话中，作出"再掀闽江开放潮，促进福州大发展"的部署。中共福州市委教育工委、福州市教育局联系教育战线的实际，感到很有必要针对实施素质教育中出现的困惑问题，在全市教育系统组织开展"争创省会一流教育"大讨论。8月26日，福州市教育系统"争创一流教育"研讨会举行，拉开了大讨论的序幕。

福州市教育系统"争创一流教育"研讨会，聚焦实施素质教育、提高教育质量的主题，开得"面红耳赤"，也开得热血沸腾。

这次会议，厘清了三个关系，即实施素质教育与传统教育的关系、实施素质教育与课程改革的关系、实施素质教育与教育质量的关系。通过从实践"三个代表"重要思想、深化教育改革、服务社会主义现代化建设等多角度进行研讨，与会者深刻认识到，素质教育就是要解决培养什么人和怎样培养人这两大问题，是人的培养模式的一次深刻变革，是教育领域里最核心的一个变革。它的实质，就是全面贯彻党的教育方针；它的基本价值取向，是以人为本、育人为本，是面向未来、促进学生全面发展的教育。实施素质教育，不仅关系到民族的未来，也关系到每一个家庭的未来。实施素质教育绝不是对传统教育进行全盘否定，而是在继承优良传统的基础上不断加以改革、创新和发展。实施素质教育的核心阵地在学校、在课堂、在教学。课堂是实施素质教育的主战场，要通过推进课程改革、教学改革，提高育人质量，促进学生德智体美全面发展。实施素质教育，不是不要教育质量和升学率，而是要全面贯彻党的教育方针，通过提高课堂效率，全面提高学生的综合素质和教育质量。

这次会议，达成了一个共识，就是要"聚精会神抓课改，理直气壮抓质量"。会议深入分析了改革开放以来福州市教育事业数量上、质量上的长足发展，同时也分析了福建省内兄弟城市教育事业的长足进步。一连串的数字，对与会者的思想触动很大。针对教育系统中存在的诸多问题，如对素质教育认识的偏差，把素质教育与抓教学质量对立起来的问题；初招改革后，有的学校教育教学工作有所松懈、教学质量有所下降的问题；认为福州市是省会城市，人口素质高，教育工作做得很不错的自我陶醉思想等等，引导大家破除松懈思想、自我陶醉思想、畏难思想等各种思想障碍，走出实施素质教育的一些误区，"聚精会神抓课改，理直气壮抓质量"，齐心协力"争创省会一流教育"。

福州市教育系统"争创一流教育"研讨会的"冲击波"，很快"传导"到福州市各级各类学校。当年教师节前后，各县（市、区）教育行政部门、各个学校都广泛组织开展"争创一流教育"大讨论。各单位在开展讨论中，注意引导教职员工准确理解和把握素质教育的科学内涵；引导大家总结工作成绩，增强"争创一流教育"的信心；对照"争创一流教育"的要求，查找思想上、工作上存在的差距，增强责任感、危机感和紧迫感，明确工作目标与努力的方向。"争创一流教育"大讨论让教育管理干部和广大教职员工的心热了起来，把大家搞课改、实施素质教育、抓教学质量的劲头鼓了起来，在全市教育系统上下形成了"聚精会神抓课改，理直气壮抓质量"的浓厚氛围。

为了保持和发展大讨论形成的良好气势，中共福州市委教育工委、福州市教育局对"争创一流教育"大讨论一直抓了多年。这个大讨论，每年围绕一个话题进行，比如2002年聚焦"聚精会神抓课改，理直气壮抓质量"、2003年聚焦"加强教师队伍建设，办让人民满意的教育"、2004年聚焦"办人民满意的教育，当人民满意的教师"。中共福州市委教育工委、福州市教育局每年夏季都举办一次福州市教育系统"争创一流教育"研讨会，研讨交流抓好新一轮课改，深入实施素质教育，提高省会城市教育教学质量问题。实践证明，让认识、理念走在前面，让对素质教育、课程改革的价值、意义的认识走在前面，实施基础教育的改革者才能既怀着激情又带着理性行走，才能走得更好、更远，改革也才有可能深化并达成目标。

今天，回想起21世纪之初福州市教育系统这场"争创一流教育"大讨论，深切感受到教育管理者在思想引导中的责任与作用。教育行政部门是一定区域教育工作的管理者，肩负着区域内贯彻落实党的教育方针、政策的引导、管理、推进的重大责任。当教育管理干部和教职工的思想有疑惑时，教育管理者的职责就是要用党和国家的教育方针、政策去引导干部和教职工，做好统一思想、凝聚人心、鼓舞士气的工作。在解决教育热点、难点问题中，教育管理者要发挥好主导、引导、指导的作用。这也是教育管理者应尽的责任与必须发挥的作用。

课改：在嬗变中发展完善

素质教育的主战场在课堂，课程改革是素质教育的主渠道。

开启新世纪的基础教育课程改革，其宗旨就鲜明地定位于每一个学生素质教育的提升、为中华民族复兴奠基。

基础教育课程改革一直进行中。学术界比较一致的看法，我国基础教育改革从时段上划分，大致经历了三个历史阶段：第一个阶段为改革开放前 30 年，这是一个完整的阶段；第二个阶段为改革开放到 21 世纪初，大约 20 多年时间，是相对独立完整的阶段；第三个阶段为 21 世纪以来，以新一轮课程改革为主要标志，正在深化过程中的"新课改"阶段。在三个历史阶段中，我国共经历了八次课程改革。

第一次，是 1949 年至 1952 年。新中国成立初期，进行改造旧教育、建设新教育的变革，以老解放区的教材为基础，迅速编写、出版了新中国的第一套通用教材，初步形成新中国初期自己的中小学课程体系和教材体系。

第二次，是 1953 年至 1957 年。国家积极推进中小学课程教材建设，颁布了新中国成立以来第一套比较齐全的中小学各科教学大纲。同时，编写出版了新中国成立以来的第二套中小学教材。

第三次，是 1957 年至 1963 年。这一时期情况比较特殊，课程发展与教材建设有两次反复。1957 年至 20 世纪 60 年代初，受整个经济、社会大动荡的影响，出现了"教育大革命""教育大跃进"，以及缩短学制、否定学校系统教材、各地自编教材等一些过激行动。进入 20 世纪 60 年代以后，随着国家整个经济、社会发展开始步入正轨，基础教育和课程教材建设进入相对稳定和快速发展时期。

第四次，是 1963 年至 1976 年。"文化大革命"前的两三年里，中小学课程教材建设的主要思路是精简课程内容。"文化大革命"开始后，刚刚恢复稳定的中小学教材遭到了前所未有的破坏，教材全部交由地方自编，各地教材水平差别很大，有些地方教材是现实生活中的一些现状、问题的简单组合，内容枯燥、简单。

第五次，是 1978 年至 1980 年。中共十一届三中全会后，课程教材领域拨乱反正，恢复正常的教学秩序。国家组织力量恢复重建人民教育出版社。国家组织编写出版了一套应急的十年制中小学教材。这是我国第十套中小学教材，标志着中小学教育质量有了最基本的保证。

第六次，是 1981 年至 1985 年。国家对中小学教学大纲做了全面系统的修订，先后颁发小学五年制教学大纲、中学五年制教学大纲和小学六年制教学大纲，并在此基础上完成了 12 年制中小学教材。这是"文化大革命"以后第一套质量水平较高、学科体系健全的好教材。

第七次，是 1986 年至 21 世纪初。这也是新中国成立以来真正意义上的课程改革。这次课程改革，从思想观念到课程体系，从课程内容到课程类型，都有很大的变化。这次改革吸收了国际通行的一些概念，把教学计划改成课程计划、教学大纲改成课程标准。在课程管理体制上，国家正式实施审定制度，建立一纲多本的、符合国际普遍趋势的全新教材管理体制。课程分为国家课程和地方课程。在课程类型划分上，把过去单一的学科课程，分为学科课程和活动课程两大类。这次课程改革，给基层带来了极大活力，为地方学校提供了充足的试验发展空间。

第八次，是 2001 年至今。2001 年，《基础教育课程改革纲要（试行）》颁布；2004 年，《普通高中课程改革方案》颁布，标志着新一轮基础教育课程改革全面启动。这次课改，继承了第七次课改的正确方向，在课程管理体制改革、课程内容和学习方式的创新等方面，又加快了推进步伐。

新中国成立以来的这八次课改，前六次课改虽然有其特殊的价值与意义，但整个课程体系比较僵化，特别是前期实行一纲一本、高度集权式的管理模式，压抑了学校、地方和教师在课程建设方面的积极性，并不是真正意义上的课程改革。真正意义上的课程改革，应是肇始于20世纪90年代进行的第七次改革，并在第八次课改中得以深化与完善。

第八次课改，是新中国成立以来教育领域最为广泛和深刻的变革。这次课改在课程目标、课程结构、课程内容、课程实施与课程评价等方面发生了显著的变化，也可以说是为素质教育"量身定做"的一次课程改革。2001年，国家选择了38个市、县作为全国首批基础教育课程改革实验区，福建省厦门市是其中的一个。

福建省义务教育课程改革实施，经过了三个阶段。

第一阶段：2002年至2003年，省级实验区的启动与运行阶段。按照教育部的部署，由省级负责选择、组织与落实实验区的课改工作。福建省2002年有23个县区、2003年有26个县进入课改。2002年秋季，福州市的鼓楼、台江、仓山、晋安、马尾和琅岐经济区作为省级实验区，率先进入课改。2003年7月18日至21日，福建省教育厅组织举办省级课改实验区教育管理者高级研修班，对市和县（区）及有关学校教育管理者进行集中培训。培训班请来了时任教育部基础教育司副司长朱慕菊等国内顶尖专家，对教育管理干部进行新课改培训，我当时也参加了培训。专家在上面讲得"满头大汗"，参训人员听了却感到"云里雾里"。那时候，省级实验区新课改已经开展一年，大家都很希望听到教育管理干部应该做些什么、应该怎么去做的信息。培训课上完，参训人员在那里"交头接耳"，大家感到专家讲的理论性太强、操作性不够，在国家级课改实验区已开展2年、省级课改实验区已开展1年之后，听到的仍然是新一轮课改为什么要改、改什么这样的报告，对实际工作帮助不大。那时，大家都有不知从何做起、不知怎样才能做好的担心。

第二阶段：2004年至2005年，快速推进阶段。在省级实验区之后，福建省又分两批推进新课改。福州市的8个县（市），原来计划分两批分别于 2004 年、2005 年进入课改。2003 年 1 月 6 日，中共福州市委教育工委会议研究认为，福州市作为省会城市，课改工作应走在全省前头。同时考虑到便于教学质量的统一管理，各县（市）也有早日参加课改的积极性，会议决定将原计划分三步走的课改计划改为分两步走，即在 2002 年 6 个区启动课改的基础上，8 个县（市）于 2004 年秋季全部进入课改。所以，在 2004 年秋季，福州市的 14 个县（市、区）全部进入了课程改革。

第三阶段：2005 年之后，逐步调适并实行常态化阶段。在这一阶段，各地对基础教育课程改革的若干问题进行了较为深入的讨论，发现和提出了新课程实施中的一些问题。2005 年至 2007 年，教育部根据全国各地反映的问题，组织专家修订义务教育阶段各个学科的课程标准，并对义务教育阶段的课程改革进行总结和调适。2011 年，教育部颁发义务教育阶段各学科课程标准，标志着义务教育课程的实施进入一个新的阶段。

2006 年秋季，根据教育部的部署，福建省的普通高中起始年级全面实施新课程，实现了新课改从义务教育阶段向普通高中的全面推进。福州市确定福州第三中学、福州第八中学等 23 个新课程实验样本校，为普通高中开展课改实验发挥示范带动作用。

课改推进之初，打了不少乱枪。最让人头痛的是选择什么版本的教材问题。国家教材管理体制实行"一纲多本"，要求课改实验要用不同版本的教材。上级要求，每个设区市都不得用单一一种版本的教材，因为是课改实验，必须要用两种版本以上教材搞实验——这真叫人犯难！课改之前，福州市中小学都是选用"人教版"（人民教育出版社）的教材。一个地区教材版本相对统一，便于开展教研和质量监测，也便于进行教学业务上的学习与交流。用两种以上教材版本，无疑给教科研、教学业务交流等带来极大不便。当年，上级推行课改管理很严格，样样要报批，选择什么样的教材更是严格审查。记得福州市第一次上报选用"人教版"

教材的县区比较多，被上级退了回来，要求每一种教材都不能超过一半以上；后来只好又选了"北师大版""湖南版"等其他出版社的 3 种教材报上去，才获得审批。

推进课改，让教师明确课程目标、课程结构、课程内容及教学方法非常重要。那时，各级教育行政部门都把教师全员培训作为重中之重来抓，并提出了"要上岗、先培训，不培训、不上岗"的要求，连续投入大量的人力、物力和财力，以骨干教师培训为切入口，以全员培训为目标，分阶段逐步展开培训，所有实施新课程的中小学教师都接受了不同层次、不同形式和不同专题内容的新课程培训活动。除了政府和学校组织的教师培训外，各家教材出版社也通过各种方式、渠道和层次开展教师培训。在教师培训中，积极利用现代远程教育手段，组织网络平台上的教研活动，构建了"多主体、交互式、跨时空、低成本、高效率"的远程教育研修新模式。

在推进基础教育课改中，学校校长、教师和教育行政管理干部都面临新的挑战。回想课改推进当年，大家都没有经验，真正是"摸着石头过河"。那时候，主要出现两种状况：一是"稳"。怕拿捏不准改乱了，对新教材基本上还是用老教法，叫做"穿新鞋走老路"。二是"活"。为了搞活课堂，有的学校课堂搞了不少花花哨哨的东西。老师们绞尽脑汁，虽然教学方式方法看起来很生动活泼，但知识点的传授有的反而更少。各个学校都在摸索适应新课改的教学方法，导致这一时期中小学之间举办的教学开放活动特别多。福州市属中小学，几乎每个月都有两三所学校举办教学开放活动。教学开放活动，倒逼教师进行教学科研，不断提升自己的教学水平。每一所学校的教学开放活动，老师们都做了精心准备，亮出自己的教学本领，兄弟校的老师参加观摩听课，进行切磋交流，有效促进了教师专业成长，也促进了课改的深入开展。但教学开放活动也存在过于频繁、流于形式、学校负担重的问题。有鉴于各地教学开放活动出现的异象，为提高教学开放活动的成效，后来，福建省教育厅专门下发通知，对省级的教学开放活动，从申报条件、申报内容、教学观摩活动等三个方面进行了规范。

课程改革实施十年之时，福建省教育厅于 2013 年委托福建教育学院对全省基础教育课程改革工作进行调研。调研认为，十年来，福建省基础教育课程改革全面推进、不断深化，取得了较好的成绩。主要体现四个方面：一是体现素质教育的新课程体系基本确立。根据课改要求，各地各校在课程目标上突出了培养学生的创新精神和实践能力，培养学生终身学习和发展的能力。在课程设置上增加了综合实践活动课、科学课、技术课，减少了总学习课时，增加了体育、艺术课的课时。高中阶段增加了选修课，突出学生学习的选择性。在教育内容上强调了育人为本、德育为先。在课程管理上建立了"一纲多本"的教材选用制度和以校为本的教师专业成长制度。各地各校在完善体现素质教育要求的课程体系上，改革创新，积极探索，注意在课程体系建设中创特色、在校本课程建设中创特色、在活动课程建设中创特色。二是体现以生为本的课堂教学模式逐步形成。各地和中小学校都把课程改革的重点转到课堂教学上来，向课堂要质量，向课堂要效益。广大教师积极探索符合素质教育要求和新课程理念的教学方式，启发式、探究式、合作学习、实验操作、社会实践等教学方式被广泛应用。课堂教学变得活跃起来，学生学习的积极性、主动性调动起来了，新课程所倡导的自主、探究、合作的学习方式正在形成，教师的教学方式和学生的学习方式正在发生明显转变，课堂教学效率和质量显著提高。全省课堂教学改革活跃，呈现出了百花齐放的局面，形成了"先学后教""生本""学导式"等多种多样的课堂教学改革模式。三是体现全面发展的考试评价制度更加健全。各级教育行政部门和学校以新课程理念为指导，努力探索建立促进学生全面发展的考试评价体系。特别是在综合素质评价、学业评价考试和中招改革等方面，进行了积极的探索。四是体现特色发展的高中办学模式更加多样。全省普通高中更加注重提高教育质量和形成办学特色，在内涵发展上下功夫，大胆探索试验，形成了各自的办学特色和办学模式。

福建省基础教育课程改革实施十年，也存在一些不容忽视的困难和问题。主要有以下五个方面：一是部分地区和学校对课程改革认识不到位。有的在课程改革中或瞻前顾后、等待观望，或放任自流、敷衍塞责，导致课程改革措施不力，工作停滞不前、流于形式。二是课程计划在一些学校尚未得到全面有效执行。音乐、美术、信息技术、综合实践等课程被挤占问题比较突出，特别是期末和复习备考期间被考试学科"侵占"的现象普遍存在。三是教学的有效性不足。教学内容增加与课时矛盾比较突出，教学内容的深度、广度难以把握，一些课程内容仍然存在着"繁、难、偏、旧"的状况，课程结构单一，学科体系相对封闭，脱离学生生活实际和接受能力。四是教师队伍整体素质与课改要求不相适应。部分教师仍然没有树立课程改革新理念，依然习惯于填鸭式知识灌输，自身素质跟不上课程改革的需要。农村教师年龄偏大、知识老化。教师结构性缺编问题突出。通用技术课、综合实践活动、研究性学习课没有实质性开展。五是教师"教"与学生"学"的方式还没有根本改变。一些地方仍然存在教师讲得累、学生学得苦，事倍功半，效率低下的现象。在课改课堂中，一些教师并未真正把握课改要求，有的为了追求课堂模式的变革，注重教学形式的变化，忽视了教学目标的实现，课堂教学出现了表演式的倾向；有的在学案的编制与使用上还有很多不足，学案的内容结构需要优化、体量需要斟酌、使用方法需要改进；有的在小组合作学习方面的有效性需要提高，小组的建设与管理、评价与激励等方面都有待加强。在调研中还发现，应试教育现象依然存在。学校实验设施不达标、场地不足等问题也比较突出。小学、初中、高中课改推进工作不平衡。其中，小学阶段课改推进时间长，受应试升学影响小，比初中、高中课改更加深入、更有成效。

针对课程改革中存在的问题，福建教育学院调研课题组就实施素质教育、课改区域推进，以及课程设置、考试评价、减轻学生课业负担、提升教师队伍素质、缩小城乡教学差距、加强教研支撑等方面，积极向福建省教育行政部门建言献策。

基础教育课程改革一直处于进行时。

随着课改的深入发展，国家评价指挥棒也转向全面推进素质教育，促进人的全面发展，全面提高教育质量上。2013 年，教育部发布《关于推进中小学教育质量综合评价改革的意见》，提出了建立体现素质教育要求、以学生发展为核心、科学多元的中小学教育质量评价制度，以切实扭转单纯以学生学业考试成绩和学校的升学率评价中小学教育质量的倾向。2014 年，国务院颁发《关于深化考试招生制度改革的实施意见》，确立了分类考试、综合评价、多元录取的考试招生模式，启动新一轮考试招生制度改革。

伴随着社会变迁，基础教育课程改革目标也一直在嬗变中不断发展与完善。2014 年，教育部印发《关于全面深化课程改革　落实立德树人根本任务的意见》，为人才培养模式转变和全面深化课程改革进一步指明了方向，引导中小学教育从单纯重视知识和技能向全面育人、综合育人转变，注重发挥学科教育的育人功能，把培育与践行社会主义核心价值观融入国民教育全过程，促进学生德智体美劳全面发展。文件提出了学生发展核心素养概念。2016 年，《中国学生发展核心素养》研究成果公布，其以培养"全面发展的人"为核心，从文化基础、自主发展、社会参与三个维度阐明了新时代中国学生应该具备的核心素养，具体表现为人文底蕴、科学精神、学会学习、健康生活、责任担当、实践创新六大素养，具体细化为国家认同等 18 个基本要点。这是我国基础教育从教书走向育人的重大变革。从原先的"双基"（即基础知识与基本技能），到提出"知识与技能、过程与方法、情感态度与价值观"的三维教学目标，再到核心素养的提出，让课程改革充溢着新的生命活力，丰富了内涵，让以人为本、以学生发展为核心的理念进一步彰显。核心素养开启了素质教育的新阶段。

2018年全国教育大会召开之后，国家相继印发了基础教育改革发展的三个文件——《中共中央、国务院关于学前教育深化改革规范发展的若干意见》《国务院办公厅关于新时代推进普通高中育人方式改革的指导意见》《中共中央、国务院关于深化教育教学改革全面提高义务教育质量的意见》，对新时代基础教育的改革发展作出系统设计，标志着我国基础教育迈入全面提高育人质量的新阶段。各学科的教学也正在实现从以知识为中心到以核心素养培养为中心的转变。2019年秋季学期开始，全国义务教育一至九年级的学生全部用上了国家统编的语文、历史、道德与法治三科教材。2018年1月，教育部发布的普通高中课程标准和课程方案，是今后一个时期引领高中课程教学改革的基本遵循和风向标。2019年秋季开始，普通高中分步实施高中新课程、使用新教材。

福建省在贯彻落实国家有关基础教育课程改革、考试评价制度改革、全面提高育人质量的文件中，积极稳妥地推进一系列改革。2016年，建立普通高中学业水平考试制度，并且在这一年高考"重返"全国卷考试。2017年，推进中考改革，实行全省统一命题，使得各地课改教学质量能够在全国高考坐标、全省中考坐标中看到自己的位置。新高考改革、新中考改革"传导"到小学阶段，推动了整个基础教育阶段课程的系统性改革。

基础教育课程改革如今已进入深入发展阶段，符合新时代精神和素质教育要求的课程体系已经建立，中小学教育教学观念与方式也发生了深刻的变化。回顾课程改革推进历程，有以下四点感悟：

感悟之一：课程改革需要教育行政部门以对实施素质教育的高度责任与使命予以领导与推动。教育的每一个重大改革，无一不是由行政力量去推动取得成效的。课程改革是我国基础教育经历的一场伟大的变革，冲击着陈旧的理念、习以为常的行动，也冲击着落后的制度。在这场变革中，教育行政部门必须予以强有力的领导和推动，才能使课程改革冲破重重阻力与障碍，不断向前推进。

感悟之二：课程改革的根本任务是立德树人。立德树人是发展教育事业的核心所在，是培养社会主义建设者和接班人的本质要求，同时也是我国教育所要探索、建构的育人模式。这一根本任务规定了课改的终极目标和崇高价值，也是课改的境界。教育行政管理者要牢牢把握课改的根本任务。立德树人，首先要聚焦人、关注人、培养人、发展人，真正确立课程育人、教学育人的理念，并使之成为信念。

感悟之三：课程改革的重点、难点在课堂教学改革。教学改革总是难以突破。在教学改革中，各学校都在积极探索和创造，新的教学模式不断涌现。这既体现了广大教师参与改革的自主性、积极性和创造性，也反映出一些困惑和问题。教育行政管理者要善于在"热闹"的表面看到隐藏的问题，注意把握好课改方向，解决课改中的重点、难点问题，在区域推进上积极作为、有效作为。

感悟之四：课程改革只有进行时，没有完成时。课程改革已经有了很大进展，但课改仍在路上，只有坚持在这条路上走下去，才会有更好的创造、更美好的前景。这条路是没有尽头的，而且在前行的路上，会充满各种不确定性，课改永远是未完成时。教育行政管理者要加强对课改实施中的新情况、新问题的调查研究，注意总结新经验、推广新方法，把课改不断引向深入。

试点：在探索中先行一步

福建省在实施基础教育改革发展、实施素质教育中，有一个影响深远的"试点工程"。

2010年,《国家中长期教育改革和发展规划纲要(2010—2020年)》《福建省中长期教育改革和发展规划纲要(2010—2020年)》先后出台,教育改革和发展进入深水区。如何做到改革"蹄疾而步稳"?为此,福建省教育厅会同有关部门编制了《福建省教育改革试点总体方案》。2011年4月9日,《福建省人民政府办公厅转发省教育厅关于福建省教育改革试点总体方案的通知》下发,决定组织实施十大教育改革试点任务。

这次改革,是福建省基础教育改革中试点最多的一次。在十大教育改革试点任务中,基础教育改革试点有四大类157项:第一项为推进素质教育改革试点,全省共有六大类65项;第二项为中小学教育教学改革试点,全省共有四大类73项;第三项为义务教育均衡发展改革试点,全省试点县区有18个;第四项为考试招生制度改革,实际上有中考中招改革、高中学业水平考试制度、综合素质评价体系等3个小项。

这次改革,是福建省基础教育改革中推进力度最大的一次。为确保改革顺利推进,福建省教育厅制定了福建省教育改革试点工作"路线图"及时间表,要求到2012年,力争取得阶段性成效,形成上下结合、全面联动的教育改革局面;到2015年,力争取得关键性成果,在全国教育改革试点中做到实施先行、突破先试、进展先进、经验先出;到2017年,力争通过改革试点工作的深化和推广,探索一条更具活力、更富效率、更加开放的体现福建特色的教育科学发展的路子。

这次改革,也是基础教育改革中最务实的一次。为了扎实推进基础教育改革工作,时任中共福建省委常委、福建省人民政府副省长、省委教育工委书记陈桦亲自部署,福建省教育厅厅长鞠维强主抓,福建省教育厅分管基础教育副厅长刘平直接抓。福建省成立了"福建省基础教育改革试点项目咨询指导专家组",由赵素文任组长,余文森、陈峰、李迅、陈江汉、高山为副组长，潘世峰、刘卫平、姚跃林、赖东升、王元华、俞石泉、陈铭、黄耀荣、黄平生、蔡玉霖、刘汉清、郑云清、许十方、刘若嘉为专家组成员，并聘请有宝华、张华、刘家访等专家为顾问，承担改革试点项目的咨询指导工作。专家组分为推进素质教育改革试点小组、中小学教育教学改革试点小组、义务教育均衡发展改革试点小组、考试招生制度改革试点小组等4个小组开展工作。专家组秘书处设在福建教育学院。2012年、2013年，福建省对改革试点工作抓得很紧，福建省基础教育改革试点项目咨询指导专家组从掌握动态、把关指导、发现典型、督促推进等四个方面开展工作。专家组建立了学习制度、研究

◆ 福建省基础教育改革试点项目咨询指导专家组第一次工作会议现场（2012 年）

制度、调研制度、交流制度，每一季度举行一次工作研究与交流。专家组成员分别到试点项目学校现场检查调研、咨询指导。专家组通过编发工作简报、《福建省基础教育改革试点年度工作报告》，对试点工作进行总结、交流，推动试点工作的开展。

这次改革试点，也是福建省基础教育改革中成效最明显的一次。各个试点项目单位勇于改革创新，试点工作取得许多突破。大田县、建

瓯市、厦门市湖里区都是进行"先学后教"教学改革实验的试点单位，注意从本地学情出发，分别试出了特色、试出了成效、试出了影响。

　　大田课改"先学后教"的基本模式是"三环节五步骤"。"三环节"，即先学、后教、当堂训练，教师一节课讲授时间原则上不超过15分钟；"五步骤"，即自主学习、合作交流、汇报展示、质疑问题、当堂训练。大田县课改采取由点到面、区域推进的办法，县城关及辖区18个乡镇中小学实施"先学后教"的高效课堂教学模式后，学生成了课堂的主人，学会了协作和思考，收获了自信与快乐。2012年1月18日，《福建日报》以《堪比当年小岗村的大田"课改"》为题，对大田课改情况进行了报道。2012年7月5日，《中国教育报》报道了大田县实验小学推进课堂教学改革见闻——《从"先学后教"开始，改变僵化课堂》。大田课改得到教育部和社会各界的充分肯定。2012年，大田课改被列入全国区域课改先锋图谱；在《中国教师报》主办的第二届全国教育

◆ 2012年1月18日，《福建日报》报道大田县课改情况

局长峰会"五大课改奖项"评选中，大田县被评为"全国十大最具发展潜力区域"，时任大田县教育局局长林镛被评为"2011年全国十大区域改革推动人物"。

建瓯市川石中学是一所农村初中校，进行"先学后教，自主互动"课堂教学模式改革。建瓯课改的基本模式是"四六六"教学法。"四"，即四个特点：一个核心，自主学习；两个关键，同伴互动、小组展示；

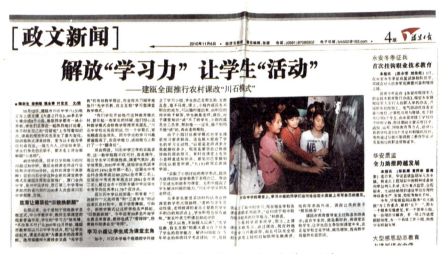

◆ 2010年11月6日，《福建日报》报道建瓯市川石中学课改情况

◆ 福建省基础教育改革试点项目咨询指导专家组成员深入建瓯市川石中学调研指导

三个要素，导学案、达标检测、教学流程；四种形式，自学、议学、导学、测学。第一个"六"，即六个流程：出示预习目标或导学案，小组学习（预习）、教师巡视，展示学习成果，教师点评，当堂检测，课堂小结。第二个"六"，即六个支撑点：环境营造、教师成长、自信快乐的班集体、互助友爱的小组、老师的好帮手"小老师"、七年级新生的衔接教育。建瓯市川石中学实施"先学后教、自主互动"课堂教学模式后，学生从被动学变为主动学、由枯燥学变为快乐学、由低效学变为高效学。课改不仅让薄弱校旧貌换新颜，学生中考成绩跃入建瓯市农村学校前列，同时也解决了困扰学校多年的学生辍学难题。建瓯市川石中学被誉为"福建的杜郎口中学"，在福建省内外都产生了积极的影响。

厦门市湖里区开展"先学后教、反馈矫正"课堂教学改革实验，既与福建省外的洋思中学、杜郎口中学以及省内的大田、建瓯等农村学校课改有着共同之处，更有从本区区情、校情、师情、生情出发，积极探索适合城市学校课改的独特做法。湖里模式的特点与创新概括为"一三三六"。"一"，即一个载体，以教学

◆ 2013 年 8 月 28 日，《中国教育报》报道厦门市湖里区课改情况

案、导学案为载体。第一个"三"，即三个阶段、三种课型，具体为教读阶段、导读阶段、自读阶段，并相对应设计了教读课、导读课、自读课。第二个"三"，即三个环节、三次反馈，具体为导学环节、精讲环节、过关环节和诊断性反馈、效应性反馈、巩固性反馈。"六"，即六大步骤，其中教读阶段课型"教读课"分为诊断导学、教读精讲、质疑问难、答疑解难、精练反馈、评价小结六个步骤，导读阶段课型"导读课"分为诊断导学、独立先学、小组议学、展示提升、精练反馈、评价小结六个步骤，自读阶段课型"自读课"分为诊断导学、独立先学、新知检测、精讲提升、精练反馈、评价小结六个步骤。三种课型的教学步骤没有一成不变，教师会根据学科特点、教材内容和师生实际而灵活变通。湖里模式的课堂转型集中体现在"六个转变"上，即从教师主导的先教后学转向师生合学的先学后教、从单向的听课转向多向的研讨、从课堂控制转向小组式团队合作、从传递知识为主转向问题导学为主、从被动的浅层学习转向主动的深度学习、从封闭的师资资源转向丰富的生本资源。2013 年 8 月 28 日，《中国教育报》大篇幅报道了厦门市湖里区《教改把学生变成课堂上的主人》的经验。

在实施素质教育、推进中小学教育教学改革方面，还有很多试点单位创造了很好的经验。

厦门市思明区教师进修校开展中小学"生本"课堂教学模式建构与推广的实践研究，构建以自主、合作和探究为主的"生本"课堂教学模式，实现增效、减负、提质，创新教学管理，培养一批有思想、有专业研究能力的名教师、名校长，教学改革推动了先进教学经验的应用与推广。

龙岩市新罗区教师进修校开展"课堂三导教学"研究与实践，通过"导学、导疑、导练"教学环节，促进了教师教学观念的转变、教学方式的转变、学生学习方式的转变、课堂教学结构的转变。

邵武市教师进修校开展"学案铺垫—自主探究—合作展示—巩固内化"的农村小班化教学新模式试验。

三明市尤溪县开展目标导学、自主探究、合作研学、展示赏学、检测评学的"五学"模式试验。

泉州市教育科学研究所开展"分层递进教学"实验研究。

福州第八中学开展基于知识建构的"合作—探究"学习策略研究、"课堂观察"教学活动。

······

福建省各地的教学改革实践创造出很多先进经验，丰富了福建省教学改革内容，其核心是将学习的主动权还给学生，努力实现学校教学由传统的教师中心、书本中心和课堂中心，向学生中心、活动中心和经验中心的转变。得益于此，全省基础教育教学改革出现了生动活泼的局面。

与此同时，义务教育均衡发展改革试点工作也大踏步推进。厦门市、福州市鼓楼区、闽侯县、长泰县、南靖县、泉州市丰泽区、石狮市、三明市梅列区、将乐县、莆田市荔城区、莆田市湄洲岛、武夷山市、建阳市、上杭县、永定县、福安市、柘荣县、平潭综合实验区等 18 个试点单位创造了宝贵的经验，充分发挥了示范带头带动作用。福建省 92 个县（市、区）于 2016 年全部通过国家义务教育发展基本均衡县评估认定，比教育部与福建省人民政府于 2011 年签署的《推进义务教育均衡发展备忘录》的时间要求提前了一年。

考试招生制度改革也稳步推进。2016 年，福建省人民政府印发《福建省深化考试招生制度改革实施方案》；福建省教育厅制定了《福建省普通高中学生综合素质评价实施办法》，并确定福州、厦门、泉州、三明为福建省普通高中学生综合素质评价改革实验区，于 2016 年秋季在实验区普通高中学校开展学生综合素质评价改革试点，于 2017 年秋季对全省普通高中新生全面实施学生综合素质评价。2017 年，全省统一组织中考命题，并实施普通高中学业水平合格考试、中职学校学业水平考试。2018 年，全面实行普通高中学业水平合格性考试和等级性考试。

于 2018 年发布的《福建省高中阶段学校考试招生制度改革实施意见》提出，福建省初中学业水平考试实行初中毕业生、高中招生考试"两考合一"，考试成绩作为学生毕业和升学的基本依据。语文、数学、英语（含听力）、体育与健康、道德与法治、历史、地理、物理、化学、生物、音乐、美术以及综合实践活动课程中的信息技术等 13 门科目，均列入初中学业水平考试范围，物理、化学、生物另设实验操作考试。将国家《义务教育课程设置实验方案》规定的 13 门科目列入学业水平考试范围，实行全科开考，以促进学校开好每门课程，引导学生认真学习每门课程，避免过早、过度偏科，确保达到初中教育的基本质量要求。该文件同时明确，对 2018 年秋季入学的初一新生实行学业水平考试和学生综合素质评价制度，其中语文、数学、英语等 9 门初中学业水平考试科目实行省统考，音乐、美术、信息技术等 3 门科目由设区市教育局提出要求，并指导县（市、区）教育局组织学校具体实施。2021 年起，全省初中毕业生全面实施新的高中阶段学校考试招生方案，形成基于初中学生水平考试成绩、结合综合素质评价的高中阶段学校考试招生录取模式。

2019 年，福建省人民政府印发《福建省深化高等学校考试招生综合改革实施方案》，全面推进福建省高考综合改革实施工作。作为全国第三批实施高考改革的 8 个省市之一，福建省 2018 年秋季入学的高中一年级学生将参加新高考。从 2021 年起，福建省高考将实行"3+1+2"模式："3"为全国统考科目语文、数学、外语，所有学生必考；"1"为首选科目，考生须在物理、历史两科中选择一科；"2"为再选科目，考生可在化学、生物、思想政治、地理 4 个科目中选择两科。在招生录取上，从 2021 年开始，福建省普通高校招生录取将按"两依据、一参考"

政策，基于统一高考和普通高中学业水平考试成绩、参考综合素质评价的招生录取新机制。

……

福建省的基础教育改革发展任务不断取得突破。曾经被划重点的"均衡""优质""素质教育""中考中招改革""高考制度改革"等名词，已经一步一步落地。福建省基础教育事业发展越来越充满活力，向着公平而又有质量的目标阔步前进。

从"试点工程"反观教育行政管理工作，感到需要改进的工作有以下三个方面：一是改革试点宜精不宜多。2012 年，福建省基础教育改革试点共确定四大类 157 个试点单位。在上报项目阶段，不少单位是冲着项目带经费的希望而来的，所以上报单位很多。由于教育行政管理部门没有经过严格筛选，以至项目单位过多、过滥。有些试点单位后来发现没有下拨试点经费，积极性受到很大影响，试点工作没有很好开展，未能发挥试点单位的试验、示范、辐射作用。二是对改革试点要加强跟踪指导。这次改革试点点多面广，虽然有福建省基础教育改革试点项目咨询指导专家组做咨询指导，但专家组是松散型组织。专家组成员 23 人，分别来自全省各设区市的教育行政部门和学校，还有一些省内外的专家学者。专家组的工作无经费，专家组成员也无隶属关系，对跨地区开展咨询指导工作带来很大困难。所以，对试点单位的跟踪了解、咨询指导显得力不从心。一些试点工作处于自生自灭的状态。三是对改革试点要做好督促检查、总结推广工作。这次试点工作前期"雷声很大"，由于对试点工作过程督促检查不够，后期也没有进行试点工作总结，对试点单位的典型经验推广工作也做得不够，在某种程度上影响了试点工作取得更大的成效。这也是教育行政管理工作上容易出现的"雷声大雨点小"、前紧后松的老毛病。

高考：在负重中奋力前行

人们都说，没有什么事会比高考更能牵动全社会的神经了。这话一点也不夸张。高考不仅揪着考生、家长的心，也揪着各级政府和全社会的心。在每一年的高考期间，政府都会要求全社会禁止噪音，交通、卫生等部门全力配合，共同做好服务高考、服务考生工作。在全社会高度关注、人民群众热切期盼的后面，是教育部门肩上沉甸甸的责任。

福建省的基础教育历来以"基础扎实"而闻名。在全国统一高考的特定历史时期，福建省曾以"高考红旗"享誉全国。

20世纪末，国家对高考制度进行调整，教育部要求高考实行分省命题。1987年，先在上海市进行自主命题试点。2002年，北京市自行命题。2004年，自主命题地区的数量一下子增加到11个。这其中的直接原因是四川发生了高考试卷泄密事件，决策层开始思考如何避免这样的事件再次发生。当时，教育部考试中心还无法同时命制许多套高考试题，为保护高考安全，决定从2004年开始推行分省命题。推行自主命题的另一个更重要的原因，是针对高考改革，推进高中新课改。因为全国不同地区进入新课改的时间和程度不同，全国统一命题难以照顾到全局。自主命题就是在这样的大背景下推开的。教育部决定，2004年先从人口最多或文化、教育水平比较高的省份开始，将福建省列为其中之一。于是，福建省2004年开始高考自行命题，先在语文、数学、英语三科实行高考自行命题；一直到2009年后，才对所有学科全部实行自行命题。

在各省自行命题走过十多年之后，国家开始深化考试招生制度改革。2014年9月，国务院印发《关于深化考试招生制度改革的实施意见》，明确提出"2015年起增加使用全国统一命题试卷的省份"。2016年，全国除了北京、上海、天津、江苏、浙江等5个省（市、区）继续自行命题外，其他省（市、区）都重返全国卷。福建省在 2016 年的高考中采用全国高考 I 卷试题。

高考虽不是衡量高中教育质量的唯一尺子，但却是一把非常重要的尺子，不仅老百姓关心，政府领导也关心。毕竟，让更多的孩子上大学，才是实实在在维护人民的利益，才能让人民群众高兴和满意。正因为如此，教育行政部门和学校对高中教育质量、高考上线率非常关注。高考对大家来说，是一个巨大的压力。

福州市教育行政部门在每年高考过后，都有进行高考质量分析的传统。2004 年，福建省实行高考自行命题。福州市从这一年开始，每年召开全市高考质量分析会，2006 年、2007 年还进行了评比表彰。今天回想起来，仍能感到那股"热"劲。

2004 年，对福州教育来说，是一个非常重要且特殊的年份。这一年，福州市初招改革后小学免试进入初中的第一届学生高中毕业参加高考。这一年，也是全市高考报名人数和参考人数历年来最多的一年。这一年，又是福建省第一次实行高考自主命题出卷。究竟福州市初招改革后各中学的教育质量如何？福州市的高中质量在全省高中教育坐标中处于什么位置？7 月 23 日，福州市教育局在永泰县召开 2004 年福州市教育质量分析会。参加会议的有各县（市、区）教育局局长、书记和市直学校校长、书记。会议围绕 2004 年高考质量进行了分析研究。

2004 年，福州市高考报名人数为 31572 人，占全省报名人数的 16.52%。参考人数为 31572 人，本科上线 12397 人，上线率 39.27%（其中重点本科上线 2908 人，上线率 9.21%）；专科上线 25984 人，上线率 82.3%。当年高考结果呈现出"两升一降"，即本科上线人数比上年增加 3241 人，上线率提高 8.5%；重点本科上线人数比上年增加 248 人，上线率提高 0.38%；专科上线人数比上年减少 140 人，上线率减少 5.5%。2004 年高考成绩稳步上升，是在高中"做大"的基础上取得的。根据福建省教育厅公布的 2003 年全省高中阶段事业发展情况统计资料，至 2003 年年底，全省高中毛入学率为 51.3%，福州市为 62%，名列全省第二（仅次于厦门市）。

开展高考质量分析，目的是查找薄弱环节，深挖提高高中教育质量的潜力。通过分析，发现福州市文科比理科弱，理科的本科上线率为 45.7%，文科仅 28.3%；理科中数学科的平均分略低于省平均分；一般校、薄弱校面大，占全市应届生总数的 44.62%，本科上线率仅为 14.79%；农村中学教育质量相对较差，按每万人口上本科线省平均水平计算，市区超额部分还不够抵八县（市）负增长部分。

通过分析，找到了提高高中教育质量的潜力与着力点。会议要求，要进一步增强质量意识。高考质量是教育质量的一个重要体现。素质教育水平高低，很重要的也体现在高考质量上，绝不能把素质教育与高考质量对立起来、割裂开来。教育质量是个系统工程，不仅高中阶段要抓，小学、初中阶段也要扎扎实实抓。每一所学校都要经常分析研究教学质量，针对薄弱环节加强教学质量。要增强每位教师的教育质量意识，形成校校抓质量、人人抓质量的局面。会议还对扎扎实实抓好课程改革工作、着力提升整体学校的办学质量、增强团队意识搞好教科研工作、大力加强教师队伍建设等方面工作提出了具体要求。

全市教育质量分析会传递出大抓教育质量的强烈信号，在全市教育系统出现了讲质量、抓质量的可喜局面。

2005 年普通高考，福州市的特点是"两多一平"，即报名人数为历年最多，达 38642 人，比上年增加 5289 人（实际参加考试人数为 38085人）；上本科线人数也为历年最多，达 13732 人，上线率为 36.06%；上本科线人数占全省份额的 15.5%，与历史上最好的 2004 年相比基本持平。2005 年高考过后，福州市教育局在闽侯县举行高考质量分析会。这次会议的参会人员，扩大到全市 34 所省级达标中学校长。会上，时任福州市教育局高招办主任梁敬水、中教处处长黄耀荣、福州教育学院教研处负责人叶诚良等，从全市各县（市、区）高考录取情况、高中学校教学情况、各学科成绩分析等不同的角度，对高考质量进行分析讲评。虽然这次会议的讲评还比较笼统，但在各县（市、区）教育局局长、各高中校校长中震动很大。这次会议，进一步强化了质量意识，提出要坚定不移、聚精会神抓教育教学质量；进一步强化了名校名师的示范带动意识，提出要加强重点校与一般校、城市学校与农村学校之间的联手帮扶合作，充分发挥名校、名师的示范辐射作用；进一步强化了校本教研培训意识，提出要建立完善的听课、评课、课后反思的评估体系，促进教师在听课中学习、在评课中思考、在反思中进步，形成课堂教学的良性循环机制。会议还针对高中阶段文科、综合科和一般校这三个薄弱环节，要求福州教育学院充分发挥全市教育教学的龙头作用，做好薄弱学科、薄弱学校的教研指导工作。

这次会议之后，由福州市教育局分管高招工作副局长翁桂香带队，组织福州市教育局、福州教育学院有关人员，到福建省内外7个城市开展普通高中教育和高考、高招工作专题考察调研。在此基础上，福州市教育局向福州市委、市政府专报了《2005年福州市高考质量分析报告》，并向福州市委、市政府请求解决教育工作中的相关问题。福州市委、市政府十分重视。2005年12月30日，福州市人民政府副市长朱华专门听取福州市教育局汇报，并对有关事项进行了预协调。2006年2月，福州市人民政府第八次常务会议听取了福州市教育局关于提高高中教育质量工作的汇报，要求福州市教育局切实抓好高中教育质量工作。为鼓励各高中学校提高教育质量，福州市人民政府同意每年拨出专款，用于高中教育质量奖励，由福州市教育局制定具体考核评价标准。

高中教育质量要如何进行考核与评价呢？分数、升学等评价标尺，无疑是对高中学校办学质量情况进行的描述，是一种可量化、便于操作的工具。那么，应如何让评价标尺具有科学性、客观性和进步性，有利于高中学校管理效率的提高？应如何克服只使用分数、升学数据，使之成为评价高中教育质量的唯一标准问题？应如何克服考核评价只对优质校起激励作用，让一般校毫不关心的问题？福州市教育局中教处在进行认真调查研究之后，制定了《普通高中教学质量综合考评方案》，将综合考评指标分为学校参评条件、办学效益、上线提高率、学科成绩等四个部分。其中，在学校参评条件方面，明确无重大安全责任事故，达标校报考率不低于95%，其他学校报考率不低于92%，以防止有的学校为提高高考上线率而动员差生放弃当年高考的问题；在办学效益方面，按达标校与非达标校，将学校分类，从生源入口、出口情况，考核学校办学效益；在上线提高率方面，考查评估各类学校各批次高考上线数提高情况；在学科成绩方面，考查学校总平均分在全市的水平。应该说，这个考评指标比较科学合理，对各类学校都有压力，也有激励作用。

2006年的高考质量分析会上，福州市教育局首次对普通高中教学质量综合考评情况进行通报，对学科成绩、办学效益、上线提高率前三名的学校进行表彰奖励，在各县（市、区）、各高中校中震动、反响很大。2007年，福州市教育局对考评指标作了调整完善，评出各类高中学校的高考成绩、教学效益、上线率提高值等三项教学成果先进单位，将全市各学科高考成绩情况及各县（市、区）高考综合评价情况，向全市教育系统通报。

2008年1月16日，福州市教育局召开2007年高考质量分析会。时任福州市教育局分管中学教育副局长郑勇、福州教育学院院长高山博士就2007年福州市高考情况进行讲评分析，得出几个结论：经过多年拼搏努力，福州市高考各批次上线人数均在全省占到应有的份额，高考考生在全省的优势进一步扩大；2007年全省文科前100名福州占20%，全省理科前100名福州占23.76%；多数科目成绩逐年有所提高。高考成绩的提升，让群众有了更多的最直观、最贴肤的获得感。但高考成绩具体到学科，理科综合、数学科仍相对偏弱。郑勇、高山的讲评分析很到位，既鼓舞了与会者的信心，又让大家看到了差距。这次高考质量分析会，进一步鼓起了福州市各高中校"扎木成排"的团队合作意识，也增强了各学校、各学科比学赶超的信心与决心。

福州市的高考质量分析会，连续开了多年，但到2009年后就不再开了。因2009年福建省高考所有学科均实行自主命题，福建省教育厅出于推进高中课程改革、"减负"和防止各地以高考成绩给学校施加压力等综合考虑，不再向各设区市提供高考有关数据。福州市因拿不到高考数据，无法进行高考质量比较分析。从此，各个地区和学校都无法了解本地、本校教育质量在全省、全市坐标中的位置，以至于后来高考结束后，各地、各校"喜讯"频发，一些地方教育行政部门也沾沾自喜。

2016年，福建省高考恢复全国卷，福建省的高中教育质量又重回全国高中教育质量坐标体系。当12年之后第一次接受"全国质检"，对习惯于本省出卷套路的教与学双方，都面临新的挑战。当年福建省高考考生数17.5万人，文史类本一、本二的录取线分别为501分、403分，理工类本一、本二的录取线分别为405分、352分，在与湖南、湖北、山西、江西、广东、安徽、河南、河北等共同采用全国高考I卷的省份相比中，处于最低的位置。这里虽然有福建省高考录取率比较高的因素，但也折射出福建省高考自主命题之后，脱离全国高中教育质量考评坐标体系，高中教育质量在自行评价、相对宽松的环境下，与历史上"高考红旗"荣耀时期的差距。

2016年8月，福建省教育厅召开高中教育问题座谈会，征求有关人士对高考数据使用的意见。会上，大家争论比较激烈。有的认为，高考数据应提供给各市、县及学校，让大家对数据进行分析比较，以指导教学。有的认为，高考数据应保密，不应对下提供，以减轻学校压力，防止层层加压,导致发生意外事故。后来,福建省教育厅非常慎重处理此事,采取"有度反馈"的办法,让各市只知道本市情况。

高中阶段不是义务教育。高中教育是选拔性的教育,如果没有一定的学习竞争与压力,过于强调"减负"、宽松的学习环境,将不利于学生基础学力的提升。近来看到一篇关于日本高考改革的文章。文中提及,日本文部科学大臣林芳正在说日本"大学入学考试制度"改革时,反省日本教育工作:"由于日本中小学过去为了实施所谓的'轻松教育',过度排斥学习的竞争和压力,刻意营造过分宽松的学习环境,因而导致日本学生基础学力不断下滑。"从日本反观福建省、福州市的教育,是否在"减轻学生学业负担"方面,应该对义务教育阶段与高中教育阶段有所区分、做不同的掌握呢?

福建省的高考,从全国卷到省卷,又从省卷回到全国卷,已经成为一段历史。2018年,福建省教育厅对福建省高考综合改革作出总体部署:自2021年起,福建高考科目为"3+3",即语文、数学、外语三门学科必考,3门等级性考试科由学生从思想政治、历史、地理、物理、化学、生物中自选三门高中学业水平等级性考试科目。今后,福建将减少录取批次,适时合并本一与本二批次,探索适合福建省实际,具有福建特色的投档录取模式。祝愿福建省能够通过高考综合改革,以及在全国高考坐标体系评价中得出的分析与思考,更加科学、有效地指导高中教学,推动基础教育课程改革的深入扎实开展,重振福建基础教育雄风。

中考:在"两难"中慎重考量

如果说,高考是对整个基础教育阶段教育质量的大检查、大反馈的话,那么,中考无疑是对整个义务教育阶段教育质量的大盘点、大评价了。由于中考不可以复读应考,对许多人来说,中考甚至能决定其一生的道路。

中考是建立在义务教育基础之上的、兼具水平性与选拔性的考试。以往的中考，更多侧重于选拔性考试。中考以考促学的巨大功能，极大地促进了初中学生的学习积极性，对提高初中学生文化水平和国民素质、保证初中的教育质量、为高中选拔合适的学生、促进社会公平、维护教育与社会秩序发挥了重要作用。

福州市自1998年实行初招改革，取消小学毕业生统一考试，所有小学毕业生均"免试、对口、相对就近"进入初中学校。因此，福州市自2001年开始，中考成为义务教育阶段学生的第一次水平性与选拔性的考试。

在2017年福建省实行中考改革之前，中考中招工作均由各设区市自行命题、自行组织。

在中考中招中，如何既体现学生入学机会公平，又体现中考的选拔性功能？这是中考中招的"两难"选择。

21世纪之初，福州市的中考中招工作，围绕着公平与选拔，进行了一系列改革。

其一，原始分与等级制的改革。出于推进实施素质教育，减轻中小学生过重的课业负担的考虑，2004年8月，福建省教育厅召开中考改革会议，要求中考采取考分与等级相结合的方式，即语文、数学、英语三个学科的考试成绩按原始分，其他各学科成绩折算成A、B、C、D四个等级。从以中考考分录取考生的习惯做法，转到采取考分与等级制相结合的新规上来，对教育部门来说，无疑是一大挑战。从某种意义上来说，中考中招工作对于地方教育行政部门的责任，甚至更大于高考的责任——因为在组织高考中，地方教育行政部门只负责组织好考场考试，高考之前的试卷命题、高考之后的评卷和高招录取都是省级以上的责任；而中考中招从命题到考试组织管理，再到招生录取，全部由地方教育行政部门负责。中考中招改革，存在很大社会风险，稍有不慎，将影响社会安定稳定。为了积极稳妥做好中考中招改革，福州市教育局中教处组织有关专家到福建省外学习取经，并在听取基层学校、家长等方方面面意见的基础上，制定了福州市中考中招改革方案。这个方案经福州市教育局局长办公会议反复研究后，上报福州市人民政府审批，最后于2005年施行。2005年，福州市中考科目共9门，语文、数学、英语3个学科原始分为450分，政治、历史、地理、物理、化学、生物6个学科为等级制，等级分为A、B、C、D四档，中招录取采取原始分＋等级制相结合的方法进行。当年，报考一级达标校，既要达到原始分录取线，又要求其他学科达到A等级以上。2006年后，对报考一级达标校的，其他学科放宽至B等级以上。2006年，还提出了"浮动桥"与"固定桥"的概念。"固定桥"为普高最低录取控制线，当时一般控制为原始分270分；"固定桥"之下分数的考生，不招收进入普高。"浮动桥"，即按当年普高招生数切出最低录取分数线。如果当年按普高招生数切出的最低录取分数线高于"固定桥"分数线，则按"浮动桥"分数招收普高学生；如果低于"固定桥"的分数线，则按"固定桥"控制分招生录取。"浮动桥"与"固定桥"的概念，确保了普高招生的质量，也为职业高中留足了发展空间。

中招实行原始分＋等级制相结合的方式，减轻了学生学习负担，也克服了以往唯分数论，有的学生以一两分之差而被挡在优质校大门之外的弊端。但是，中考中招实行等级制后，也出现了新问题：功利现象导致有的教师与学生对等级学科的教与学都有所放松，影响了学生宽基础、厚知识；在后来一段时间里，发现有的初中毕业生升入高中后，物理、化学、生物等学科知识不牢固等问题。2018年，福建省中考由省里统一命题，用一把尺子检测各学校、各学科教育教学质量。福州市改为采取原始分计算办法，中考总分为650分，只有地理、生物两科继续采用等级制。从 2020 年开始，地理、生物也按照分数值计入投档总分，满分各 10 分，同时取消这两个学科等级要求。也就是在 2020 年，福州市中考 10 个学科全部采取原始分投档，这将有效引导学生认真、扎实学好每门课程，避免过早、过度偏科现象。

其二，体育考试项目与成绩的调整。中考体育于 20 世纪 90 年代开始在全国实行，福州市将体育测试成绩列入中考总成绩，那时体育成绩为 30 分。为了拿到体育成绩高分，学校、学生和家长对体育学科都很重视，这在一定程度上促进了学生体育运动。但是，体育考试也出现了一种情况：为了使体育不成为学生中考的拉分项，有的学校在体育考试中，存在给学生打"保底分""人情分"的现象，导致中考的体育成绩没有区分度，体育成绩在学生之间差别不大。后来有一种观点认为，体育成绩是"送分"，列入中考总成绩意义不大。因此，福建省一些设区市开始取消中考体育测试，福州市也于 2003 年不再将体育纳入中考科目。体育成绩不列入中考的弊端是明显的：体育不被重视，出现了有的学校体育课时被挤占的现象。2007 年，中共中央、国务院发布《关于加强青少年体育增强青少年体质的意见》。在贯彻该文件精神，落实学生每天锻炼一小时中，福州市教育局研究认为，不考试，不重视，甚至放任学生体质越来越差，肯定不是正确选择。恢复中考体育考试，可以让学校更重视体育，让家长、社会更加重视学生体质健康，引导教育回归本位。福州市教育局决定，将初中体育成绩列入中考成绩。2008 年，初中升学体育测试项目按福建省规定执行，初中升学体育成绩采取 A、B、C、D 等级制。学生体育成绩良（B 级）以上可进入市区一级达标校、县（市）二级达标校，体育成绩合格（C 级）以上可进入各类普高就读。体育成绩列入中考中招的调整，有效推进了学生体育运动的开展，学生体育锻炼出现了可喜的变化。福州市将体育成绩采取等级制列入中考中招的政策延续了 10 年。为平稳对接福建省省定中考政策，福州市教育局决定从 2018 年开始，对中考中招政策作调整，将体育成绩从等级制改为分数计：2018 年，中考总分为 650 分，体育成绩为 10 分；2019 年，中考总分为 670 分，体育成绩为 30 分；2020 年，中考总分为 700 分，体育成绩为 40 分；2021 年，中考总分为 800 分，体育成绩为 40 分。从中考成绩的变化，可以看出教育部门对体育教育愈加重视，这将在一定程度上引起学校、家庭和社会对儿童青少年体质健康状况的关注、对学校体育的重视，以有效促进学生德智体美劳的全面发展。

其三，优质高中招生指标与比例的调控。21 世纪之初，中考中招政策的一个比较大的改革调整，是优质高中招生指标问题。在当年，高中毛入学率还不高，特别是群众对优质高中教育资源十分渴求的情况下，为鼓励优质高中挖掘办学潜力，扩大高中招生，也为补充高中学校办学经费不足，国家政策允许普通高中在"三限"（限分数、限人数、限收费）的前提下，招收部分择校生（择校生的比例控制在学校招生总额的 30% 以内）。所以，当时中招有统招生与择校生两个部分。2006 年，教育部在成都市召开全国义务教育均衡发展经验交流会。会议提出，为推动义务教育均衡发展，各地要探索将优质高中招生指标划出一定比例，均衡下达到所有初中学校。根据福建省教育厅的部署要求，2007 年 10 月 8 日，福州市教育局局长办公会议专题研究了 2008 年中招工作，决定 2008 年福州市中招采取优质高中划出一定比例，将名额均衡分配到初中校的办法。市区一级达标校划出正常缴费统招生指标（占全部招生指标的 70%）的 40%，均衡分配到市区所有初中学校招收定向生。于是在 2008 年，福州市的中招就有了统招生、定向生和择校生三个档次投档录取。定向生招生按照达标校统招生录取线降低 20 分，从高分到低分进行录取。优质高中招生指标划出一定比例名额下达到初中校的政策实行后，极大地调动了各初中校的办学积极性。一些薄弱初中校，原来学生无缘升入福州第一中学、福州第三中学、福建师范大学附属中学等一级达标校就读，教与学的积极性都受到很大影响，办学陷入恶性循环。实行优质高中切出一定比例指标分配到初中校后，各初中校的教师和学生都增强了信心。后来，根据国家和福建省的有关政策要求，普通高中自2016 年起停止招收择校生，优质高中下达的定向生比例达到招生总额的40%，实际上比原来增加了不少名额。到 2018 年，福州市定向生比例已提高到了 50%。为遏制民办学校通过变相考试选择生源，保护教育生态，促进义务教育均衡发展，福州市从 2018 年开始实行民办校生源摇号录取。根据统计，2018 年有 50% 生源参与摇号，2019 年有 55% 的生源参与摇号，2020 年首次 100% 摇号。福州市教育局还于 2019 年作出决定，从2021 年起，对选择生源的民办初中校，取消定向生指标，将定向生招生名额调向农村初中和无选择生源的城区初中。2020 年 4 月，福建省教育厅印发《关于做好 2020 年普通中小学招生入学工作的通知》，对优质高中招生指标与比例进一步作了明确规定："各地要继续实行优质普通高中按不低于招生总计划的 50% 比例定向分配至各初中学校的做法，定向招生名额向农村初中和无选择生源的城区初中倾斜。""各设区市要制定完善相关政策，确保农村初中和无选择生源的城区初中有一定比例学生录取到优质普通高中，促进义务教育均衡发展和初中教育质量全面提高。"这将有利于遏制"择校热"，保护教育生态，促进义务教育均衡发展。

其四，施行优质高中自主招生政策。21 世纪之初，福州普高最早自主招生的是福州第一中学。2004 年，福州第一中学新校区竣工，将学校从福州中心城区搬迁到地处闽侯县上街镇的福州地区大学新区办学。这对福州第一中学来说，既面临着发展机遇，也面临巨大挑战。能不能继续招到好生源，关系到能不能继续保住福州第一中学品牌的问题，这是"惊险的一跳"。省教育厅对福州第一中学搬迁新校区工作十分重视。为了帮助福州第一中学顺利搬迁新校址，同时也考虑到在校生的安定稳定，决定原有在校生继续在老校区就读至高三毕业，2004 年继续在老校区招收高一新生，同时在新校区提前招收两个班的学生。福建省、福州市教育行政部门研究，赋予福州第一中学提前招收新校区两个班学生的自主招生政策，由学校在中考前自行组织考试，自主招收学生。被福州第一中学自主招生录取的考生，不再参加中考。这样，当年报考福州第一中学的学生，实际上有两次机会：在参加福州第一中学自主招生考试后，如未被录取，仍可参加中考，继续报考福州第一中学，在老校区就读。这在生源竞争激烈的中招大战中，无疑是给福州第一中学"吃小灶"，导致当时各种声音很多。福州市教育局领导班子认为，福州第一中学虽是福建省属高中，但也是福州地区名校，支持办好福州第一中学，就是支持办好自己的学校。支持帮助福州第一中学平稳顺利搬迁新校区，是福州市教育行政部门的分内事。于是，福州市教育局、福州市中招办满腔热情又公开公平地支持福州第一中学进行提前自主招生。当年，福州第一中学新校区和老校区都收到了好生源。后来，福州市教育局对福州第一中学新校区自主招生、面向八县招收部分学生的政策延续了多年，支持帮助福州第一中学跃过了"惊险一跳"，实现平稳顺利搬迁新校区。福州第一中学整体搬迁至新校区后，办学条件大大改善，学校形象更好，招收到更多的好生源，学校品牌越来越亮。随着普通高中课程改革的深入实施，福州市对福州第一中学、福建师范大学附属中学、福州高级中学、福州第四中学鸿志班实行自主招生政策，面向八县（市）招收各一个班的学生。2008 年，对 4 所自主招生的学校，取消本校自行命题、自行招生为列入中考作为中招提前录取批。从 2013 年起，福州市对市区"老八所"一级达标校实行自主招生政策，即在中考中招前，由各学校自主招收一个班的学生。2018 年，福建省教育厅印发《福建省高中阶段学校考试招生制度改革实施意见》，提出"普通高中自主招生，必须全面使用学生综合素质评价结果"，福州市优质高中自主招生工作更加规范。

2019 年，福州市共有 9 所普高实行自主招生。当年自主招生工作采取由各相关学校公布自主招生方案，符合条件的各初中校均有推荐资格和推荐名额，考生根据各招收学校的条件要求，选择以学校推荐、个人自荐、校长实名推荐等形式进行网上报名。被推荐学生不仅要符合 9 所学校自主招生方案的要求，还要符合初中综合素质评价等级为良以上，地理、生物会考成绩 C 以上，体育投档分 18 分以上，中考成绩在普高最低投档控制线之上等要求。考生均参加全省统一中考，之后再参加学校测试。被普高自主招生录取的考生，不再填报中考志愿，不再参加全市统一投档。2019 年，福州市 9 所普高自主招生共招收 592 人。

其五，加分政策的调整。中招加分，其初衷是起一种激励导向作用。21 世纪之初，中招录取加分项目比较多，有对体育、艺术、科技创新等特长生的加分，有对奥赛获奖者的加分，有对评先评优的加分。后来，各有关职能部门为了推动工作，也要求在中招中予以加分。比如，为推进计划生育工作，职能部门要求对农村两女结扎户加分；为加强民族工作，职能部门要求对少数民族学生加分；为鼓励见义勇为，职能部门要求对见义勇为人员子女进行加分等等。由于加分项目越来越多，群众对中考加分项目过多、过滥反映强烈。2006 年、2007 年，福州市在中招改革中，曾对过多的加分项目进行了清理，以维护公平公正、维护广大考生的利益。2018 年，《福建省高中阶段学校考试招生制度改革实施意见》要求，从 2020 年起，中招录取全面取消体育、艺术、科技创新等特长生加分项目，目前已取消的不得恢复，相关特长和表现等计入学生综合素质评价档案。福建省教育厅将统一清理规范加分项目、分值，取消不合理加分。这就意味着，2020 年后的中招录取中，学生综合素质评价将取代加分项目，中招录取加分项目将得到严格控制和规范。此举有助于招生制度回归清明，有助于让特长教育回归理性，有助于让义务教育招生更加公平公正。从福州市中招办发布的 2020 年中招加分照顾规定可以看出，福建省教育厅的要求已经得到了贯彻落实。2020年，福州市中招加分照顾分为三档：第一档享受同等条件下优先录取照顾，包括港、澳、台同胞；市级以上劳模、道德模范及"身边好人"的子女；见义勇为者本人或子女和具备独立生活与学习能力的残疾考生；当地驻军子女；在职消防救援人员的子女、从国家综合性消防救援队伍退出（不含辞职、退职）的消防员。第二档享受2分照顾，包括初中三年学习和学籍均在农村初中的"农村独生子女和两女绝育家庭女儿"。第三档享受3分照顾，包括户口在本市的归侨考生、华侨（归侨）子女和户口在本市的台湾籍考生。在2020年福州市中考总分为700分的情况下，这些加分的分值比例可以说是微乎其微的。

中考中招与高考高招一样，涉及千家万户，只不过中考中招是由地区组织出卷，又是在本地区范围内招生，所以它的关注级别不像高考高招那么高。但是，作为地区教育行政部门，组织中考中招的工作量，要比组织高考大很多。

每年中考前一个月，福州市教育局中教处就忙开了。中教处从命题专家库中随机抽取了各学科一批老师，这些老师的职称为中学一级以上，并经过省级命题培训、有初中任教经验。抽调担任命题工作的老师，是经过严格、认真把关筛选的。比如，对亲属中当年有中考考生、当年担负初三年段教学的、在历年命题中曾出现泄密等问题的、教研员中以专家名义担任过社会举办的中考辅导班老师的，均不予入选。抽调担任命题的老师，适当考虑在各县（市、区）市直学校的分布比例。命题老师集中在一个地方实行全封闭管理，静心、精心开展命题、审题工作，一直到中考结束后，他们才能"解放"回家。

命题对中考成败关系很大。试题太易或太难，直接影响学生学习程度的区分与选拔。试题出得好不好，还关系到评卷的科学与公平。中考还是初中教学的风向标与指挥棒。每年中考，教育行政部门管理者都如坐针毡。这种不安，要一直到招生录取完毕，心上的石头才会落地。

中考考试过程，考场组织稍有不慎，就会引发群体性事件。记得2006年中考，闽侯县城关一所中学因考场启用监控设备，引发家长不理解与不满，认为这样做影响孩子考试情绪。中午，数十个情绪激动的家长围在学校门口，要求立即停止使用监控设备。我和福州市教育局副局长郑勇等同志立即赶到闽侯县这所学校，与家长进行对话沟通。考虑到当年全市中考考场并未统一启用监控设备，为维护安定稳定，确保下午中考平稳进行，当天闽侯县这所学校先暂停使用监控设备，而后事态才予以平息。考场的听力设备也备受关注。有一年中考，英语学科考完，仓山区一所学校反映，他们的学生在某考点考试英语听力模糊，将会影响学生考试成绩。学生家长聚集一起，情绪激动。为了确保考试公平公正，福州市中招办组织有关专家到几个考点实地考察，确认非考场机器因素，也非考点人员操作不当，属于同等正常状态；而后耐心与有关学校领导沟通，共同做好向家长的宣传解释工作，使事态得到平息。

考试结束后，试题成为社会议论的焦点。2005年7月1日至3日，福州市中考平稳进行。但从7月4日开始，发生了炒作数学考卷"泄密"事件。这一年，数学考卷最后两道题很难。7月4日开始，有的群众反映，某所中学考前模拟试卷题与中考最后一道题一样。而后，网站上出现网民有关中考试题泄密话题的交流帖子，更有人从中煽动告到教育部门、告到新闻媒体。当年是中招改革的第一年，初中升学按语文、数学、英语三科原始分计算，竞争更加激烈。如果没能在中考分数出来之前就把事情查清楚并做好宣传解释工作，到中考分数出来后，就有可能出现有的人利用考试成绩不理想的学生家长的不满情绪，借机发泄，上访甚至闹事，引发社会不安定。福州市教育局迅速组织调查组，对某中学的数学模拟试卷与中考试题进行鉴定，对命题、审题人员以及命题点的保密工作等进行全面核查，并将核查情况在相关网站上进行宣传解释，以消除群众误解。同时，约谈部分家长，与家长进行耐心沟通解释，并积极与市直有关部门联系，协助配合做好安定稳定工作。经过迅速及时做好相关工作，很快平息了事态。7月16日，中考成绩向社会公布，社会安定稳定。

在中招录取过程中，也要面对种种状况，比如同分录取问题、退档问题等等，处理稍有不慎，都会引发社会不安定事件。2004年，福州第一中学新校区竣工，福州市中招办同意福州第一中学当年在新校区提前自主招生两个班高一学生，并向社会公布了招生名额、招生考试办法等。自主招生整个过程公开透明，接受社会监督。由于第一次组织自主招生考试，有些情况难免考虑不细，对同分如何录取没有制定详细规则，结果切到某个分数，还差1个名额未能招满。空余名额不招满，肯定引起群众不满；于是再切低半分，却出现6个同分考生。当年报考福州第一中学新校区自主招生的学生都很优秀，福州第一中学拟采取同分全部录取办法。这对同分考生来说皆大欢喜，但社会群众将会对没严格按招生名额而多招收了学生存在很大质疑。于是，福州第一中学将同分录取的方案上报福州市教育局、市中招办。福州市中招办研究认为，同分全部录取，超过了向社会公布的招生名额，不严肃、不公正，容易引发社会群众猜疑，影响社会安定稳定；要求福州第一中学对同分考生进一步考察学科成绩及综合表现，按原定招生名额录取。这样，在6名同分考生中只能录取1名。由于开始并没有制定同分录取规则并向社会公布，引起同分落选考生及家长的强烈不满，一时成了社会议论热点，也牵扯了上级领导精力。在招生名额已向社会公开的情况下，多招人、少招人都会引发社会对招生不公平、不公正的质疑，福州市中招办坚持原则，做了大量细致的沟通解释工作，得到了同分考生及家长的理解。最后，福州第一中学既没少收也没多收，而是按既定名额录取考生。

2002年，平潭县部分考生出现"双学籍"问题，成为当年一个热点事件。那一年，平潭县部分往届生以应届生资格参加中考，有的学校让往届生顶替流生参加中考，引发群众上访事件。福州市教育局十分重视。7月30日，中共福州市委教育工委、福州市教育局局长联席会议对这一事件作了研究，认为这是一起严重违纪行为，是教育腐败的一个新的表现；这一问题若不严肃查处，将会影响福州考生的声誉与形象，影响社会安定稳定。会议决定，由福州市教育局监察室、督导室、中教处各抽调干部组成调查组，赴平潭县开展调查。调查组到平潭后，对群众反映的部分考生"双学籍"问题逐一进行调查核实。经查，2002年平潭县中考共有68名考生有"双学籍"问题。中共福州市委教育工委、福州市教育局局长联席会议听取调查组调查情况汇报后，作出四项决定：一是必须严格执行中招纪律，对违纪人员予以严肃处理。但同时考虑到违纪考生人数较多，从维护社会安定稳定、让这些考生有书读出发，同意平潭县教育局的处理意见——"双学籍"的68位考生中，若第一志愿被平潭第一中学录取的，全部降为平潭城关中学录取；若第一志愿被平潭城关中学录取的，全部降为平潭县一般中学录取。二是继续查明情况，严肃追究学校领导、教务处负责人及平潭县教育局有关负责人的责任。三是将处理结果通报各县（市、区）教育局、市属各学校，要求从平潭县这一事件中举一反三，加强学校学籍管理，杜绝类似事件的发生。四是今后各级各类考试，对考生资格审查要克服麻痹思想，严格把关。通过严肃又稳妥的处理，既使违纪人员及社会群众受到深刻的教育，又维护了社会安定稳定。

中考中招的这些事，已成为过往的历史。从总体上来说，以往的中考更多侧重于选拔性考试，中考中招制度存在一些突出问题，主要表现在：招生录取唯分数论，影响学生全面发展；考试内容偏重机械记忆、重复训练，加重了学生负担；招生违规现象时有发生，一些加分项目不够合理，影响教育公平；区域、城乡入学机会存在差距，中小学择校现象也较为突出等等。针对中考中招存在的弊端，2016 年 9 月，教育部印发《关于进一步推进高中阶段学校考试招生制度改革的指导意见》，提出中考改革的目标是：逐步建立一个"初中学业水平考试成绩 + 综合素质评价"的高中阶段学校考试招生录取模式；将初中毕业考试和高中招生考试合二为一，实现一考多用；给予有条件的高中阶段学校一定数量的自主招生名额。该文件对高中招生制度提出了比较全面、细致的方略，进一步推进了从应试教育转向素质教育。

2016 年 10 月，福建省教育厅发布全省统一中考方案，决定自 2017 年起，福建省实行全省统一中考命题，不再由各地市自行命题。2017 年至 2019 年三年为全省统一命题，各地市自行确定各科考试成绩使用及具体折算方式。2020 年，实行全省统一招生模式。2018 年，福建省教育厅出台《福建省高中阶段学校考试招生制度改革实施意见》，对 2018 年秋季入学的新生实行学业水平考试和学生综合素质评价制度。其中，语文、数学、英语等 9 门初中学业水平考试科目实行省统考；初中毕业考试和高中招生考试实行"两考合一"，中招录取总分增加至 800 分，一共考 13 门科目。2021 年，全省初中毕业生全面实施新的高中阶段学校考试招生方案，形成基于初中学业水平考试成绩、结合综合素质评价的高中阶段学校考试招生录取模式。衷心希望经过中考改革，能进一步促进学生全面发展、健康成长，提高基础教育育人水平。

德育：在典型引路中全面推进

德育，是素质教育的核心问题。

21 世纪之初，福州市一所中学因德育工作富有特色，被中宣部作为公民道德建设的宣传典型在中央媒体上推出，时任国务院总理温家宝对这所学校作出批示，时任中共中央政治局委员、中宣部部长刘云山来

◆ 2003 年 8 月 30 日，《人民日报》报道——《福州延安中学以德治校育人才》

福建期间专门到这所学校视察。这所学校，就是以延安命名的、具有 80 多年办学历史的福州延安中学。

1999 年，《中共中央、国务院关于深化教育改革，全面推进素质教育的决定》颁发，提出"实施素质教育，必须把德育、智育、体育、美育等有机地统一在教育活动的各个环节中"，"各级各类学校必须更加重视德育工作"。为贯彻落实该文件精神，福州市各级各类学校把加强德育工作放在全面推进素质教育的首位，进行了积极有益的探索，创造了很多宝贵经验，福州延安中学就是福州教育系统德育百花园中绚丽的花朵。

福州延安中学是一所以初中为主体、拥有 2700 多名学生的普通完中。学校在开展学生思想品德教育中，提出了"走进延安门，就是延安人"的口号，注重把弘扬延安精神作为学校思想品德教育的切入点和结合点，并以此为基础，开展以爱国主义为核心的革命传统教育、以吃苦耐劳为重点的艰苦奋斗教育、以勤奋进取为目标的理想教育、以中华优秀传统美德为内容的诚信教育、以关爱他人为载体的爱心教育、以知法守法为

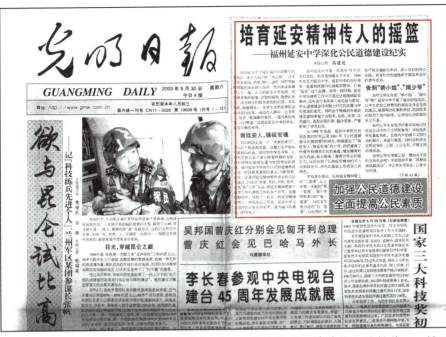

◆ 2003 年 8 月 30 日，《光明日报》报道——《培育延安精神传人的摇篮——福州延安中学深化公民道德建设纪实》

◆ 2003 年 8 月 30 日，《中国教育报》报道福州延安中学德育工作经验

基础的法制教育等"六个教育"，形成了自己的特色，把学延安精神、做延安人的要求贯穿到思想品德教育的各项工作和各项活动中去。2003年8月5日，中央人民广播电台《内参》第133期刊登了《福州延安中学德育工作经验值得推广》的报道，报送党中央、国务院、全国人大常委会领导及有关部门，李长春、刘云山同志作了批示。当年，全国正在贯彻落实《公民道德建设实施纲要》，中宣部新闻局将福州延安中学作为公民道德建设的六个先进典型之一，安排新华社、《人民日报》、《光明日报》、中央人民广播电台、中央电视台等五大媒体，对福州延安中学经验进行深入采访。2003年8月29日、30日，五大媒体和《中国教育报》等先后刊播福州延安中学德育工作经验，在全国影响很大。

2004年5月，时任中共福建省委常委、中共福州市委书记何立峰专门到福州延安中学等学校调研总结中小学德育工作。2004年5月20日上午，时任中共中央政治局委员、书记处书记、中宣部部长刘云山来福州期间，视察了福州延安中学，对延安中学德育工作经验给予高度评价，并希望福州市与时俱进、不断创新，多总结经验，多抓几个典型，多出几个像延安中学这样的好学校。

福州典型走向了全国。墙内的花不能只在墙外香。2004年5月，福州市教育局分管德育工作副局长许荔萌、德育处处长吴强等蹲点延安中学，帮助延安中学进一步提炼升华典型经验。5月下旬，中共福州市委办公厅、福州市人民政府办公厅转发了中共福州市委宣传部、福州市教育局《关于学习推广延安中学经验，扎实推进我市中小学思想道德教育工作的意见》。2004年6月16日，福州市委、市政府召开推广延安中学经验，加强中小学德育工作会议。时任中共福州市委书记何立峰在会上作了讲话，市委副书记雷春美作了具体部署。会后，全市学校形成了学习延安中学经验，加强和改进德育工作的热潮，推动了德育为先、育人为本工作的进一步落实。

全市学校学习延安中学，也推动了延安中学在德育工作上的进一步创新与发展。2006 年，福州延安中学德育论文《贵在坚持，重在创新》获得第五届全国中小学思想道德建设优秀成果特等奖第一名。2007 年 9 月 25 日，时任福州延安中学校长王金石、书记林流明及 57 名学生代表联名致信时任国务院总理温家宝，汇报学习温家宝总理在北京市第四中学慰问老师、看望学生时的重要讲话情况和福州延安中学用延安精神教育青少年学生并取得丰硕成果的情况。2007 年 9 月 30 日，温家宝总理在国家信访局《来信摘要》第 461 期上作了重要批示："希望学校发扬光荣传统，取得更大进步。"时任中共福建省委书记卢展工，福建省人民政府省长黄小晶，中共福建省委常委、福建省人民政府副省长、省委教育工委书记陈桦，中共福建省委常委、中共福州市委书记袁荣祥等领导就贯彻落实温家宝总理批示，学习宣传福州延安中学经验分别作了批示。2007 年 10 月 17 日，福州市委、市政府在福州延安中学召开调研座谈会，时任中共福州市委副书记、福州市人民政府市长郑松岩，福州市人民政府副市长朱华都作了讲话。10 月 25 日，中共福州市委教育工委、福州市教育局印发《关于深入学习宣传十七大精神，贯彻落实温家宝总理重要批示，加强和改进中小学德育工作的意见》，对深入学习推广福州延安中学经验，加强和改进中小学德育工作作了部署，推动了中小学德育工作的扎实、深入、有效开展。

21 世纪之初，福州延安中学德育工作开出的花朵，是福州市中小学德育工作百花园中绚丽的一朵。那一时期，为学习贯彻《中共中央、国务院关于深化教育改革，全面推进素质教育的决定》《中共中央、国务院关于进一步加强和改进未成年人思想道德建设的若干意见》，福州市把加强和改进未成年人思想道德建设摆在突出的位置，进行了有益的探索。在加强中小学德育工作上，福州市大力推广福州延安中学经验，各级各类学校德育工作生动活泼、丰富多彩。概括起来主要是"五个意识""六个教育""四大作用""六大基地"，将中小学德育工作落深、落细、落实。

"五个意识"：引导广大教职工以对国家前途命运高度负责的态度，牢固树立育人为本的意识，全面推进素质教育，把广大青少年学生培养成为德智体美全面发展的社会主义建设者和接班人；牢固树立德育为先的意识，切实把德育工作放在素质教育的重要位置，以加强理想信念为核心，以树立正确的世界观、人生观、价值观为重点，以培养高尚的思想品质和良好的道德情操为基础，努力造就有理想、有道德、有文化、有纪律的一代新人；牢固树立注重实效意识，采取切实有效措施，讲究方法方式，努力开拓创新，增强德育工作的实效性；牢固树立主阵地、主渠道、主课堂意识，积极主动贯彻落实党的教育方针，自觉担负起对未成年人思想道德建设的重要责任；牢固树立全员育人、全时空育人意识，让每一位教育工作者明确自己在教书育人中的重任，以强烈的责任心和爱心投入到教书育人的工作中去，为人师表、言传身教，努力做到人人抓德育、个个有责任，在教育、管理等各项工作中充分体现教书育人、管理育人、服务育人、环境育人的特点，为培养德智体美全面发展的社会主义建设者和接班人做出积极的贡献。

"六个教育"：一是加强理想信念教育，引导学生树立远大志向。突出社会主义核心价值体系，深入开展"爱祖国、爱福建、爱福州"主题活动，引导学生树立正确的理想信念和远大的抱负，把个人的成长进步同祖国的繁荣富强紧密联系在一起，树立建设祖国、奉献社会、振兴中华的远大志向。二是加强爱国主义教育，培育学生民族精神。牢牢把握爱国主义教育这个核心，突出中华传统美德和革命传统教育这两个重点，弘扬中华民族自强不息、艰苦奋斗精神，激发学生建设祖国、献身祖国的爱国热情。三是加强传统文化教育，提高学生道德修养。突出加强礼仪教育、感恩教育，引导学生继承和发扬尊老爱幼、帮扶弱者，孝

◆ 2005 年，福州外国语学校在开展"六个教育"中举行陈景润校友雕像揭幕仪式。陈景润夫人由昆（左三）参加了活动

敬父母、尊重他人，勤俭节约、艰苦朴素，学会自理、自律、自强等中华民族传统美德，夯实构建社会主义和谐社会的青少年思想道德基础。2007 年，福州市教育局还组织开展了中学生礼仪风采大赛，旨在通过大赛，提升学生礼仪素养。四是加强社会主义荣辱观教育，引导学生树立正确的社会主义价值观。明确应当坚持什么、反对什么、提倡什么、抵制什么，知荣明耻，弃恶扬善。五是加强行为规范教育，培养学生良好行为规范。六是加强遵纪守法教育，提高学生知法守法水平。

"四大作用"：充分发挥课堂教学的主渠道作用，网络教育的信息化作用，德育基地的实践性作用，共青团、少先队、关工委等群众性组织的综合力作用。

"六大基地"：充分发挥 21 个德育基地、26 个爱国主义教育基地、

6个学生社会实践基地、19个科普教育基地、15个国防教育基地和法制教育基地的教化作用。

正因为福州市中小学德育园地有了这样一片沃土，福州市中小学德育工作百花园中才会鲜花盛开。那一时期，福州市中小学德育工作各具特色。

福州教育学院附属第一小学以"五小行动"（在家做孝敬父母、关爱亲人、勤俭节约、热爱劳动的"小帮手"，在社会做热爱祖国、文明礼貌、诚实守信、遵纪守法的"小标兵"，在学校做团结友爱、互相帮助、尊重他人、善于合作的"小伙伴"，在社区和公共场所做爱护公物、讲究卫生、保护环境、遵守秩序的"小卫士"，在独处时做胸怀宽广、心理健康、勤奋自力、勇于创新的"小主人"）为载体，从小学生特点出发，开展贴近学生、贴近生活的小公民道德建设活动，被确定为福建省道德教育示范点、全国小学德育工作实验校。

福州教育学院附属第二小学以培养健康心理品质为课题，开展小学生心理健康教育实验工作，形成小学生心理健康教育特色。

福州市鼓楼第一中心小学以环保教育为主题，开展小学生环境教育系列活动，形成生动活泼的环境教育校园文化。

福州第二中学以规范管理为重点，构建系统的德育工作管理体系，追求德育工作高成效，被命名为全国德育工作先进单位。

福州第三中学以分层次实施为课题，探索高中不同年级德育内容和途径，建立重点高中德育工作分层次实施体系。

福州屏东中学以行为规范教育为重点，严格管理，强化训练，培养学生良好的行为规范，建设优良校风。

福州则徐中学以禁毒先驱为榜样，开展青少年毒品预防系列教育活动，被确定为全国百个"中学生毒品教育活动示范学校"。

福州华伦中学针对私立学校办学特点，开展丰富多彩的校园文化活动，营造健康向上的校园文化氛围。

......

在 21 世纪的第二个十年，福州市坚持以习近平新时代中国特色社会主义思想和党的十九大、全国教育大会精神为引领，创新推进素质教育，把立德树人的着力点放在"扣扣子"上。2018 年，颁发施行《福州市中小学生行为习惯养成教育实施纲要（2018—2020 年）》，从"为谁培养人、培养什么人、怎样培养人"的高度出发，通过实施思政思品课、主题班会、国旗下讲话、道德讲堂、家校共育等"五项德育基础工程"，着力培养学生好学上进、文明有礼、健康生活、诚实守信、遵纪守法等"五大好习惯"。在推行青少年习惯养成教育中，全市中小学建立起较为完善的行为习惯养成教育行动宣传教育、激励评价、评估督导、经费保障等长效工作机制，以养成教育为驱动，推动中小学德育整体提升。2018 年 12 月 24 日，《中国教育报》大篇幅报道了《为学生上好第一课，扣好人生第一粒扣子——福建省福州市中小学生养成教育的创新经验纪实》。

回望 21 世纪之初福州市中小学德育工作，有以下几个感悟：

第一，基础教育是立德树人的事业，德育是"五育"之首，德育的核心是引导学生树立正确的世界观、人生观、价值观，着力培养担当民族复兴大任的时代新人。教育行政管理部门要把准区域内中小学校的育人方向，坚持德育为先、育人为本，不能犹豫，不能松劲，更不能出现任何偏差。

第二，德育工作要聚合系统力量进行"系统育人"。在开展德育工作中，要注意克服只有某些特定人员关心参与德育工作，在某一特定学科、特定阶段或时间点对学生进行德育教育，只利用某一特殊载体进行德育教育的弊端，坚持全员育人、全过程育人、全方位育人，深化课程育人、文化育人、活动育人、实践育人、管理育人、协同育人，这样才能把实施素质教育的任务更好地落到实处。

第三，要积极探索区域内学校践行立德树人的具体教育内容。福州市在 21 世纪之初，把中小学德育工作化为区域内教职员工能感受、能理解、能行动的"五个意识""六个教育""四大作用""六个基地"，以及"五项德育基础工程"，这有利于区域内中小学校从校情出发，具体设计、开展各具特色的德育工作，促进学生德智体美劳全面发展。

减负：在错综复杂中综合施策

推进素质教育，最终要落在学生的健康成长上。由于社会复杂因素，造成学生课业负担过重问题，一直是推进素质教育的一大障碍。

学生减负问题由来已久。早在 1955 年，教育部就发出了新中国第一个"减负令"——《关于减轻中小学生过重负担的指示》。之后的 60 多年里，国家层面以文件方式发布的"减负令"就有 10 道；若将附带在其他工作中的文件计算在内，出台的"减负令"多达 50 多道。减负就像一个顽疾，抓一下好一阵，过一段又"回潮"。

20 世纪 90 年代末，减负又成了社会议论热点。为了切实减轻义务教育阶段学生过重的学习负担，世纪之交，全国不少城市推行初招改革，从改革考试招生制度入手，推进减负落实。福州市于 1998 年实行"免试、对口、相对就近"的初招政策，小学毕业生免除统一考试，对口升入初中学校。此举使得学校组织的考试少了，考试排名取消了，老师布置的作业少了，素质教育得以深入实施，校园里的欢声笑语多了。

在推进减负、实施素质教育中，福建省教育厅采取了一系列措施，诸如要求在已经普及九年义务教育地区坚决落实小学免试升初中的规定、规范学校办学行为、推进考试评价制度改革、严禁考试排名、不再向设区市提供高考结果数据等等。减负的一项项举措，有力遏制了中小学生过重的学习负担。在 21 世纪之初的一段时间里，减负不再是社会议论的热点。

减负再次成为社会议论的热点，是在 2008 年前后。2008 年年底，中共福建省委教育工委、福建省教育厅召开教育界纪念改革开放 30 周年座谈会。参会代表反映，目前中小学生学习负担过重，这引起了福建省委、省政府领导的重视。时任中共福建省委常委、省人民政府副省长、省委教育工委书记陈桦指示福建教育学院开展专项调查。福建教育学院迅速行动，采取问卷调查、个别访谈、座谈等形式，开展福建省中小学生课业负担情况专题调研，并于 2009 年年初，向中共福建省委教育工委、福建省教育厅提交《福建省中小学生课业负担情况的调查报告》。

判断学生学习负担过重，有四个标准：一是价值判断，即课业负担本身是不是危害中小学生的身心健康；二是科学判断，即课业负担是否违背教育规律和教育科学；三是制度判断，即学校是否超出了国家课程标准、课程规定；四是法律判断，即国家对中小学生的作业、休息时间有法律规定，学校教学是否超出了国家的法律规定。根据这四个判断标准，福建教育学院专项调研小组从中小学生作息情况、作业量及考试情况、参加课外兴趣小组及补习情况、课余活动情况等方面，进行具体调查，并让数据来说话。

首先是福建省中小学生作息情况，从中小学生睡眠时间、在校时间、学校课程表执行情况进行考察。在中小学生睡眠时间方面，教育部 2008 年修订的《中小学生近视眼防控方案》，强调保证小学生每天睡眠 10 小时、初中生 9 小时、高中生 8 小时。在调查中发现，福建省超过一半的小学生早上 6:30 之后起床，88.4% 的小学生晚上 22:00 之前睡觉；中学生相对起得早、睡得晚，只有 25.1% 的中学生早上 6:30 之后起床，53.7% 的中学生晚上 22:00 之前睡觉。在中小学生在校时间方面，福建省教育厅《关于规范中小学校历和作息时间安排有关事项的通知》规定，学生早上到校时间，小学生一般不早于 7:50，中学生不早于 7:30，冬、春季还应当推迟学生早上到校时间。学校要严控学生在校活动量，小学每天不超过 6 小时，中学每天不超过 7 小时。调查数据，福建省中小学生上午正常时间上学、放学的分别占 80.5%、99.2%，中学生上午正常时间上学、放学的分别占 58.6%、96.9%；下午正常上学、放学的，小学生分别占 94.8%、98.3%，中学生分别占 90.2%、72.3%。在中小学生课程表、作息表、学校课外活动安排表执行方面，95.3% 的小学生、78.1% 的中学生认为在校活动时间与学校课程表、作息表、课外文体活动安排表完全一致或基本一致，有 4.7% 小学生、21.9% 中学生则认为不一致。个别访谈中，一些学生反映，每次临考前，音乐、体育、美术、德育等"副科"会被语文、数学、英语等主科挤占掉。

其次是福建省中小学生作业量及考试情况，从学生每天完成作业所需时间、征订教辅材料情况、中小学生日常考试情况进行考察。在学生作业方面，《国家教育委员会关于全面贯彻教育方针，减轻中小学生过重课业负担的意见》中规定，小学一年级不留书面家庭作业，二、三年级每日课外作业量不超过 30 分钟，四年级不超过 45 分钟，五、六年级不超过 1 小时；初中各年级不超过 1.5 小时（以上均按中等水平学生完成时间计算）。根据调查数据，福建省小学生每天完成作业时间在 1 小时之内的占 68.1%，中学生每天完成作业时间在 1.5 小时之内的仅占 18.8%。在征订教辅材料方面，福建省教育厅《关于加强中小学教辅材料管理工作的通知》规定，选择教辅材料是学生和家长的个人行为，学校可向学生推荐，每学科只能使用一种教辅材料；学校和教师不得指定或强行统一组织学生购买教辅材料。从调查情况看，中小学生认为学校没有强行统一组织征订教辅材料，学生根据需要自行购买教辅材料。其中，小学生购买 1 本的占 45.4%，购买 2 本的占 27.2%，购买 3 本的占 17.8%，购买 4 本的占 3.7%，购买 5 本的占 3.3%，购买 5 本以上的占

2.5%；中学生购买 1 本的占 28.6%，购买 2 本的占 26.4%，购买 3 本的占 17.5%，购买 4 本的占 10.2%，购买 5 本的占 7%，购买 5 本以上的占 10.3%。在中小学生日常考试方面，教育部和福建教育厅要求，严控考试科目与次数，学校教师不得按学生考分高低排列名次、张榜公布。从调查中了解到，中小学生除了半期考、期末考外，还有较多的单元考，以及月考、季考。其中小学有 75.5% 的学生反映有单元考，14.4% 的学生反映有月考，0.6% 的学生反映有季考；中学有 74.7% 的学生反映有单元考，62.2% 学生反映有月考，3.4% 学生反映有季考。小学考试有排名的占 17.7%，中学考试有排名的占 76.2%。82.3% 的小学生和 76.2% 的中学生反映学校不公布成绩排名，但仍有 17.7% 的小学生和 76.2% 的中学生反映学校会公布成绩排名。

再次是福建省中小学生参加课外兴趣小组或补习情况。福建省教育厅规定，中小学校和教师不得占用双休日、节假日、寒暑假及课外休息时间组织学生上课和集体补课。调查中发现，小学生每周参加课外辅导班的比例达 93.9%，其中每周参加 1 个科目的占 71.2%、2 个科目的占 15.1%、3 个科目的占 3.8%、4 个科目的占 2.3%、5 个科目以上的占 1.5%；中学生每周参加课外辅导班的比例达 100%，其中每周参加 1 个科目的占 52.2%、参加 2 个科目的占 21.2%、参加 3 个科目的占 15.9%、参加 4 个科目的占 3.4%、参加 5 个以上科目的占 7.3%。也就是说，在学校减负的同时，家长在给孩子增负，让孩子在课外时间参加各种兴趣小组或补习班，加重了孩子的课业负担。

最后是福建省中小学生综合活动情况。福建省教育厅规定，学校每天要安排一定的体育锻炼和课外活动时间，并按规定确保学生每天锻炼时间不少于 1 小时。从调查中了解到，有 58.9% 的小学生和 27.5% 的中学生每天体育锻炼时间超过 1 小时，有 58.9% 的小学生和 39.5% 的中学生每天除体育锻炼外的玩耍时间超过 1 小时。

这是 2009 年年初福建省中小学生课业负担情况的一次详细调查。从调查分析中看出，中小学生课业负担重，突出表现在课程学习负担重、心理负担重和校外学习负担重三个方面。导致中小学生课业负担重的原因是系统的、复杂的，既有片面的教育政绩观方面的原因，也有教育资源的不均衡性和优质资源的稀缺性、阶层流动的压力、恶性的教育和升学竞争、社会群众的攀比心理以及教育评价制度不够科学等等原因。具体而言，中小学生课业负担，城镇学校重于农村学校，中学重于小学，毕业年级重于其他年级。

针对中小学生课业负担情况，福建教育学院调研课题组向中共福建省委教育工委、福建省教育厅提出以下建议：把减负作为深入实施素质教育的重要环节来抓；依法规范学校办学行为，切实解决违背教育规律的突出问题；加强中小学教师队伍建设，提高教师队伍素质，提升课堂教学质量；家长要密切配合，使学校减负之后校外不再"加负"；教师减负之后，家长不再增负。同时，以全省为单位，加大减负督查力度。

中共福建省委教育工委、福建省教育厅十分重视，将减负作为依法治校、深入实施素质教育的重要工作来抓，深化考试招生制度改革，并加大督查力度，形成了减负的大氛围。

在深入落实减负政策中，新的问题也随之出现，即越来越多的中小学选择缩短学生在校时间，下午放学时间被提到四点钟左右。于是，学生放学后由谁照管、怎么照管的"四点钟"难题随之出现。这一难题催生了大量的校外培训机构，因此，学生课业负担过重问题又重新抬头，并且出现此消彼长的变化——学校课业负担在减少，来自校外辅导机构的课业负担在不断增加，减负的战场从校内转向了校外。中小学生课业负担重的问题，再次成为人民群众议论的热点。在 2013 年的福建省人大、政协会上，代表、委员对规范福建省社会教育培训机构管理的呼声很高。根据群众的呼声和福建省政协委员提案，福建省教育厅委托福建教育学院开展福建省社会教育培训机构管理情况专题调研。调研组在通过开展问卷调查、实地明察暗访、召开有关方面人员座谈会等途径了解情况的基础上，进行综合分析，向福建省政协提交了《关于规范福建省社会教育培训机构管理的调查报告》。

2013 年的调查情况显示，福建省社会教育培训市场需求旺盛，社会教育培训机构发展迅速。全省 9 个设区市随机受访的中小学生，参加 1 个校外培训课程的占 54.41%，参加 2 个校外培训课程的占 25.8%，参加 3 个的占 11.44%，参加 4 个的占 4.76%，参加 5 个的占 1.25%，参加 6 个及以上的占 2.34%。而且越是经济发达的城市，中小学生参加社会教育培训的热度越高；越是教育教学质量高的学校，学生对社会教育培训的需求越强烈。在校学生参加社会教育培训时间段不仅有节假日，还有平时的晚上时间。受调查的中小学生，参加寒暑假、平时晚上、周末、业余及其他时间补课的人数，小学生分别占 28.36%、14.57%、55.55%、7.82%，初中生分别占 34.78%、13.54%、50.46%、10.79%，高中生分别占 32.63%、13.71%、48.41%、15.03%。在校生参加社会教育培训的年龄段，小学人数更多，初中次之。其中，小学阶段参加培训的占 59.27%，初中阶段参加校外培训的占 18.24%，高中阶段参加校外培训的占 5.91%。社会教育培训市场呈多元化发展趋势，培训类型有语言类、文体类、文化补习类、兴趣特长类、考证过级类等等。社会教育培训市场存在多头审批的问题。

在社会需求的拉动下，社会教育培训机构在 21 世纪之初发展迅猛，到 2013 年，福建全省经教育部门、工商部门以及其他部门审批的有 1911 家，没有审批的有 541 家。社会教育培训机构既满足了学生多样化、个性化需求，对提高青少年素质起了积极帮助；但同时，也加重了学生的课业负担，导致出现"学校减负，校外培训机构层层加压"的违背教育规律的现象，干扰了学校的正常教学秩序，为应试教育推波助澜，在一定程度上影响了素质教育的实施。

针对社会教育培训机构管理上存在的突出问题，调研课题组对规范福建省社会教育培训机构管理提出了建议。福建省教育厅、福建省政协十分重视，福建省政协还向福建省人民政府作有关情况通报。在福建省人民政府和各地各级人民政府的重视下，各地积极做好社会教育培训机构的规范管理工作，并探索学校"四点钟"后管理，在减轻学生课业负担、减轻学生家长经济负担方面，迈出了可喜步伐。

2018年，国务院办公厅及教育部等部委一共出台了6份有关减负的"红头文件"。有人称2018年是中国教育史上"最严减负年"。特别是2018年年末，教育部会同国家发展和改革委员会等九部门出台了《中小学生减负措施》（也被称为"减负三十条"），不仅在以往工作的基础上进一步突出了学校减负责任，还首次规定了校外培训机构的减负责任，构建了内外联动、协同推进的立体减负体系，对改变学校动、家庭不动，学校减、课外增的突出问题具有重要意义。2019年，全国教育系统进一步落实2018年出台的6份文件精神，减负工作得到扎实有效推进。

关于减负工作，从教育行政管理的角度来看，有几个问题值得深思：

第一，必须厘清减轻学生课业负担的概念。减负是个敏感的话题。基层教育行政管理者对减负与抓教育教学质量问题往往存在一些误区。一讲减负，对教学工作就不敢抓、不敢管，总怕碰了增加学生负担的"高压线"。实际上，减轻学生的学习负担，其中的"负担"，指的是违背教学规律和学生身心发展规律、超出教学大纲、额外增加的内容；而在正常范围内的，叫做课业、学业。这个概念首先要区分开。所以，在减负的观念和目标上要予以纠偏。减负不是让学生没有学习负担，而是要优化学生的合理负担；减负不是简单减作业、减课时，也不是不提倡勤奋刻苦的学习态度，更不是降低教学质量、片面追求教育资源均衡；减负是要坚决减去那些不顾教育规律和中小学生成长规律的功利化教学行为和违规办学乱象。教育行政管理者必须厘清减负概念，应按照学生全面发展的要求科学减负，有增有减，优化学生课业负担，使学生负担保持在合理、适度的范围之内。

第二，必须正确把握教育内部减负的工作着力点。以往，教育内部减负的主要做法是控制学生在校时间、控制作业量、控制考试难度、控制招生过程中文化课的要求等。这些做法起到了比较明显的作用，但也引发一些相对消极的结果，造成公立校教育教学地位受到质疑，甚至教学质量下降。应该看到，减负不是简单地减作业、减课时，不是否定教师对学生进行辅导帮助，不是否定考试在教学过程中的重要作用，更不能降低教学质量。从教育内部自身来讲，要确保课程负担适度，改进教学方法，通过深化教育教学改革提质增效，精准分析学情，注重差异化教学和个别化指导，进一步提升教学质量；要进一步改革考试评价制度，减去强化应试、机械刷题、超前超标培训等造成不必要、不合理的过重负担；要提高教师队伍素质，只有业务水平高的教师，才能将新的教育教学理念、手段、方法运用到学生身上，学生学习负担才会相对减少。

第三，减负不仅仅是教育问题，也是社会问题。减负问题由来已久，减负原因也很复杂，特别是在减负过程中出现的"校内减负、校外增负""教师减负、家长增负"等问题，更说明减负既是教育问题，也是社会问题。所以，减负仅靠教育部门内部减轻学生课业负担，往往收效甚微。推进减负必须改变错误的教育政绩观和片面的考试评价观，政府和教育行政部门不应片面地以升学率考评学校和教师，更不得给学校下达升学指标。推进减负需要做到校内、校外同步治理，线上、线下同步治理，政府、学校、家庭和社会形成合力。只有政府、市场、家庭、学校、教师承担起各自的责任，全社会提高教育素养，树立正确的人才观、成功观，各方合作、共同努力、内外结合、综合施策，才能真正将学生过重的学业负担减下来。

第四，减负重在坚持以人民为中心，优化教育资源供给。今天我们面对的很多教育难题，都是教育发展不均衡、不充分的问题。我们不能苛责家长望子成龙的心态，而是要坚持以人民为中心的发展理念，承担起政府和教育行政部门应承担的责任，努力满足家长需求，回应百姓关切。要促进教育公平，进一步扩大优质教育资源覆盖面，促进义务教育优质、均衡发展，逐步缩小区域、城乡、校际差距，缓解家长的入学焦虑。同时，还要充分发挥学校教育主渠道作用，健全课后服务政策措施，解决"校内减负、校外增负"的问题。

第五，减负具有复杂性、长期性和艰巨性，必须坚持不懈、久久为功。减负问题是个顽疾，是横亘在学生、家长、学校及整个社会面前的难题。我们必须站在国家和民族的高度，从国家整体利益，从促进每个孩子健康成长和人才培养的高度，从国家公共教育治理的角度来看问题。学生减负是一场持久战，只有坚持不懈、久久为功，减负才能真正奏效。

第三篇章　教师管理的改革与实践

教师是立教之本、兴教之源。教师队伍建设是教育事业发展最重要的基础性工作，也是教育行政管理最重要的工作。

新中国成立以来，党和政府一直高度重视教师队伍建设，始终立足时代发展前沿和国家发展全局，把教师队伍建设作为教育事业发展最重要的基础性工作来做。在教师队伍建设上，根据不同时期教育事业发展情况，推进筑牢基础、开拓进取、提质增效。

在新中国成立之初至 20 世纪 70 年代末，我国教师工作的重点是改造教师队伍，探索师资培养模式，筑牢教师队伍建设的坚实根基。

改革开放初至 21 世纪初，党和国家教师工作的重点是规范教师队伍，开创教师队伍建设全新局面。

进入 21 世纪，提质增效成为教师工作主题。特别是党的十八大以来，党和国家把教师工作提到前所未有的政治高度，把教师队伍建设提至极端重要的战略地位。2012 年，国务院召开了新中国成立以来第一次全国教师工作会议；2018 年，中共中央、国务院《关于全面深化新时代教师队伍建设改革的意见》下发，这是新中国成立以来党中央出台的第一个专门面向教师队伍建设的里程碑式的文件。现在，教师队伍建设的目标、任务与要求越来越明确，教师队伍的政策措施、社会环境也越来越有利。回首 21 世纪之初，在加强教师队伍建设上的探索与实践，虽然在今天看来似乎非常平常，但却凝结了教育管理人探索的勇气与不懈的努力。

师德师风：铸就教师队伍之魂

21世纪之初的教育，似乎是众矢之的。那时，媒体对教育的宣传报道比较偏颇、激烈，诸如"教育是十大暴利行业之一""围剿教育乱收费""人大代表炮轰教育行风"等等，造成教育行业被"围剿""炮轰"。在这样的舆论氛围下，如何管好教育、管好教师队伍，办让人民满意的教育？政府与社会群众在关注，教育界也在自觉、主动并积极地探索着。加强师德师风建设，就是教育界的一个自觉、主动的作为。

师德是"教师铁律"。福州市历任教育行政管理负责人都想方设法加强师德师风养成教育，福州市曾涌现出陈醉珍、任明姑、郑捷等一批全国师德先进人物。但是，由于当时舆论大环境的不利，时不时地炒作一些负面新闻，让教师队伍"脸上蒙灰"。如何抖落脸上的"灰尘"，让福州市教师队伍"容光焕发"，办让人民满意的教育？中共福州市委教育工委、福州市教育局决定，以教师队伍自身的高标准、严要求，让社会了解教育，让媒体关注教师队伍的正面新闻。

21世纪之初，福州市教育系统有一个亮点，就是每年突出一个主题，开展教师师德师风教育。

2003年，福州市教育系统开展"师德建设年"，组织全市各级各类学校教师开展"三进""十查""五评"活动："三进"，是进学生家庭、进学生宿舍、进学校所服务的社区乡村；"十查"，是对照中小学教师职业道德规范要求，开展查理想信念、查依法执教、查爱岗敬业、查热爱学生、查严谨笃学、查团结协作、查尊重家长、查廉洁从教、查为人师表、查服务观念等十个方面的自查自纠；"五评"，是学生评教师、教师评校长、家长评学校、学校评教育行政部门、县（市、区）教育局评市教育局。在开展"师德建设年"活动中，广大教师重拾家访传

福州：师德建设从群众关心的热点入手

□组织"三进" □进行"十查" □开展"五评"

本报讯（付敏 黄宝岗 记者 肖铮）新年伊始，福建省福州市在全市各级各类学校7万多名教师中热火朝天地开展了"师德建设年"活动，下大力气提高教师道德素质，让家长放心，让社会满意。

福州市本次开展的"师德建设年"活动，坚持从群众对师德关心的热点问题入手，组织广大教师开展"三进"活动，即进学生家庭，发动教师到每位学生家里进行一次家访；进学生街（乡村）联系，要求每一所学校主动与所在社区（乡村）联系，听取教师工作和教师工作的意见和建议；市教育局还统一印制了"三进"工作走访和联系卡，把全心全意为人民服务变为全体教师的自觉行动。市教育局同时在各县（区）教育局开设"师德信箱"、"师德监督电话"，聘任"师德监督员"，接受社会、家长、群众监督。

师德师风建设，教师是主体。福州市要认真抓师德师风建设的实际，自觉审视以往的教育思想和工作行为，在10个方面进行自查自纠：一查思想信念是否真诚信仰党的方针；二是否依法执教；三查是否爱岗敬业；四查是否关心爱护学生；五查是否勤奋刻苦钻研业务；六查是否谦逊谨慎、尊重同事；七查是否主动与家长联系；八查是否利用职责之便谋取私利；九查是否模范遵守社会公德；十查是否为学生服务、为家长服务、为人民服务。

为检查"师德建设年"的实际成效，福州市教育局还将在全市学校和教育行政部门中广泛开展学生评教师、教师评校长、社会评学校、学校评教育行政部门、县（区）教育局评学校等"五评活动"。并在政务公开栏、政务公开栏公布、通报"五评"结果，将师德建设情况与教师和学校评优等挂钩，与年度奖励挂钩，与教师职务聘任、晋级晋职挂钩。

◆ 2003年1月30日，《中国教育报》报道福州市开展"师德建设年"活动

统，走进学生家庭，听取意见，宣传教育，增进了社会群众对教育的理解。自查自纠、自评互评增强了教师遵守职业道德的自觉性，增强了学校和教育行政部门为人民服务的宗旨意识，促进了师德师风建设。2003年1月30日，《中国教育报》头版刊登《福州：师德建设从群众关心的热点入手》，报道福州市在师德建设中组织"三进"、进行"十查"、开展"五评"情况。2003年9月10日，《人民日报》刊登了《福州市开展"师德建设年"活动》报道，介绍了福州市采取多种措施加强师德师风建设，树立了良好的师风。

2004年，福州市开展"办人民满意的教育、当人民满意的教师"师德师风主题活动，以巩固"师德建设年"活动成果。福州市教育局要求各级教育行政部门、各级各类学校从构建平安教育、优质教育、温暖教育、阳光教育等四个方面，努力办人民满意的教育。平安教育，就是要保障师生安全，维护校园稳定；优质教育，就是要聚精会神抓课改、齐心协力抓质量，不断提高教育教学质量与水平；温暖教育，就是要满腔热情为学生服务、为社会群众服务，让人民群众感受到教育部门和学校的温暖；阳光教育，就是办事公开、公平、公正。同时，还在教师中倡导爱国敬业、为人师表，严谨笃学、与时俱进，关爱学生、廉洁从教，努力当人民满意的教师。2004年9月29日，《人民日报情况汇编》第1995期刊登了《福州市开展"师德建设年"活动》。时任中共中央政治局常委李长春作了批示，要求教育部"下大力量，抓好师德建设这一重

第三篇章 教师管理的改革与实践

◆ 2004 年 11 月 4 日，《人民日报》报道——《福州："师德建设年"活动扎实有效》

◆ 2004 年 11 月 7 日，《中国教育报》在头版头条刊登《福州师德建设举措实面貌新》报道

要环节"。时任教育部部长周济也作了批示。而后，根据中宣部的要求，新华社、《光明日报》《中国教育报》等新闻媒体记者到福州市，就师德师风建设作了深入采访报道。2004 年 11 月 4 日，《人民日报》刊登了《福州："师德建设年"活动扎实有效》。2004 年 11 月 7 日，《中

国教育报》在头版头条位置刊登了《福州师德建设举措实面貌新》，在全国产生了良好的影响。

2005年，福州市实施"师表工程"，重点抓好五个方面的师德师风教育：一是加强理想信念教育，进一步树立正确的世界观、人生观、价值观；二是加强职业道德教育，自觉遵守教师职业道德规范；三是加强法制教育，增强依法执教的意识；四是加强教师职业技能教育，激励教师岗位成长；五是加强社会公德、家庭美德教育，做社会主义精神文明的传播者和带头人。这一年，福州市教育局还印发了《福州市中小学教师行为规范（试行）》，在福建省率先对中小学教师提出依法执教、爱岗敬业、热爱学生、严谨笃学、团结协作、尊重家长、廉洁从教、为人师表等八个方面的行为规范要求。同时，还印发《福州市中小学教师"五不准"暂行规定（试行）》，对教师划出不准侮辱、歧视、体罚或变相体罚学生，不准采取各种形式胁迫学生进行有偿补课，不准向学生、家长要钱要物、借钱借物，不准乱收费及强行要求学生统一购买教辅材料、书刊或强行统一代办学生保险和其他学习与生活用品，不准参与赌博，不准参加邪教组织等道德底线要求。

2006年，福州市组织开展弘扬"三平"精神、深化"双满意"活动。这个活动的由来是这样的：2006年教师节，福州屏东中学原校长、党支部书记张正坦给时任中共福建省委书记卢展工写信，就学习卢展工在福建省教育工作会议上提出的"三平"精神（即平凡之中的伟大追求、平静之中的满腔热血、平常之中的极强烈的责任感）谈了自己的感悟与体会。卢展工给张正坦写了回信。中共福州市委教育工委、福州市教育局在学习贯彻卢展工回信精神中，要求全市教育系统以"三平"精神为镜子，深入进行师德师风教育，认真进行师德师风对照检查，重点从坚定理想信念、增强工作事业心与责任感、坚持依法执教廉洁从教等三个方面，自觉加强师德师风建设，争当"三平"精神的践行者，坚持以德修身、以德施教、以德育人，加强师德修养，力行师德规范，锤炼高尚品格，养成良好的职业道德，真正做到"学为人师，行为世范"，以高尚情操、丰富学识和人格力量影响学生，努力做先进生产力和先进文化的弘扬者和推动者，做青少年学生健康成长的指导者和引路人，努力成为无愧于党和人民的人类灵魂工程师。

2007 年，福州市开展了以"重温师德规范，当人民满意的教师"为主题的师德师风教育月活动，着重围绕"四个自觉做到"来进行，即引导教师自觉做到敬业爱教、自觉做到廉洁从教、自觉做到文明执教、自觉做到优质施教。

在开展师德师风教育的同时，福州市十分重视教师队伍的正向激励作用。时任福州市教育工会主席马国桢、副主席李君慧，福州市教育局历任组织处处长汪孝敏、吴强、郭榕生，人事处处长陈荣生、肖祥艳，师管处处长傅敏、叶显进，办公室主任左秋江、黄炬辉及何睦童，德育

◆ 2003 年教师节，时任福州市领导与福州市第二届"十佳校长""十佳教师"荣誉获得者合影

处处长陈颖等，更是善于发现并总结教师队伍中的先进典型。21 世纪之初，福州市教育局在教师队伍中树立了各种类型的先进典型。

一是德能双馨的典型。2001 年，中共福州市委、福州市人民政府隆重表彰首届"十佳教师""十佳校长"。此后，福州市每两年开展一次"双十佳"评选表彰；到 2007 年，又增加了"十佳班主任"及百名优秀农村教师的评选表彰。"三个十佳"的评选表彰，在全市教育系统反响很大，形成了学习名师、争当名师，齐心协力"争创省会一流教育"的浓厚氛围。2004 年起，福建省委、省政府每 4 年开展一次"福建省杰出人民教师"评选表彰活动，到 2017 年，共表彰了 5 届 94 位"福建省杰出人民教师"，其中福州市共有 23 名中小学教师入选。组织推荐"福建省杰出人民教师"的过程，也是教育系统推荐典型、宣传典型、学习典型的过程，对广大教师起了正向引导激励作用。

◆ 福州第三中学名师池伯鼎被评为首届"福建省杰出人民教师"

◆ 2002 年，郑捷老师被评为第十五届全国十大杰出中小学中青年教师。图为时任福州市教育局、福州格致中学领导到机场迎接郑捷老师载誉归来

二是爱与责任典型。福州市先后树立了郑捷、吕榕麟等一大批典型。郑捷是福州格致中学教师，患有直肠癌，但她却以惊人的毅力与病魔作斗争，实现了重返三尺讲台的愿望，创造了不平凡的工作成绩：1997年9月，当选为党的十五大代表，并被福建省人民政府授予福建省劳动模范；1998年，获"全国十大女杰"；2002年，被教育部授予第五届全国十大杰出中小学中青年教师；2004年，被福建省委、省政府授予第一届"福建省杰出人民教师"；2008年，当选为第十一届全国人大代表。福州市群众路小学原校长吕榕麟，用开创性的教育理念，凝练总结出"共生发展、和谐致臻"的办学思路，将一所普通学校建设成为全国和谐校园先进校。因积劳成疾，吕榕麟不幸罹患胆囊癌，一心扑在学校的他，胆囊摘除手术后第四天就"溜"回学校上班，为党的教育事业战斗至生命的最后一刻，被誉为新时代教育战线的"铁人"。2015年，吕榕麟被

◆ 福州市群众路小学原校长吕榕麟（右一）被中宣部树为"时代楷模"典型

中宣部树为"时代楷模"典型。2019 年，为隆重庆祝中华人民共和国成立 70 周年，中宣部、中组部等九部门联合开展"最美奋斗者"学习宣传活动，吕榕麟列为福建省 20 名候选对象之一，当选为全国"最美奋斗者"。

三是学科教学典型。为激励广大教师爱岗敬业、严谨笃学、争创一流教学业绩，福州市教育局组织开展评选名学科带头人活动。2002 年，福州市评选表彰首届名学科带头人共 23 人，涵盖了中小学各学科及幼儿园、职教，在中小学树起一面面教学旗帜。中学语文学科林志强、中学数学学科林风、中学英语学科林枫、中学生物学科温青、中学历史学科骆志煌、中学政治学科马平以及小学语文学科林萃等一批名师，成了福州市教学队伍中的教学明星，他们的教学主张、教学方法，通过名师工作室进行示范辐射，引领带动了学科教师的业务进步，促进了学科教师的成长，也促进了福州市学科教学质量的提升。

四是不畏艰苦典型。福州市树立了陈贞顺、余美娟、钟帼珍、李丹等一批典型。陈贞顺是长乐市农村小学教师，他因病截去右腿，拄着拐杖在大山深处当了 33 年教师，磨断了 12 根拐杖。陈贞顺事迹经新闻媒体广为传颂，感染了许许多多人。2007 年，陈贞顺被福建省人民政府授予第二届

一名年轻女教师的生命烛光
福州十八中教师李丹身患重症依然资助宁夏贫困学生

本报讯 （记者 郑腾 实习生 江方方）福州十八中教师李丹身患重症依然牵挂着她资助的两位贫困学生和她所教班上的孩子们。今年春节期间，躺在病床上的李丹让父亲开学前一定要把钱汇给宁夏的小琳、小艳，特意交代不让她们知道自己生病了。她担心她们知道她生病，会拒绝她的资助，从而影响学业。

26 岁的李丹，现身患白血病，正在协和医院接受化疗，身体极其虚弱，严重的口腔感染和呕吐已使她原本清秀的脸肿胀变形。

小琳、小艳是李丹和父亲资助的两名宁夏特困生。她俩一星期各只有 5 元伙食费，饿了就啃家里带的干馍馍。一年多来，李丹一直按时给她们汇去学费和生活费。目前，已汇去 3000 多元，春节前，小琳给李丹来信说："老师，过年了，没有什么寄的，就送你一颗糖吧！"夹在信封里的水果糖，李丹一直没舍得吃。

2006 年 8 月，作为家中独生女的李丹瞒着父母，报名参加宁夏支教，成为我省第 8 批支教队成员，在宁夏固原市隆德县二中担当起初中 3 个班的教学任务。期间，李丹挨家挨户地家访，最远的要翻过 3 座大山。她目睹了当地农民破旧的土房，田里种植的土豆、麦子只够一家人填肚子，100 元就是一个家庭一个月的生活费。深受震撼的李丹决定资助一名宁夏贫困生，并让父亲也资助一名。

李丹的宁夏工作的勤奋，对学生很有爱心，孩子们都亲热地称她"姐姐"。

2007 年 6 月，李丹支教结束回到福州十八中，主动要求担任被不少人认为比较难带的体育特长班的班主任。去年底，李丹感到四肢乏力，一上台阶就喘，但她没吭声，一直坚守岗位。直到今年 1 月 5 日，她才趁周末去医院检查，是骨癌穿。11 日下午，李丹知道病情后，坚持上完了最后一节课，6 点多才拖着疲惫的身体回家。第二天，她住院了。

据了解，李丹的换骨髓治疗需要四五十万元，这还不包括后期治疗费用。李丹家庭经济不宽裕，目前又遇到这么大的困难，但她依然要资助小琳和小艳。当地学生家人知道她后愿意替她资助这两名宁夏孩子，但被李丹谢绝了。

2 月 14 日，是李丹的生日。十八中高一 10 班的 4 名学生代表来到李丹病床前，送上全班同学手折的 1001 只千纸鹤和 1001 颗幸运星。含着泪水，烛光里李丹许下了生日愿望：10 班的同学努力学习考上大学；远在宁夏的小琳、小艳能顺利完成学业，也考上大学。

◆ 2008 年 2 月 24 日，《福建日报》报道李丹老师事迹

"福建省杰出人民教师"。永泰县焦坑小学教师余美娟、平潭屿头初中教师钟帼珍，十年坚守农村教学。福州市教育局于2001年、2004年先后组织陈贞顺等13位先进典型到八县（市）作师德事迹巡回报告，在农村教师中反响很大。李丹是福州第十八中学教师，2006年报名参加福建省第8批支教队，到宁夏固原市隆德县第二中学担任初中3个班的教学工作，出色完成支教任务。2007年6月，支教结束返回福州第十八中学，主动要求担任班主任。2007年年底发现身体不适，一直坚守岗位，直到学期结束才上医院检查，被确诊为白血病。2008年2月11日，新华社播发福州十八中女教师李丹事迹报道，福建省、福州市新闻媒体作了转载，李丹的感人事迹在榕城广为传颂。时任中共福建省委常委、福建省人民政府副省长、福建省委教育工委书记陈桦先后两次作了批示。2月26日，福州市委、市政府在福州第十八中学召开李丹老师先进事迹座谈会，时任中共福州市委副书记、市委教育工委书记周宏，福州市人民政府副市长朱华出席会议，部署开展学习宣传李丹老师先进事迹工作。李丹老师事迹在教育系统及社会上产生了积极影响。

五是舍己救人典型。福州市树立了黄伯容等一批典型。黄伯容是闽清县宝峰小学教师，2004年7月为抢救落水学生而英勇献身。福州市教育局派师管处、教育工会干部深入黄伯容老师生前工作、生活过的地方，了解、核实情况后，追授黄伯容老师为福州市教育系统优秀教师，并发出向黄伯容老师学习的决定，号召全市教育工作者学习黄伯容老师爱岗敬业、关爱学生、见义勇为、舍己为人的优秀品质。当年教师节，福州市委、市政府追授黄伯容老师为福州市优秀教师，福建省教育厅追授黄伯容老师为福建省优秀教师，福州市总工会、市妇联分别追授黄伯容老师福州市"五一劳动奖章"和福州市"三八红旗手"。

六是家庭美德典型。家庭是社会文明细胞，福州市教育系统树立了陈君恩等一批典型。陈君恩是福州盲校音乐教师。在他少年时期因病致

◆ 2019 年 6 月 9 日，《福州日报》报道福州市盲校陈君恩老师先进事迹

盲，他的父母及兄弟姐妹帮助他鼓起人生的风帆。陈君恩靠着坚强的毅力与勤奋努力，自学文化知识，考上了长春大学特教系音乐专业。在大学期间，创作了一批作品，有的在中央人民广播电台播出。大学毕业后，陈君恩回到福州，任福州市盲校音乐教师。陈君恩的妻子潘力鹰是长春大学学生，为陈君恩自强不息的事迹所感动，大学毕业后也来到福州市任教，并与陈君恩结成连理，演绎了一段美丽的爱情故事。陈君恩家庭夫妻恩爱、妯娌和睦、工作业绩突出。2003 年，陈君恩家庭被评为全国五好文明家庭标兵户。2018 年，陈君恩老师被授予全国五一劳动奖章。

一个典型就是一面旗帜。21 世纪之初，福州市重视师德激励，选树一批教书育人、管理育人、服务育人的典型，发挥典型的榜样作用，通过开展师德先进推荐评选与表彰活动、师德报告会、巡回演讲等多种形式，讲好师德故事，以榜样精神感染人、鼓舞人、引导人。同时，针对师德师风方面群众反映强烈的热点、难点问题，集中整顿治理，于 2003 年集中整顿在职教师有偿补课问题，2005 年开展教师参股民办学校问题的清理，2006 年、2007 年开展教师从事有偿托管问题专项治理，促进了教育行风的好转，人民群众对教师队伍、对教育工作的满意度不断上升。2008 年，福州市教育局被福建省委、省政府授予福建省第十届（2006—2008 年）文

第三篇章　教师管理的改革与实践

◆ 2004 年，福州市教育局、市教育工会组织优秀教师报告团到各县（市、区）
巡回演讲

明单位。2011 年 3 月，21 世纪教育研究院与社会科学文献出版社联合发
布《教育蓝皮书：中国教育发展报告（2011）》，公布了 2008 年、2009 年、
2010 年对全国 35 个主要城市公众教育满意度的调查数据。其中，福州市
公众对教育满意度，分别排在全国 35 个主要城市排名第 4 位、第 4 位、
第 3 位。

师德师风建设是个系统工程、长效工程。党的十八大以来，国家通
过构建各级各类教育师德建设制度体系，引导广大教师以德修身、以德
立学、以德施教。教育部《关于建立健全中小学师德建设长效机制的意
见》等文件的出台，建立健全了中小学教育、宣传、考核、监督、奖惩
相结合的师德长效机制；2018 年，教育部颁发了《新时代中小学教师职
业行为十项准则》《新时代幼儿园教师职业行为十项准则》，修订了《中
小学教师违反职业道德行为处理办法》……一系列政策规章的出台，既

明确了新时代教师职业规范，又划定师德底线，是每个教师都必须遵守的规矩，为深化师德建设提供了抓手。

新时代福州市的师德师风建设不断加强。在加大师德师风正面宣传教育力度的同时，2019 年，福州市教育局在中小学、幼儿园建立教师职业行为负面清单，将违反教学纪律，歧视、侮辱、虐待、伤害学生，体罚学生，与学生发生不正当关系，在教育教学、保教活动中遇突发事件等不顾学生安危自行逃离，在招生、考试等工作中徇私舞弊、弄虚作假，组织、参与有偿补课，在校园中言语粗鲁、在学生面前吸烟等有损教师仪表形象的行为等 13 个方面列为负面清单，教师如果有负面清单中的行为，将受到处分和其他处理。其中，处分包括警告、记过、降低岗位等级或撤职、开除；其他处分包括给予批评教育、诫勉谈话、责令检查、通报批评，以及取消在评奖评优、职务晋升、职称评定、岗位聘用、工资晋级、申报人才计划等方面资格。教师如果涉嫌违法犯罪的，将移送司法机关依法处理。教师职业行为负面清单划出了教师师德底线，有利于引导教师自尊、自律、自省。福州市 2019 年还出台了《福州市中小学家访工作规定（暂行）》，要求从 2019 年开始，每名学生的家庭每学年至少接受两次家访，其中入户式一次、"一对一约见"一次。全体教师都要参与家访。同时，将家访纳入学校领导班子考核和教育督导、文明校园、平安校园等考核评比范围，作为教师评先评优的依据。此举对涵养锻炼良好的师德，促进教师爱岗敬业、关爱学生、服务群众，对加强家校联系，办好人民满意的教育，都具有积极的意义。

今天，面对新时代、新形势对教育提出的新的更高的要求，面对建设社会主义现代化强国对教师队伍能力水平提出的新的更高要求，我们必须从战略高度认识加强教师队伍建设的重大意义，认识教师队伍建设要从提升师德师风开始的重大意义，重在用习近平总书记提出的"四有好老师""四个引路人"的要求，引领教师师德师风建设。在加强师德师风建设中，应着力建立完善的长效机制。这个长效机制，不仅包括师德教育机制，还要有师德考核、激励机制和师德监督、惩处机制。

师德教育机制：道德养成并非一朝一夕之事，良好师德的形成要靠常抓不懈的师德教育。在开展师德教育中，要坚持正面宣传激励，并要注意针对教师师德师风建设上存在的突出问题，设计好每一时期的主题教育活动，以不断创新师德教育内容，提高师德教育的针对性和实效性。

师德考核机制：在关键环节上坚持师德为先。特别是在教师队伍准入、招聘、交流、退出等各个环节中，要坚持品德考察为先，不让理想信念模糊、育人意识淡薄的人进入教师队伍，要将道德败坏、教学敷衍等不适合当教师的人清除出教师队伍。同时，在教师资格定期注册、履职考核、职务（职称）评审、岗位聘用、评先评优等环节实行一票否决。通过加强师德考核，营造崇尚师德浓厚氛围。

师德激励机制：要把师德表现作为评先评优的首要条件。在同等条件下，师德表现突出的，在教师职务晋升、岗位聘用、骨干教师和学科带头人遴选，特级教师、"福建省杰出人民教师"等荣誉评选中予以优先考虑，以激励教师立德树人。

师德监督机制：要积极探索建立学校、教师、家长、学生和社会"五位一体"的师德监督体系。要把师德建设列入学校工作督导评估内容。学校及教育行政部门要建立行之有效的师德投诉、举报平台，及时掌握师德信息动态，及时纠正师德不良倾向和问题，将违反师德行为消除在萌芽状态。

师德惩处机制：依照有关法律法规和教师职业道德规范，对危害严重、影响恶劣者，坚决清除出教师队伍。对涉及违法犯罪的，及时移交司法部门。同时，要建立师德问责机制，对教师严重违反师德行为监管不力、拒不处理、拖延处分或推诿隐瞒，造成不良影响或严重后果的，追究学校或主管部门主要负责人的责任。

唯有建立健全师德建设的长效机制，才能把师德建设落到实处。

轮岗交流：破解师资配置之难

2018 年年初，中共中央、国务院印发《关于全面深化新时代教师队伍建设改革的意见》，这是新中国成立以来党中央、国务院出台的首部专门面向教师队伍建设的文件。"优化义务教育教师资源配置。实行义务教育教师'县管校聘'。深入推进县域内义务教育学校教师、校长交流轮岗"写入中央、国务院的文件，成为国家在教师队伍建设中推进的一项重要工作。

在推进义务教育均衡发展的主题中，教师无疑是最为活跃也最为关键的要素。作为教师生态中的第一资源和核心元件，教师配置的合理性对整个教育的基础性和重要性作用都不言而喻。所以，教师队伍轮岗交流，促进师资均衡，是推进义务教育均衡发展最关键的发力点，也是最艰难的挑战。

长期以来，中小学教师都是"学校人"——中小学教师分配到一所学校，若无学校撤并现象，教师一般会在一所学校一直干到退休。打破教师"学校人"的管理体制，起因于推进义务教育均衡发展。

福州市实行教师轮岗交流，开始于 2003 年"禁择令"之时。2003年 8 月，福州市为遏制"择校热"，解决优质校生源爆满的问题，在义务教育整体办学水平不高、学校间的办学差距甚大的情况下，禁止学生择校，确实有些超前，也是无奈的选择。"禁择"之后，为呼应人民群众对优质教育资源的渴求、对优质师资资源的渴求，缩小优质校与一般校之间师资配置上的差距，化解群众的不满与抵触情绪，福州市教育局提出开展义务教育阶段教师轮岗交流。不过那时的轮岗交流并没有涉及人事管理权的问题，教师还是"学校人"，关系仍在原学校，轮岗交流期满，教师回原学校工作。

2003 年，是福州市教师轮岗交流的第一年，主要通过行政的推力下达名额。当年，市区有 56 所公立小学对口帮扶、互派教师 205 人。这一年的轮岗交流以单向交流居多，即由优质校派出骨干教师到薄弱校、新区校、农村校当"种子"教师。

轮岗交流的推进并不容易。对于家住校内，每天从宿舍到教室两点一线上班下班，长期习惯于在一所学校干到退休的学校领导、教师来说，轮岗交流困难重重。当抽调到有的校级领导、骨干教师时，或是家庭成员情况特殊需要照顾走不开，或是学校管理工作、教学工作需要放不下。如何让校长、教师愿意参加轮岗交流，成了困扰教育管理部门的一个很头痛的问题。时任福州市教育局人事处处长陈荣生、副处长肖祥艳等进行深入调查研究，提出了将轮岗交流工作与教师晋升职称、评先评优挂钩的办法。经福州市教育局局长办公会议研究，后来下发了文件，明确提出，从 2004 年起，教师晋升中级以上职称，必须有到农村校、薄弱校、新区校轮岗交流 1 年以上的经历。教师职称涉及教师的切身利益，是教师专业发展的重要驱动力。在当时教师职称晋升竞争非常激烈的情况下，福州市教育局的这一政策导向，有效地激励了教师参加轮岗交流。2004年，全市有 687 名教师参加轮岗。2006 年，全市有 274 所学校开展城乡学校结对子帮扶活动，2375 名教师到帮扶学校任教。2007 年，全市有 844 所城市学校开展帮扶共建轮岗交流，参加轮岗交流的教师 2281 人，占全市专任教师总数的 4.5%。

轮岗交流工作对促进义务教育阶段教师资源的均衡配置，对培养、带动一般校教师专业成长，确实起了很好的作用。最明显的就是新区学校，从优质校派出一批干部、教师到新区校轮岗交流后，很快把新区校的管理工作、教学工作带上去了。对一些薄弱学校，由于优质校校长、教师带来了全新的管理理念、教学理念，促进了学校干部、教师的专业成长。比如福州第三中学金山校区于 2002 年建成后，由时任福州第三中学校长郑勇兼任金山校区校长，并从福州第三中学派出年轻干部邵东升担任校区副校长主持工作，将福州第三中学的办学理念带到新校，使金山校区在开办后的第 5 年，就跃上福建省三级达标中学，2014 年又跃上福建省二级达标中学。福州铁路中学 2003 年 11 月从铁路系统移交福州市管后，更名为福州教育学院第二附属中学。为了办好这所学校，福州市教育局决定由福州第二中学对口帮扶福州教育学院第二附属中学，并派福州第二中学副校长郑宝生担任福州教育学院第二附属中学校长。福州第二中学的先进办学理念给福州教育学院第二附属中学带来了很大变化。2006 年，福州教育学院第二附属中学冲上了福建省三级达标中学；2014 年，又冲上了福建省二级达标中学。

随着轮岗交流工作的逐步推进，需探究的问题不少。

一是轮岗交流的地域问题。轮岗交流工作开始时，福州市教育局强调城乡之间、优质校与新区校、薄弱校之间轮岗交流。后来在实际工作中发现，教师轮岗交流应该有合理的地域范围。城乡轮岗交流固然好，但市区的教师与县乡学校教师轮岗交流，吃、住、行都给轮岗学校与个人增加了不少负担。农村教师到城里住宿就是一大难题。即使在市区内，教师轮岗交流如果不考虑地域因素，轮岗的学校距离过远，每天上下班从城市东头跑到城市西头，个人疲惫不堪，也给城市交通增加了不少压力。这就有一个问题值得探讨：教师轮岗交流是否有个大体的地域范围呢？福州市教育局当年曾提出，将区域内学校分成若干个"豆腐块"，教师宜在"豆腐块"中进行轮岗交流。县域内以中心校所带的一般校为一个"豆腐块"，实行中心校与一般校教师轮岗交流。这样，轮岗交流的地域跨度不大，对教师的工作、生活带来的影响也不会太大，教师也容易接受。2008 年 4 月，福州市教育局印发《关于进一步完善教师轮岗交流工作的通知》，明确要求重点加强本县（市、区）区域内教师轮岗交流，"全面组建以中心小学以上学校为龙头捆绑周边完小、教学点的办学联合体"。这就解决了轮岗交流的地域问题，应该说，大大减少了轮岗交流的阻力。

二是轮岗交流的比例问题。究竟每年抽调多少比例的教师参加轮岗交流？如何抽调这些教师？是由教师自主报名，还是由组织来指定？如果参加轮岗交流的比例太小，一所学校数十年才能轮上一遍；而如果抽调轮岗的比例太大，则学校的管理与教学的稳定性又受到一定的影响。福州市教育局经过深入调研，于 2008 年 4 月印发《关于进一步完善教师轮岗交流工作的通知》，提出实行"三三制"教师轮岗交流，即每一所学校在教师自愿报名的基础上，制定出分三批，每三年进行一个批次轮岗交流的具体名单计划。"三三制"的好处是：第一批三分之一教师轮岗交流去，学校有三分之二教师不动，可以保持学校工作稳定，有利于延续、传承学校文化。这样，每位教师每 9 年轮岗交流一遍，时间上也比较合理。当时还设想，先让教师自由报名参加三个批次的轮岗交流。如果教师自由报名三个批次的人数基本相当，就尊重教师的自主选择；如果教师自由报名三个批次的人数悬殊，再进行适当调节。总体上应预先作好计划，这样对学校、对教师本人的工作都好安排，也比较人性化。2007 年年底，时任福建省委常委、省委教育工委书记陈桦到福州市调研教师队伍建设工作，福州市教育局汇报了这种想法，陈桦肯定了这个思路。

三是轮岗交流的时间问题。每次轮岗交流的时间多长为好？我们到基层学校征求校长、教师的意见。校长、教师反映，如果时间太短，教师有短期行为，不利于教师到异校带好学生；而如果时间太长，则不利于教师的工作与生活。基层学校反映，以 3 年一周期为好。轮岗交流到异校，小学阶段可带完初年级或高年级，初中则可带完一轮。如果将教师分成 3 个批次进行轮岗交流，每批次轮岗 3 年，则每一个老师轮岗交流 3 年回到本校，待 6 年之后再参加轮岗交流，这样于工作、于家庭都比较好安排。

四是轮岗交流的学段问题。教师轮岗交流并不是在各级各类学校各学段全面开花，而是主要在义务教育阶段。因为义务教育阶段要推进公平教育、均衡教育，对师资进行均衡配置，是推进义务教育均衡发展的重要工作。而高中阶段是非义务教育，要面对选拔考试，允许高中阶段进行教育竞争，办出各自特色，所以高中阶段不宜推行教师轮岗交流。如果不分学段开展教师轮岗交流，势必给教育事业带来影响。

五是轮岗交流的激励机制问题。教师参加轮岗交流，最有效的激励政策是职务职称晋升。所以，应从晋升职称、评先评优、绩效奖励等方面予以优先，以激励教师参加轮岗交流。实践证明，这些激励机制对参加教师轮岗交流具有推动作用。特别是教师晋升高一级职称，涉及教师的切身利益，是教师专业发展的主要驱动力，参加轮岗交流的予以优先，对教师具有很大的吸引力。

福建省各地教师轮岗交流的探索与实践，为福建省推进义务教育阶段学校师资均衡配置积累了经验。在时任中共福建省委常委、福建省人民政府副省长、福建省委教育工委书记陈桦的组织推动下，在调研福建省各地开展义务教育学校教师轮岗交流工作实践的基础上，福建省教育厅根据基础教育改革发展的需要，研究制定了加强中小学教师队伍建设相关政策，于 2008 年，以福建省人民政府名义下发了《福建省人民政府关于进一步加强中小学教师队伍建设的意见》，提出"建立健全教师交流机制，促进义务教育师资均衡配置""实施义务教育师资校际交流""完善'以县为主'的教师管理机制""县（市、区）域内公办学校教职工人事关系收归县管，以推动义务教育教师资源均衡配置"。

实施"以县为主"是教师管理体制的重大改革。"以县为主"县管校聘，使教师由"学校人"变为"系统人"，打破了教师轮岗交流的管理体制障碍。从教师层面讲，实施县管校聘后，由县级教育行政部门主导教师轮岗交流，深化教师的身份管理与教师校籍，使教师交流轮岗不受所属学校的限制，利于对编制核实、岗位设置、职务（职称）晋升、聘用管理、业绩考核、培养培训、评优表彰等进行统筹考虑；同时，县管校聘也有助于化解县域内教师资源配置矛盾。

在开展"以县为主"的教师管理体制改革中，福建省坚持试点先行，于 2009 年在福州市台江区、闽侯县、厦门市海沧区、长泰县、泉州市鲤城区、三明市三元区、永安市、莆田市荔城区、光泽县、上杭县、福安市等 11 个县（市、区）开展"教师人事关系收归县管"，实施教师校际交流工作首批试点单位。福建省教师收归县管试点单位实行县域教师管理"六个统一"，即统一县域内义务教育学校教师工资、统一教师编制标准、统一学校岗位结构比例、统一教师招考聘用、统一教师考核办法、统一退休教师管理和服务，促进教师"动了起来"。

福建省开展义务教育学校师资收归县管，既是缩小城乡教育差距，实现教师资源配置的深度变革，也是深化教师管理体制机制改革，推进教师队伍建设的重要举措。福建省在推进教师轮岗交流中，遵循"科学合理、公开规范、积极稳妥、以人为本、促进发展"的原则，既尊重教师的主体地位，也考虑到各校的发展要求，通过校际交流以促进县域内义务教育的均衡发展。特别是重视解决好教师最关心的问题，诸如建设教师周转房，解决校际教师的住房问题；对农村教师评先评优、职称评聘等方面给予倾斜、奖励；保留交流到异校的中、高级岗位的教师在原学校聘任的中、高级职务的细分等级等等。各地还纷纷建立了山区教师工作补贴制度，让教师参加校际交流在经济上"不吃亏"。

在开展教师轮岗交流的探索中，福建省注重"以人为本"，健全配套措施，努力形成教师轮岗交流长效机制。一是合理确定教师交流的范围。2011 年，福建省教育厅、福建省公务员局、中共福建省委机构编制委员会办公室印发《关于推进县域内义务教育学校教师校际交流试点工作的指导意见》，明确教师交流的范围先易后难、分步实施。先实行分片区交流，以县域内优质学校为龙头，分别联合周边农村学校、薄弱学校，形成若干片区，在片区内进行教师校际交流。适度的地域范围，有利于顺利推进教师轮岗交流工作。二是确定合理的交流对象。福建省规定，在同一所学校工作满一定年限的教师为应交流对象，每年交流的人数原则上为该交流对象的 10% 左右；在同一所学校任职满两届（每届一般为 3~5 年）的校长，原则上也要进行交流；在同一所学校工作不满 6 年的教师和任职不满一届的校长，以及距法定退休年龄不足 5 年的教师，原则上不参与交流。三是实施灵活多样的交流形式。坚持组织选派与个人志愿相结合，采取将应交流教师指标落实到校的指导性交流、确定部分中高级教师岗位实行竞争上岗的岗位竞聘交流、建立对口帮扶的校际协作交流和个人申请到异校任教的自主选择交流等多种形式相结合的方式进行交流。四是着力提升教师队伍整体素质。在引导骨干教师向薄弱学校流动的同时，充分发挥骨干教师的引领示范作用，大力开展校本培训和广覆盖、多形式、高质量的教师全员培训。五是切实解决教师的工作和生活困难。福建省规定，因病、孕等原因不能坚持正常教育教学工作的教师，可不纳入交流；交流到农村学校、薄弱学校的教师在参与"二次交流"时，要优先考虑其交流意愿；对参与过校际交流的教师，退休时由县级教育行政部门协调其到当地曾任教的一所学校，为其提供退休管理和服务等等。这些人文关怀措施，解决了教师参加轮岗交流的后顾之忧。

福建省开展"县域内义务教育学校教师校际交流"工作的积极探索，走在了全国前面。2010 年，福建省被确定为国家教育体制改革试点项目——"县域内义务教育学校教师校际交流"试点省份。2011 年 10 月 19 日，《中国教育报》以《教师"收归县管"有没有捷径？——福建探

教师"收归县管"有没有捷径？
——福建探索义务教育学校师资均衡新途径

解决好教师最关心的问题
——福建省委教育工委常务副书记、教育厅副厅长傅传芳谈教师校际交流

以人为本　促进学生全面发展

◆ 2011 年 10 月 19 日，《中国教育报》刊登福建探索义务教育学校教师"收归县管"报道

索义务教育学校师资均衡新途径》为题，大篇幅报道了福建省开展教师"收归县管"的工作经验。2013年，福建省教育厅在县（市、区）试点的基础上，在全省推广"县域内义务教育学校教师校际交流"工作。

2014年4月，福建省教育厅印发《关于进一步推进县域内义务教育学校校长教师校际交流工作的意见》，进一步明确要求："在同一所学校任职达两届（每届3~5年）的校长（含副校长）应进行交流。在同一所学校任教达6年的教师为应交流对象，每年交流人数要达到应交流对象的10%以上，其中每年参与交流的特级教师、县级以上名师、学科带头人、骨干教师（上述人员简称"骨干教师"）要达到应交流骨干教师的10%以上。"为促进校长教师交流，福建省将县域内公办学校教师人事关系"收归县管"，对县域内义务教育学校统一教师工资待遇制度、统一教师编制标准、统一学校岗位结构比例、统一教师招考聘用、统一教师考核办法、统一退休教师管理和服务。

福建省义务教育学校教师"县管校用"、轮岗交流工作得到教育部的充分肯定。2014年4月，教育部召开全国义务教育学校教师轮岗交流经验交流会，时任福建省教育厅厅长鞠维强在会上介绍了福建省开展教师轮岗交流工作的经验。

但是，这项工作由于体制机制障碍、实际操作的难度，在推进工作中反反复复，相当艰难。有的试点单位一直"试"了十几年，仍在"试点"探讨之中。

福州市在2003年开始推行教师轮岗交流工作。2009年，福建省教育厅将闽侯县、台江区列为"教师人事关系收归县管，实施教师校际交流工作"省级试点单位。2011年，福州市又增加鼓楼区、仓山区、连江县为试点单位。试点县（区）注重分类推进，实行分片区交流，创新"六个统一"机制（即统一工资待遇、统一编制标准、统一岗位结构比例、统一招考聘用、统一考核办法、统一教师管理），取得了积极进展。

2011年9月9日，中共福建省委办公厅《八闽快讯》增刊刊登《开展校际交流，优化师资结构》，介绍了福州市开展教师校际交流试点工作情况。2012年，福建省教育厅召开县域义务教育学校教师校际交流试点工作现场推进会。会议实地考察了闽侯县开展试点工作的情况，福州市、闽侯县分别在会上作了工作经验介绍。应该说，福州市、闽侯县的工作走在了全省的前列。可是，一直到2018年7月，福州市有关部门仍在发文部署推进"县管校用"试点工作。2018年7月，福州市教育局、市委编办、市财政局、市人社局发出《关于进一步推进县域内义务教育学校校长教师校际交流工作的意见》，提出："县管校聘"主要是加强县域内中小学教师统筹管理，突破推进校长教师交流轮岗的体制机制障碍，使教师由"学校人"变为"系统人"，为促进校长教师合理流动和优化配置提供制度保障。"2018年起，福州市长乐区、闽侯县和福州市属中小学先行开展试点工作，争取用2~3年时间在全市中小学校全面建立'县管校聘'管理制度。"从这份文件中可以看出，一直到2018年，福州市义务教育学校教师"县管校聘"工作仍在试点，要在全市全面建立"县管校聘"还有待时日。福州市的这份文件，对教师轮岗比例提出了具体要求："县域内城镇学校和优质学校校长教师每年到农村学校、薄弱学校交流轮岗的比例应不低于符合交流条件教师总数的10%，其中骨干教师交流轮岗应不低于交流总数的20%。"福州市教师轮岗交流工作自2003年开始，到2020年写本书时，历经17年，仍处在"试点"探索阶段，可见这项工作难度之大。不过现在，试点单位的改革终于真正破题。据媒体报道，福建省、福州市的中小学幼儿园教师"县管校聘"管理体制改革试点单位长乐区，在2019年年底前率先完成改革任务。在推进"县管校聘"管理体制改革工作过程中，长乐区实行动态管理，统筹分配各校教职工编制数，及时调整中小学幼儿园教职工编制，区域内教职工编制互补余缺。长乐区教育局按照区域特点，划分了城区片区、北乡片区、南乡片区、城郊片区等四个片区，各片区内学校最大车程不超过20分钟，因此教师不会过多受到地域条件和交通的影响而对交流产生抵触情绪。全区76所区直属中小学、幼儿园共计5568名教师参与改革，通过校内竞聘、片区竞聘、跨片区竞聘等多轮竞聘上岗和组织统筹调剂，最终校内竞聘上岗5402人、跨校竞聘上岗150人，组织统筹调剂落实岗位11人、待岗培训5人。其他各县区在教师轮岗交流上，也创造了许多生动的经验。比如福州市鼓楼区采取集团化办学形式，钱塘小学教育集团以钱塘小学作为总校，下设2个校区、1个教学点，教育集团内做到"八个共同"（其中一个共同是师资共用、教师共同成长，使教师从"学校人"变成"集团人"），很好地解决了教师轮岗交流问题。还有的地方采取对口支援、定期流动等多种形式，开展教师轮岗交流，均取得良好成效。在推进"县管校聘"上，我们是否可以转换思路，让"县管校聘"这个宏观的、抽象的概念，通过集团化管理等具体的、行之有效的多种形式，让义务教育学校师资校际交流变得更简便易行、更容易让教师所接受呢？

逢进必考：把好师资补充之源

教师补充是教师队伍建设的一项常态工作。由于教育事业发展、教师达龄退休等原因，教育系统每年都要补充一批教师。教师补充一般通过两个渠道：一是靠师范毕业生入职的补充。在计划经济年代，师范毕业生包分配，这是教师队伍补充的主要来源。二是工作调动的补充。这是因学校工作需要或教师个人某些原因。

过去，补充教师是教育行政管理部门非常烦恼的事情。每年夏季，师范毕业生分配、教师工作调动以及招生入学等找教育局的人特别多，社会上有"七月八月教育局"的说法。教育行政管理干部的工作压力也特别大。

如何让人民群众关心的事在阳光下操作，接受人民群众的监督？2002年年初，中共福州市委要求全市推进政务公开，将土地、教育、建设、采购等"热门"单位作为政务公开的试点单位，明确要求教育部门要面向全国公开招聘优秀教师、优秀师范类大学生，教师调动实行"逢进必考"。所以，2002年我到教育部门工作，并没有经历各方"条子"的压力，倒是有人事制度改革"第一次吃螃蟹"的忐忑与烦恼。

2002年年初，福州市人事局、福州市教委、福州市监察局制定了《福州市区公开招考中小学校长、教师暂行办法》，包括招考原则、招考计划、招考对象和条件、基础知识考试和业务考核、招考程序、组织领导等六个方面，经中共福州市委同意后予以实施。2002年2月，福州市在中央、福建省、福州市媒体上刊发《福州市公开招聘市区中学校长、教师的公告》，面向全国公开招聘市区中学教师43人，招聘市直中学、重点职业中学和盲校校长8人。

第一次组织公开招聘，福州市教育局在组织报名、资格审查、出卷、笔试、面试等各个环节认真又认真、小心又小心。当年计划招收中小学优秀教师43人，报考人员146人，经过笔试，按1:1.5比例入围55人参加面试；计划招收校长8人，报考人员31人，参加考试人员24人，经过笔试、面试，后来录用7人（因福州市盲校校长职位无报考人员，予以取消）。公开招聘工作结束后，福州市教育局对招聘工作进行认真总结，并将招聘总结上报福州市委、市政府。中共福州市委常委会专门听取福州市教育局公开招考教师、校长工作汇报，要求认真总结教师招考工作经验，面向全国招聘，吸引更多的优秀人才到福州任教，进一步提高福州市教育质量。会议要求，今后对毕业生分配工作也实行公开招考。

2003年，福州市继续面向全国公开招考中小学教师84人，报名总人数达到744人。2004年，国家对师范生不再包分配，福州市将招收师范毕业生也纳入了公开招考。

21世纪之初，福州市根据教师工作实际，突出行业、专业和岗位特点，不断探索招考教师考试的内容和方式，逐步形成了符合教师工作特点的招考办法：

对申请到市区中小学聘用的名教师（设区市级以上高级职称的学科带头人、拔尖人才、享受国务院特殊津贴的教师、特级教师）予以免试，由用人学校提出聘用人员名单，福州市教育局审核，福州市人事局予以登记确认。用人学校可以超职数聘用。

对申请到市区中小学聘用的高级教师免笔试，直接参加面试，择优聘用。聘用人员与用人学校供需见面，双向选择落实安排。

对申请到市区中小学聘用的中级教师实行笔试和面试相结合的办法择优聘用。聘用人员与用人学校供需见面，双向选择落实安排。

对申请到福州教育学院聘用的高级职称的教师和硕士研究生及以上学历的毕业生，实行面试和组织考核相结合的办法择优聘用。

硕士以上学历的研究生，部属师范院校应届师范本科毕业生，本省省级师范高等院校及闽江学院（不含办学点）的毕业综合成绩前10%的本科应届毕业生，愿意到福州市区中小学任教的，采取与用人单位供需见面、双向选择，由用人学校负责组织面试考核择优聘用。

本市区师范专业毕业生和福州市区以外的本省毕业综合成绩前20%的师范应届本科毕业生，以及其他符合条件要求到市区中小学聘用的毕业生，都实行公开招考，采取笔试与面试相结合的办法择优聘用。

对职业教育、特殊教育等紧缺专业急需特殊师资，而本省师资来源匮乏的，可由用人学校直接参加省外综合院校毕业生供需见面会，现场面试考核签订聘用协议。

福州市在公开招聘教师中，对享受国务院特殊津贴教师、特级教师、设区市以上学科带头人、高级教师分别给予安家补助费、子女入学入托、优先购买经济适用房等优惠政策。对硕士以上学历的研究生、部属师范院校本科毕业生来福州任教，也给予发放安家补助费等优惠。自2002年实行公开招考中小学教师以来，福州市把住了教师入口关，面向全国吸收了许多优秀人才来福州任教，此举改善了教师队伍结构，有效提升了教师队伍素质。

后来，公开招考教师工作成为福建全省、全国中小学教师队伍建设的规范性要求。2008年发出的《福建省人民政府关于进一步加强中小学教师队伍建设的意见》明确要求，"全面推行中小学新任教师公开招聘制度，坚持凡进必考，择优聘用。"2009年4月，福建省教育厅、中共福建省委机制编制委员会办公室、福建省人事厅、福建省财政厅发出《关于进一步做好我省中小学教师补充工作的通知》，进一步明确"全面推行新任教师公开招聘制度，确保教师聘用质量，形成长效机制。各地中小学新任教师补充应全部采取公开招聘的办法，不得再以其他方式和途径自行聘用教师"。2009年，福建省首次组织全省农村小学紧缺学科教师统一招聘工作。2010年，福建省在全国率先全面推行中小学新任教师全省公开招聘统一考试。2011年年底，福建省中小学新任教师公开招聘工作被国务院办公厅列为国家教育体制改革试点项目。

福建省中小学新任教师公开招聘，根据国标、省考、县聘、校用的要求，实行全省统一笔试，县（市、区）考核录用。公开招聘工作有如下几个特点：一是规范教师补充程序，注意客观公正地选人用人，拓宽选人渠道，吸收优秀人才进入教师队伍；二是遵循教师职业特点，科学设置考试内容和方法，选择真正适合当教师的人才进入教师队伍；三是在全省统一笔试的基础上，尊重各地用人自主权，推动地方及时补充师资，改善教师队伍结构。通过多年探索和实践，福建省教师公开招聘工作体制机制不断完善，特别是坚持"阳光操作"，实行"四个公开"（即公开招聘范围、公开岗位条件、公开招聘程序、公开招聘时间），确保了招聘工作的公开、公平、公正，得到社会群众的欢迎和肯定。

现在，中小学教师"凡进必考"已成为一种习惯，福州市在公开招聘中小学教师方面勇立潮头的锐气一直不减。2019年，福州市在招聘教师上又有新的突破，首次面向台湾地区招聘64名中小学及幼儿园教师。这对探索海峡两岸教育融合发展新路，具有重要意义。

名师培养：擎举教师引领之旗

名师是一个地方的教育名片。名师的水平，从某种意义上也代表着一所学校、一个地方的教育水平。尊崇名师，就是尊崇教育的高度。21世纪之初，福建省在加强教师队伍建设中，积极探索"名师工作室""名师名校长培养工程"等，力促闽派名师的成长。

名师工作室是促进和造就名师的重要载体。21世纪之初，上海市宝山区最早成立名师工作室，选择优秀教师代表为领衔人，发挥名师的示范带头和引领作用，组建优秀教师群体，提高高层次教师整体水平。之后，北京、杭州、重庆、昆明等市相继开展了名师工作室的尝试。福州市在福建省率先成立名师工作室，首开福建省名师群体培养先河。

福州市建立名师工作室的主张，集中了福州市教育局干部的智慧火花。

2004年年初，福州市教育局在研究职成教工作中，时任职成教处处长黄耀荣汇报了拟在职成教系统设立名师工作室的想法。这是一个好点子！局长办公会议认为，建立名师工作室，举起福州名师旗帜，对于树立福州教育名片，在全市教师中起引领示范作用，很有必要。会议议定，在中小学各个学科、职成教的重要专业建立名师工作室。于是，由福州市教育局师管处处长傅敏具体负责，组织开展中小学名师推荐评选工作。名师推荐评选的过程是发现名师、认同名师的过程，在基层推荐、福州市教育局考核的基础上，2004年8月，福州市教育局确定首批设立7个名师工作室。这7个名师工作室是：福州第一中学林志强（语文）、福建师范大学附属中学温青（生物）、福州第三中学林风（数学）、福州第四中学胡宁（物理）、福州第八中学陈光（信息技术）、福州高级中学陈杰生（政治）、福州电子职专方张龙（职教）。2005年9月，福州市教育局又确定了曾立群、骆志煌、林立东、潘则南、骆小山、廖秀梅、林莘、陈育平等8个名师工作室。两批共15个名师工作室，涉及中小学、职成教15个学科，其中普通中学11个学科、职业中学1个专业、小学3个学科。名师工作室成员有88人，都是经过筛选的一线优秀教师。名师工作室以领衔名师的姓名命名，领衔人具备的条件主要包括：师德高尚，在本学科乃至教育系统有较高的认可度；善于学习，有较高的理论修养和先进的教育理念，有较强的专业引领、培训指导和组织协调能力；业务精湛，有较强的教育教学研究能力；获得省特级教师或市名学科带头人等学术荣誉称号。

名师工作室平台，构建了优秀教师发展共同体。名师工作室的主要任务有三个方面：一是研究、提炼名师的教育教学思想。名师工作室成员在学习、研究名师中获得自我发展。二是名师带队伍。在研究教育教学实践问题中，或是在观察分析团队教师的课堂教学实践中，或是在名师引领团队共同学习阅读中，同行间的交流，可以获得更高的启示，因此成为促进教师专业发展的一个渠道。三是开展辐射服务。名师工作室的成员组成团队，以深入到城乡学校为教师上公开课、开讲座、互动交流等形式，发挥辐射服务作用，在服务的同时，工作室成员在师德、能力等方面获得发展。为了使名师工作室开展好这三个方面的工作，2004年9月，福州市教育局为名师工作室提供工作经费，每个名师工作室每年补助经费2万元，并给领衔名师每月发放工作津贴，从政策导向上支持名师工作室自主进行教研活动。2006年印发的《福州市人民政府关于

◆ 2004 年，福州市首批名师工作室授牌

◆ 2006 年教师节，福州市第二批名师工作室授牌

进一步加强教师队伍建设的意见》，将"每年安排 30 万元，专项用于 15 个名师工作室活动经费"写入政府文件，使名师工作室有了稳定的工作经费保障。名师工作室在发挥名师效应方面，起了很好的示范引领作用，使名师工作室成为培养优秀教师的重要发源地，成为优秀青年教师的向往地，成为研究的平台、成长的阶梯、辐射的中心，塑造了一批教育教学的领军人才。

名师工作室平台，把各学科的优质教育资源整合在了一起。名师工作室不仅仅是一种荣誉，更是一种交流共享的工作机制。名师工作室都建立了网站，实行优质教学资源共建共享。中学生物名师工作室在领衔名师温青的带领下，于 2005 年年初建立了中学生物名师工作室网站，网站内容涵盖高中、初中、奥林匹克竞赛等内容。生物学科图片最为直观，也最为重要，网站上大部分图片都是名师工作室成员的原创，他们用相机、扫描仪把图片传输到计算机上，再用图片软件进行加工。工作室成员还制作了许多新课程教学案例及课件在网上共享。生物名师工作室网站每周都有更新，师生只要在上面留言，名师工作室成员都会及时解答，深受教师和学生欢迎。中学语文林志强名师工作室网站开设了新闻中心、论文集锦、名校名卷、教案课件、空中课堂等栏目，进行优质教学资源共建、共享、共用。中学信息技术名师工作室网站开辟了会考复习、信息技术新课程论坛等，为新课改提供了交流信息、互通经验、同步探索的平台。小学数学廖秀梅名师工作室网站开辟了教学案例、共读共赏、视频教学等栏目，内容丰富多彩……各个名师工作室的网站，均搭建了学科教师与名师交流的平台，也为新课程提供了交流研讨、互通经验、同步共享的平台。

名师工作室平台，使福州市各学科教师的研训工作活跃了起来。名师工作室是教师培训工作的有效方式和创新机制。作为一种载体，名师工作室以授徒的方式进行学习、交流、研究活动，既有利于总结升华名师经验，也有利于带动一批骨干教师的专业成长。小学语文名师工作室领衔名师林莘，在教学中总结出"融趣法"的教学理念，在课堂教学中融入了乐趣，让课堂不再枯燥，孩子们带着乐趣学习，自然能学到有用的知识和学习方法。为了提升教育教学理论水平，工作室成员定期集中，围绕新课改，讨论如何实施有效教学等话题。在研讨中，模糊的思绪渐渐清晰，不同的观点在交锋中闪动智慧火花，使得学科教师对新课改教学的探索得到不断进步。中学生物名师工作室与福州教育学院生物科、福州市生物学会联合举办高中生物新课程教学设计与教学案例征集评选活动，吸引了许多青年教师参加。中学信息技术名师工作室成员在教师培训班上举办教学方法、网络教学资源建设等专题讲座，工作室成员所在学校 2006 年高中会考信息技术科均取得了优异成绩。

名师工作室平台，有效地推动了城乡教育资源均衡发展。在影响教育公平的诸多因素中，教师是最为核心的，区域、学校间教育发展的最大差距就是师资水平。组建名师工作室，通过名校名师带动薄弱学校、新区学校、农村学校的教师提高教育教学业务水平能力，从而有效地推进了教育均衡发展。中学地理名师工作室与福州第三中学金山校区青年教师签订师徒协议，工作室成员根据自己的特长指导 5 名青年教师，通过培养青年教师师德师风、教学思想，以及听课评课、指导科研等，促进了青年教师成长。小学语文林莘名师工作室带出了近百个徒弟，许多徒弟成为学校骨干。2008 年，福州市教育局把名师讲堂同步课堂工作作为信息技术"农远工程"应用和推进义务教育均衡发展的重要工作来抓。由 15 个名师工作室的领衔名师带头开示范课，采取现场直播、按时重播和存入资源库共享等多种形式，让名师课程城乡学校共享共用。各名师工作室还经常举行名师送教下乡活动，通过专题报告、学术讲座、上公开示范课、组织评课等，进行示范辐射，推动城乡教育均衡发展。

名师工作室作为优秀教师发展共同体和学科教师研训的一种新形

式，后来在莆田、龙岩等地也开展起来。到2010年时，福州、莆田、龙岩、宁德、泉州等5个设区市先后设立了93个中小学名师工作室，还有一批县（市、区）也成立了中小学名师工作室。各地名师工作室成立后，创造了许多经验，也有不少困惑问题。2010年12月，福建教育学院闽派特色教育研究所、福建基础教育考试研究中心、《福建基础教育研究》编辑部联合举办福建省设区市名师工作室建设研讨会，对设区市名师工作室建设进行研讨交流。

5个设区市的名师工作室都是由教师组成的学习团队，他们基于共同的目标，在专业引领下，通过交流、合作和分享，以研究、实践、学习、服务等活动，促进专业成长。5个设区市的名师工作室一般具有四个方面的功能：一是促进工作室成员及更多的教师成长，培养和孕育优秀教师；二是提炼各名师的教育教学特色和思想，形成名师以及其所带团队的品牌；三是在工作室中形成了各类成果，有力促进了课程和教学改革，有效地促进了教研和培训的深入；四是营造了教师成长的良好环境，工作室所营造的学习、合作、交流的氛围，教师团队的精神面貌和事业追求，有利于改善教师成长的氛围与环境，促进教师的专业发展。

5个设区市的名师工作室，至少在五个方面发挥了积极作用：一是在促进教师专业发展上发挥积极作用。通过名师工作室平台，既促进了名师工作室的教师团队自身的专业成长，又带动了名师工作室团队所在学校乃至所在地区教师的专业成长，带动了教师队伍素质的提升。二是在推动教育均衡发展上发挥积极作用。名师工作室是在推进教育公平的大背景下提出的，通过名师工作室的示范、辐射作用，扩散优质教育资源，带动了薄弱学校教师和农村学校教师提高教学业务水平，从而成为有效推进教育均衡发展的一项举措。三是在探索非学院式培训上发挥积极作用。名师工作室通过领衔名师的传帮带作用，通过信息技术连接工作室成员开展学习、研究，这是一种全新的非学院式的培训方式，从某种意义上说，是教师培训的一种创新。四是在培养未来教育家上发挥积极作用。名师工作室聚集了本地区同一学科最优秀的名师，这些名师在一起切磋教学技艺，研讨课改中的新情况、新问题，互相学习、共同进步，为未来教育家的成长提供了一方沃土。五是在推进学习型学校建设上发挥积极作用。名师工作室是典型的学习型组织，是典型的学习工作化、工作学习化，典型的学与思结合、学与研结合，典型的学用结合、学以致用。名师工作室浓厚的学习研究氛围，对于推动学习型学校建设具有引领和感染作用。

　　基层单位的创新创造，得到了福建省教育厅的积极支持。为了培养学科名师，推动教师队伍进一步形成学习、研究业务的氛围，福建省教育厅于 2015 年下发通知，组建福建省中小学名师工作室。福建省教育厅还印发《福建省中小学名师工作室建设与管理办法》，明确名师工作室负有提升师德修养、推进教育教学改革、开展教育教学研究、培养骨干教师、推广教学成果等五个方面的主要职责与任务。名师工作室由 1 名领衔名师和 5~10 名团队成员组成，另设一定的中青年教师研修学习

◆ 福建教育学院承办名校长工作室活动

流动岗位。经过学校申报选拔、市级筛选、省级评选，2016 年，福建省教育厅公布首批福建省中小学教学名师工作室及领衔名师名单，福建教育学院中学语文特级教师应永恒等 23 位中小学（幼儿园）教学名师为领衔名师，共有团队成员 214 名、研修人员 627 名。2017 年 4 月，福建省教育厅公布福建省首批中小学（幼儿园）名校长工作室，李迅等 35 位校长为名校长工作室领衔人。2018 年，福建省教育厅公布福建省第二批中小学教学名师工作室名单，共设立 48 个名师工作室。现在，福建省名师、名校长工作室研训活动更加活跃，也更有成效。据有关资料显示，仅 2018 年，福建省名师、名校长工作室就开展各类研修活动 750 次，累计参训人员达 9.2 万人；名师、名校长工作室成员公开发表论文、论

◆ 2011 年，福建省启动中小学名师培养工程

◆ 2012 年，福建省启动中小学名校长培养工程

著 1621 篇，承担市级以上研究项目达 1377 项，开设公开课、专题讲座达 4682 场次，深入 23 个省级扶贫开发重点县开展送培送教活动，覆盖中小学、幼儿园 1124 所，受益教师达 13.76 万人次。

如果说名师工作室是培养优秀教师群体的一个有效载体，那么"基础教育百千万人才工程"则是福建省加快基础教育高端人才队伍培养的一个不凡举措。在加强中小学教师队伍建设中，为加快骨干教师队伍的培养，福建省于 2010 年启动实施"基础教育百千万人才工程"，即在全省遴选 100 名名师培养人选和 100 名校长培养人选进行重点培养，着力打造一批师德高尚、教育理论素养深厚、教育教学技艺精湛、综合素质强的名师和名校长；在全省遴选、培养 1000 名学科教学带头人和 1000 名骨干校长，建立一支师德高尚、教育理念先进、专业基础知识扎实、教育教学能力强的学科教学带头人队伍和一支办学理念先进、管理能力强，具有开拓创新精神的骨干校长队伍；在全省培养 10000 名省级骨干教师，形成一支覆盖基础教育各级各类学校、学科结构合理、教育教学能力过硬的骨干教师队伍。经过多年培养，福建省于 2016 年完成第一批名师、名校长人选培养工作，经严格考核，有 67 名教师确定为福建省中小学教学名师，有 71 名校长确定为福建省中小学名校长。2017 年，福建省又遴选 101 名中小学教师、97 名中小学校长进行第二批名师、名校长人选培养工作。名师和骨干教师的培养，在福建省中小学教师队伍中树起了一面面旗帜，引领着广大中小学教师在教学改革、提升教学技能的路上奔跑。

倾斜资源：补齐教师队伍之短

在整个教育事业中，农村教育因其点多、面广、量大，相对比较薄弱。"城市挤、农村弱"，是 21 世纪之初基础教育的一大突出问题。农村弱，既弱在办学条件上，更弱在师资配置上。

由于我国国情，21世纪之初城乡二元特征明显，在教师队伍建设上也表现得非常突出，农村教师特别是乡村教师年龄老化、结构性超编缺人、学科结构失衡、骨干教师流失、工资待遇相对较低、岗位聘任困难等问题比较突出。农村教师队伍建设，已成为提升农村教育水平的瓶颈与关键。

21世纪之初，福州市总人口为656万人，其中三分之二在农村。全市共有中小学2033所、在校生96万人，其中三分之二以上在农村。福州市教育行政部门把农村教育放在教育事业的重中之重来抓。2004年下半年，开展了加强农村教育工作调研。在调研中感到，加强农村教师队伍建设是关键。在向福州市人民政府提交的加强农村教育工作的调研报告中，更是将提高教师队伍素质作为其中的重要一项。2005年年初，福州市人民政府印发《关于进一步加强农村教育工作的决定》，明确"加快推进农村中小学人事制度改革。大力提高教师队伍素质"。文件从五个方面（即加强农村中小学教师编制管理；依法执行教师资格制度，全面推行教师聘用制；严格掌握校长任职条件，积极推行校长聘任制；鼓励吸引城镇教师和师范类毕业生及其他具有教师资格的高校毕业生到农村中小学任教；实施"农村教师素质提高工程"），对加强农村中小学教师队伍建设提出具体要求。

强教先强师。2005年下半年，福州市教育局把加强教师队伍建设作为重要课题进行调研，突出加强农村教师队伍建设研究。福州市教育局人事处、师管处、计财处、办公室等部门密切配合，针对农村教师队伍建设的薄弱环节，从政策上提出一系列具有突破性和建设性的意见。2006年11月13日，中共福州市委常委会听取福州市教育局关于加强教师队伍建设工作的汇报，并决定以福州市人民政府名义下发加强教师队伍建设的文件。2006年12月8日，《福州市人民政府关于进一步加强教师队伍建设的意见》正式下发。这份文件，大胆突破了原有体制的条条框框，勇于先行先试，采取了许多在福建全省具有领先意义的政策举措，有力推动了福州市农村教师队伍建设。

一是率先提高农村学校教职工编制标准。文件提出，各县（市、区）在核定教职工编制时，要充分考虑农村学校的实际，注意向农村学校倾斜，保证农村学校教职工的编制需求。要根据农村中小学规定课程设置和教育教学任务的需要，结合在校生数和班额情况，先按师生比例测算，再按班师比分解，保证每个班至少有 1 名教师上课，同时适当增加 1~2 名编制，配备英语、音乐、美术、信息技术等教师，少于 100 人的学校应按班师比 1 : 1.5 配备教师，保证学校正常教学活动。农村寄宿制学校应保证有 1 名在校校医，确保师生健康。文件还要求，根据农村布局调整后寄宿制学校的新情况，采取聘用合同制管理办法聘请寄宿生管理人员，原则上 50 名寄宿生配 1 名管理人员，聘用人员工资由同级财政支付。

二是积极引导高校毕业生到农村学校任教。凡是到农村学校任教的毕业生奖励 1 万元；服务期 5 年（含见习期），按服务年限每年发放 2000 元，奖励金自服务第二年起发放。服务期内因故离开岗位的，停发奖励金；因工作需要调整到福州市其他农村学校任教的，可继续享受奖励金，奖励经费由同级财政支付。对参加"三支一扶"活动的支教人员，教育部门在招聘教师时予以优先录用。

三是提高农村教师待遇，鼓励教师安心在农村学校工作。文件提出，对在农村学校一线任教满 20 年，且达到中级教师评聘条件的，应予以参评；已评上的，3 年内（2008 年内）逐步予以聘任中级职务，并享受相应的工资待遇。对在农村学校一线任教满 30 年，且达到高级教师评聘条件的，应予以参评；已评上的，3 年内（2008 年内）逐步予以聘任高级职务，并享受相应的工资待遇。文件还要求，各县（市、区）应根据自身财力状况，对在农村任教的教师给予适当工作补助；对在边远山区、海岛任教的教师，补助标准可适当提高。

四是鼓励城镇教师到农村任教、支教。文件提出，城镇凡45周岁以下的在编在职中小学教师评聘高级教师职务，应有在农村学校或薄弱学校任教1年以上的经历。倡导和鼓励城镇青年教师到农村学校任教，任教期间，关系不转、待遇不变，对其中表现优秀的教师，在职务聘用（任）、评先推优等方面予以优先考虑。

《福州市人民政府关于进一步加强教师队伍建设的意见》下发后，全市广大教师特别是农村教师无不欢欣鼓舞。福州市教育局紧紧抓好文件的督查落实工作。2017年7月，时任福州市教育局副局长、福州市人民政府教育督导室主任郑家夏，福州市人民政府教育督导室副主任吴榕贵等组织市、县（区）两级教育督导室联合开展落实文件情况专项督查，并向各县（市、区）人民政府作了督查情况通报。其中在加强农村教师队伍建设方面，对各县（市、区）农村初中校中、高级教师职务职称比例，农村完小及以下学校小高教师职务职数比例，在农村任教满20年、达到中级教师、高级教师职务评审条件的已评与未评、已聘与未聘人数情况，落实农村学校教师补助情况，调整农村教师编制情况，调配体育、音乐、美术学科紧缺教师情况，配备寄宿制学校生管人员及校医情况等进行列表公布，对各县（市、区）震动很大，有力促进了好政策落到实处。

福州市在加强教师队伍建设中的先行先试，得到福建省领导的充分肯定。2007年11月，时任中共福建省委常委、省委教育工委书记陈桦在福州市教师队伍建设调研座谈会上指出："福州在教师队伍建设方面创造了不少经验，下一步的工作思路也很清晰。"陈桦要求，中共福建省委教育工委、福建省教育厅要总结全省各地的经验做法，并将一些好的经验做法经过提炼，形成制度，变成全省性、规范性的做法；同时，要加大力度，研究解决新问题，始终以改革创新精神推动教师队伍建设。

在陈桦的组织与推动下，2008 年 11 月 12 日，《福建省人民政府关于进一步加强中小学教师队伍建设的意见》出台。这份文件针对中小学教师队伍建设的薄弱环节，大胆突破原有体制机制限制，采取许多在全国具有领先意义的政策措施。其中将"完善农村教师补充机制，提高农村教师队伍素质"作为一个重点，提出了许多创新性措施。21 世纪之初，福建省在加强农村教师队伍建设方面，有很多措施都在全国具有领先示范意义。

福建省人民政府文件

闽政文〔2008〕344 号

福建省人民政府关于
进一步加强中小学教师队伍建设的意见

各市、县（区）人民政府，省人民政府各部门、各直属机构，各大企业，各高等院校：

为贯彻落实党的十七大报告关于"优先发展教育，建设人力资源强国"的重要战略决策，推动福建教育事业又好又快发展，更好地服务海峡西岸经济区建设，现就进一步加强我省中小学教师队伍建设提出如下意见：

一、进一步明确教师队伍建设的指导思想和目标任务

（一）充分认识加强教师队伍建设的重要意义。当前，我省教育改革与发展进入了全面实施素质教育、全面提高教育质量的重要时期，人民群众对优质教育资源的需求日益增长。党的十七

◆ 2008 年 11 月 12 日，《福建省人民政府关于进一步加强中小学教师队伍建设的意见》出台。这份文件在教师队伍建设上的许多政策措施，在全国都具有领先示范意义

城乡统编，编制向农村倾斜。针对中小学教师"城乡倒挂"的问题，福建省在全国率先提出将县镇农村义务教育学校教职工编制标准提高到城市学校水平，实行城乡统一的教职工编制标准。全省城市、县镇、农村初中学校统一按员生比 1：13.5 配备教职工。小学在校生 200 人以上的学校，按员生比 1：19.5 配备教职工；在校生 31~200 人的学校，按班师比 1:1.7 配备教师；在校生 10~30 人的，至少配备 2 名教师；在校生 10 人以下的，配备 1 名教师。新的编制标准执行后，在 2009 年至 2011 年，福建省先核增 6500 个编制，优先用于补充农村小学紧缺学科教师，使所有农村小学都能开齐、开足国家规定的课程。

拓宽渠道，鼓励大学生到农村。在全国率先实施中小学新任教师全省统一公开招聘，仅 2011 年至 2013 年的 3 年中，全省通过统一公开招聘的中小学教师就有 1.7 万名，其中农村教师占 60% 以上。同时，加强政策引导，鼓励优秀大学毕业生到农村任教。重点实施三项计划：一是实施农村紧缺师资代偿学费计划。凡具备相应教师资格的本科毕业生，到本省一般转移支付县乡镇及以下的农村中小学任教，按每人每年 5000元计算，逐年退还学费，连续退费 4 年，所需经费由省级财政承担。市、县级财政也安排一定经费，用于实施农村紧缺教师代偿学费计划。2010年至 2015 年，全省共计投入 6000 多万元，吸引了 4000 多名毕业生到乡村学校任教。二是实施经济困难县补充农村学校教师资助计划。省财政从 2009 年起，5 年内投入 1.35 亿元，按每人每年 1.5 万元标准，连续3 年对 20 个经济困难县新补充的近 3000 名农村教师的工资性支出进行资助，支持经济困难县及时开展编制核定，及时补充新教师。三是实施农村教师定向培养。2015 年启动实施师范生免费教育试点（当年招收免费师范男生 500 名），并开展农村学校教育硕士师资培养计划。通过推荐免试、免缴学费的办法，从福建省内高校吸引了一批具备相应师资资格的应届本科毕业生到农村中学任教，并在岗完成教育硕士学位。

城乡结对，推动城镇教师支援农村。要求城镇办学水平较高的学校要与农村学校建立长期稳定的"校对校"对口支援关系，通过"结对子""手拉手"等多种形式，落实城镇教师支援农村教育工作，推动优质教育资源共享，促进农村教师队伍建设。参加支教的教师人事关系不变，工资福利待遇不因支教而受到影响。各地参照当地干部下派农村工作的补贴标准，每月给予支教教师一定的生活补助和交通补贴。实施城镇中小学教师农村任（支）教服务期制度，从 2009 年起，城镇中小学教师评聘中、高级教师职务，应有农村学校任教 1 年或薄弱学校任教 3年以上的经历。其中，城镇义务教育学校 40 周岁以下（含 40 周岁）教师评聘高级教师职务，应有农村学校任（支）教2年以上的经历。

改善待遇，吸引人才扎根农村。福建省采取有力措施，实现县（市、区）域内教师工资、津补贴、社会保险和住房公积金相同待遇，确保县（市、区）域内农村教师待遇不低于城镇教师待遇。高校毕业生到乡镇及以下中小学任教的直接转正定级，转正定级时，薪级工资高定一级。农村教师最愁的是职称评聘问题，福建省着力提高农村学校（教学点）中、高级教师岗位的结构比例和农村教师在各级各类评先表彰中的比例。从2009年起，实行城乡学校统一的岗位结构比例，小学、初中的高、中、初级岗位比例分别为1∶5.5∶3.5，2∶4∶4。在全国较早建立农村教师职称直聘制度，对在农村学校任教累计满25年且仍在农村校任教的教师，不受岗位职数限制，直接聘任相应职务。此举缓解了农村教师的聘任矛盾，对鼓励教师安心农村从教，吸引优秀人才长期扎根任教起到了积极作用。2015年起，福建省实施乡村教师补助政策。除了乡镇补贴以外，乡村教师每月补助300元，并于2018年"提标扩面"，提高到400元，2019年提高至500元，让乡村教师感受到了特殊的待遇。同时，还开展"福建最美乡村教师"评选活动；设立农村教师奖励基金，定期表彰长期在农村任教且表现优秀的中小学教师，并在各类评先表彰中向农村教师倾斜，将长期在农村任教且有实际困难的教师住房纳入当地保障性住房建设体系，建设周转房，满足交流、支教、农村教师的住房要求。

全员培训，提升农村教师素质。从2009年起，组织实施"农村教师（校长）教育教学能力提升工程"，开展新课程背景下农村教师专业素养培训和校长办学治校能力培训。5年投入3亿元，对全省农村教师（校长）免费轮训一遍。实施23个省级扶贫开发工作重点县教师专项培训和农村紧缺学科教师轮岗培训。开展"名师送培下乡"活动，组织特级教师、学科带头人为20多个经济欠发达县培训教师（校长）

达 10 万多人次。

应该说，21 世纪之初，福建省在加强农村教师队伍建设上政策好、举措实、成效大，对加强农村教育工作、提升农村教育水平有着很大的支持。特别是 2015 年 6 月，国务院办公厅印发《乡村教师支持计划（2015—2020 年）》之后，福建省从师德荣誉、补充交流、职称编制，到工资待遇、培养培训、管理改革，都对乡村教师给予了全方位支持。但由于农村中小学教师在整个教师队伍中的占比较大，再加上解决农村中小学教师队伍存在的问题不可能一蹴而就，农村中小学教师队伍中仍然存在一些问题，需要进一步加以解决：

一是农村教师留守意愿不高的问题。尽管政府在加强农村教师队伍建设上采取了一系列措施，但农村教师队伍年龄老化、能力弱化、学科结构失衡、骨干教师流失等问题仍然不同程度地存在。如何让农村教师"进得来、留得住、干得好"，仍是今后一个时期加强农村教师队伍建设需要深入探究和解决的问题。

二是农村一些学校教师"三无"问题。尽管在解决农村学校教师待遇方面采取了倾斜政策，但不少农村学校无高级教师、无学科带头人、无优秀青年教师等"三无"问题仍比较突出。为此，应继续加大农村骨干教师、青年教师培养，争取在尽可能短的时间内基本解决好农村完小、初中校的"三无"问题。

三是教学点、村小师资紧缺的问题。福建省到 2019 年还有 2529 个教学点、2668 个村小，这些教学点、村小教师还比较紧缺，特别是体育、音乐、美术等学科教师仍然不足。为此，可探讨采取定向委托培养等方式，加大培养小学全科教师，以补充小学教学点、村小师资。同时，还可通过支教、走教、轮岗交流，以及实施优秀退休教师志愿支教等形式，缓解村小、教学点师资紧缺问题。

研训一体：提升教师队伍之质

加强教师队伍建设，是一个系统工程。在这个系统工程中，教师队伍的教研、培训，无疑是其中十分重要的内容。

新中国成立后，教师培训经历了从无到有、恢复重建、改革扩展、全面转型和协同发展的历程，建立了国家、省、市、县（区）、学校五级培训管理体系。但是，由于教师队伍的教研、培训工作是个"慢活"，其作用不一定那么快就显现出来，而且也不像教育其他任务那么"硬"、时间性要求那么强，所以往往不太能引起教育管理者的足够重视，导致教研、培训工作存在"说起来重要，做起来次要，忙起来不要"的现象。

福州市教育系统对教研、培训工作十分看重，在 21 世纪之初，更是将其提到了特别突出的位置上。这源于当时开展的"争创一流教育"大讨论。

从 2002 年秋季开始的"争创一流教育"大讨论，是福州市教育系统自找差距、自加压力、建言献策的一场活动。在这场大讨论中，有一个事理越辩越明：提高福州市教育质量，关键在于教师队伍素质！如何进一步提高教师队伍素质呢？随着大讨论的逐步深入，教育系统干部形成了一个共识，就是：一所学校强，不是福州市教育强；一所学校教师队伍素质高，不是福州市教师队伍素质高。只有全市学校教师队伍素质都提高了，福州市教育才能强起来。而要整体提升福州市教师队伍能力，提高福州市教育质量，就必须做强福州教育学院和县（市、区）教师进修校，使之在提高福州市教师队伍素质中，充分发挥好培训与教研的主基地作用。

教育系统在讨论中剑指福州教育学院和县（市、区）教师进修校不是没有理由的。作为承担全市 5 万多名中、小、幼教师教研与培训的主基地，市、县（市、区）两级教师进修院校太薄弱了，不仅是进修院校的办学条件弱，师资队伍和研训能力也比较弱，难以发挥好教师培养基地、教研推广基地的作用。

教育系统在大讨论中形成的共识，对做强福州市教师研训基地——福州教育学院的呼声，引起了福州市委、市政府领导的重视。时任福州市人民政府市长练知轩，在 2003 年夏季冒着炎炎烈日，到福州教育学院和台江区、鼓楼区、仓山区、晋安区教师进修学校实地察看、调研，支持福州市教育局关于整合资源，建设新的福州教育学院的设想，以打造省会一流的教师培养培训基地。

2004 年 4 月，经福州市委、市政府研究审定，由中共福州市委办公厅、福州市人民政府办公厅印发的《福州市教育体制改革总体方案》出台，将"整合教育资源，做大做强教育事业"写入其中，提出"把教师教育放在教育事业中优先发展的战略地位。整合福州教育学院、福州师范学校、福州市普通教育教学研究室、福州市教育科学研究所和福州市成人教育研究室，组建新的福州教育学院，改变我市现有教师教育办学条件落后、机构分散、力量不足、合力不够的局面。使我市教师教育工作和教育的改革发展相适应，并适度超前，逐步把福州教育学院办成名校长、名教师的培养基地，好教案、名教案的扩散基地，中、小、幼教育的研发基地和师资水平的提高基地，为提高教育质量，争创省会一流教育奠定坚实基础"。"四个基地"是福州市委、市政府对新的福州教育学院的厚望与工作要求，也承载了福州市教育人的热切期盼。

福州市委、市政府领导对建设福州教育学院倾注了大量心血。时任中共福州市委书记何立峰、福州市人民政府市长练知轩多次到实地察看，为福州教育学院选址，最后确定在福州地区大学新区交通最便利的浦上大桥旁边的马堡村地块上，划出 152 亩土地，作为福州教育学院新校址。福州市在当年财政并不宽裕的条件下，决定投资 1.52 亿元，建设 6.8 万平方米规模的福州教育学院。为了建设新的福州教育学院，2005 年 4 月，

◆ 2005 年 5 月，福州教育学院筹建领导小组成员到青岛考察教育学院建设工作

中共福州市委决定成立福州教育学院筹建领导小组，由赵素文任组长，陈新、张昌勋、程季平任副组长；同时，派筹建领导小组成员到福建省外的青岛、江苏、扬州等先进教育学院学习取经。福州市委、市政府对福州教育学院资源整合、建筑设计方案等都具体听取汇报，一一研究审定。2007 年秋季，新的福州教育学院建成。经福州市委、市政府研究，新的福州教育学院同时挂福州教育研究院牌子。中共福州市委在福州教育学院班子配备上，选派福州市教育系统具有名校工作经历的福州市教育局副局长郑勇兼任福州教育学院党委书记，高山博士担任福州教育学院院长。福州教育学院开启了建设"四个基地"和发挥"六个功能"（即提高队伍、提升质量、推广技术、政策研究、教育科研、职前培养）的新征程。

　　教育事业发展中总有很多变化的因素。当福建省各设区市对福州教育学院的新生羡慕不已的时候，福州市很快刷新了新的目标、新的高度。2013年，将福州教育学院升格为闽江师范高等专科学校，成为一所以全日制办学为主的专科院校；原福州教育学院的功能，由闽江师范高等专科学校的一个内设机构——福州教育研究院来承担。从此，福州中小学教师研训工作不再由福州市教育局直管，而是由闽江师范高等专科学校与福州市教育局共抓共管。这种模式与管理体制是优是劣，还有待实践的检验与时间的印证。

正是因为教师研训工作的成效不是那么"显性"，所以教师研训机构"命途多舛"。福建省级教师培训机构——福建教育学院的生存与发展也历经磨难，2005年前后曾一度要被撤销、整合，学院的教师培训工作也处于不正常状态。2008年年初，福建省委、省政府从福建省高校布局分工出发，从福建省基础教育改革发展需要出发，明确保留福建教育学院，从而保住了福建省基础教育教师队伍的培训主基地。2008年印发的《福建省人民政府关于进一步加强中小学教师队伍建设的意见》明确提出，"加强教师培训体系建设"，"大力加强福建教育学院建设，强化其培训、教研的功能以及在全省中小学教师继续教育工作中的引领带动作用，将福建教育学院建设成为中小学教师省级培训主要基地和中小学教师继续教育的政策研究咨询和业务指导中心"，使得福建教育学院从濒临撤销的边缘上得以"复苏"重生。

我国从没有一个时代，这样急切地需要高素质教师。在21世纪的第二个十年，人民对于公平而有质量的教育的期盼愈加强烈，教师队伍的专业化被提到了更加突出的位置。引领教师专业成长，成为教师队伍建设的重点。2012年，《国务院关于加强教师队伍建设的意见》强调，要"大力提高专业化水平"。这一年，教育部印发《小学教师专业标准（试行）》和《中学教师专业标准（试行）》，这是新中国成立以来首次颁布的关于中小学教师专业发展的国家标准，成为教师培养、准入、培训、考核等工作的重要依据，给教师研训工作带来了新的春天。2018年，中共中央、国务院印发《关于全面深化新时代教师队伍建设改革的意见》，教育部等五部门印发《教师教育振兴行动计划（2018—2022年）》，为教师队伍建设，培养高素质、专业化、创新型教师队伍提供了政策保障和行动遵循，各级教师研训机构的工作也得到了前所未有的重视与支持。21世纪的第二个十年，福建教育学院在福建省委、省政府和福建省委教育工委、福建省教育厅的高度重视与大力支持下，奋力爬坡，在"十一五"期间努力打造"四个基地""两个中心"（即基础教育教师省级培训主要基地、基础教育教学研究主要基地、基础教育政策研究重要基地、海峡两岸基础教育教学与培训交流的重要基地，中小学教师继续教育研究咨询服务中心、基础教育信息资源中心）的基础上，"十二五"期间，进一步发挥了"五个作用"（即省级基础教育培训主基地作用、基础教育科研主阵地作用、基础教育资源主渠道作用、基础教育服务主力军作用、中小学教师继续教育咨询指导主功能作用）。2019年，福建教育学院培训总量达406项、588班次，培训中小学教师总人数达9万余人次（其中集中培训4万多人次、函授培训5万多人次）。承担的"国培"项目，在教育部组织的质量评估中，连续六年名列全国培训机构前列。福建省级教师培训机构的保住与发展，对于加强全省中小学教师培训、提升教师队伍素质，是极其有力的支持与示范。但愿教师研训的主基地——省、市、县三级教师进修院校建设，能够引起各级教育行政部门管理者的更多关注与关心。相信教师进修院校地位作用彰显之时，便是基础教育教师队伍素质大提升之时，也就是基础教育质量大提高之时。

第四篇章　平安教育的纠结与摸索

教育管理者的责任重如泰山。做教育管理工作，要面对来自各个方面的压力，包括教育教学质量的压力、学校师生安全的压力、行风政风的压力、考试招生的压力等等。这些压力，无不把教育管理者压得喘不过气来。其中，学校师生安全更让人揪心。有一位高层领导讲过："办教育，平安第一位。人都没了，还办什么教育？"是的，办教育，学校师生平安最重要。师生安全，直接关系到青少年学生的健康成长，关系到千万个家庭的幸福安宁和社会稳定，是教育各项工作最基本的底线，容不得半点闪失和漏洞。虽然学生发生安全事故的概率很低，一个地方一年的师生安全事故可能是十万分之一还不到，但对当事人及其家庭而言却是百分之百。每一起安全事故都极易引发不安定事件，都需要耗费相当多的精力去处理，否则就会影响正常的教育教学秩序，影响社会安定稳定。因此，平安教育是"办好人民满意的教育"的重要组成部分。

21 世纪之初，我在福州市教育行政部门工作，经历和处理了许多安全稳定事件，其中记忆犹新、感触尤深的有以下十类事件。

第一类：自然灾害事件

福建有地处祖国东南沿海，亚热带气候。这种地理位置和气候特点，导致台风、暴雨、洪水、内涝等自然灾害频发，直接威胁学校安全、师生安全。21世纪之初，有两起重大风灾、雨灾，给福州市学校造成的危害，让人触目惊心。

一起是2005年的"龙王"台风造成的影响。2005年10月1日，福州市天空瓦蓝瓦蓝的，人们沉浸在欢度新中国成立56周年的节日氛围之中。这一天，气象部门拉响了警报：第19号台风"龙王"将于10月2日登陆福建。按照福州市历年气象经验，"六月风飑生九仔，八月风飑不回南"，就是说农历六月间台风频发，但入秋之后很少会刮台风，即使刮秋台风，也不会下"回南雨"，这也导致人们对国庆期间台风的威力判断不足。令所有人都没有想到的是，到10月2日，天空乌云翻滚，这个被称为"龙王"的台风，以12级风力之威，于当天21：35在晋江围头登陆。台风登陆前后，给处于台风登陆以北地区，特别是福州市，带来短时间、高强度、超百年一遇的特大暴雨。倾盆大雨从傍晚开始，从天上倒下，只两三个小时，降雨量就超过150毫米。市政管网承受不住短时间注入的雨水，造成市区道路到处积水，地势低洼的五四路一带受淹严重。这场特大暴雨、内涝，给福州市学校造成很大破坏：全市学校受灾407所，其中市属学校7所、区属学校72所、县（市）属学校328所；共倒塌校舍34间、面积4487平方米，形成危房299间、面积13790平方米，毁坏围墙12694米、护坡滑坡163543立方米，毁坏其他建筑设施23243平方米，毁坏教学仪器设备1652套（台、件），毁坏课桌椅5916套，毁坏图书17万册，造成的直接经济损失达4481万元。位于福州地区大学新区的闽江学院、福州职业技术学院校园受到山洪严重冲刷，水深达1米多。内涝退后，闽江学院、福州职业技术学院以及位于福州市区的福州屏东中学等满地淤泥，校园一片狼藉。台风过后，教育系统广大党员干部、教职员工迅速投入清淤清理、排除隐患等各项工作。在广大教职工的共同努力下，福州全市2358所中小学、9所市属高校，在国庆长假后的10月8日，有2330所中小学、6所市属高校如期开学；但闽侯县的 8 所学校（南屿甲歧小学、青口中心校、西塘小学、梅院小学、西台小学、大义小学、大义中学、荆溪关东小学）连江县的 4 所学校（马鼻中心小学、潘渡乡的塘坂小学、高岳小学、坡西小学）罗源县的 6 所学校（起步中心小学、西兰中心小学、洪洋中心小学、洪洋皇万小学、洪洋王认小学、洪洋曹营小学）晋安区的 9 所学校（红寮中心小学、新店中心小学、秀山中学、宦溪中心小学、宦溪中学、北峰中学、鼓岭小学、捷坂小学、桂湖小学）仓山区的青富小学等 28 所农村中小学，因道路塌方、水电不通、校园有安全隐患等原因，仍延迟开学；闽江学院、福州职业技术学院、福州理工学院等 3 所福州市属高校因受灾严重，清淤及供水、供电未恢复，也延迟开学。在各级党委、政府的重视与协调下，有关方面积极配合做好灾后恢复工作，直至 10 月 10 日，受灾学校才全面复课。这次突来的特大灾害，所幸逢国庆节学校放七天长假，中小学师生都放假回家，高校留校的师生也很少，校园内师生均平安无事。灾后，我与何旺金、张乃清等同志到一些受灾严重的学校察看。听晋安区秀山小学及罗源县山区学校的校长讲，10 月 2 日那天，特大暴雨、山洪凶猛，只几分钟，校园内的水就漫过膝盖；要是那天小学生在上课，那么多人紧急疏散，跑到楼上都来不及。当时一听，感到十分后怕。福州一位领导对我说："还

◆ 2007 年秋季，时任福州市人民政府副市长朱华（前排右二）检查闽江学院洪涝灾害后校园清理工作

好遇到学校放假，不然后果不堪设想。"

另一起是"龙王"台风的前两年，2003年9月20日晚，永泰县长庆镇、嵩口镇发生百年不遇强降雨，山洪暴发，部分村庄受灾严重，仅嵩口镇就冲毁78户村民房屋，长庆、嵩口两镇有5所学校受灾严重，受灾面积达6580平方米。其中，长庆镇下铺村小学因地处低洼地带，当山洪冲下来时，低洼地带瞬间成为一条泄洪道，凶猛的山洪将整个校园推成平地。9月30日，时任福州市人民政府市长练知轩带领市、县有关部门负责人到永泰察看灾情，在一片废墟上，只留有半截墙上的黑板，才让人感受到这里曾经是一所学校。这次暴雨山洪灾害发生在夜间，师生都不在学校；倘若是在上课时间山洪暴发，师生逃生都来不及。

突发性自然灾害让人触目惊心。大自然的力量不可抗拒，那我们该如何将灾害造成的不安全因素降到最低呢？首先，应注意学校选址，新建学校不应选址在低洼地带，特别严禁选在"锅底"地带。其次，要实时监测校舍，及时发现新增危房，做好危房改造排险，消除校舍安全隐患。再次，要做好校园应急逃生教育与演练。最后，要加强师生出行安全教育，路途遇到突发自然灾害，要懂得躲避，保护自身安全。

各种自然灾害中，对福建地区的威胁较大的，当属台风、暴雨。每年夏季台风频发，但台风达到哪一个级别学校停课，过去没有一个规定。那时候，学校停课要层层请示审批。21世纪之初，通信工具还不发达，福州市教育局接到停课通知后，要动员各个处室所有干部分工打电话到各县（市、区）教育局、市直各学校，基层单位、学校再层层通知下去，不仅工作量大，而且时效慢。更忧心的是，班主任老师打通了家长电话，学生已经出门上学了，这对学生安全造成很大威胁。怎样解决这个问题呢？2006年，福州市教育局根据福州地区夏季台风多发的特点，学习借鉴香港"学生看风球信号上学"的经验，在全市各学校推行教育学生出行看福州电视台的台风风球信号的措施，若遇到红色风球信号，学生便不必上学，在家温习功课，此举既方便了学生和家长，又避免了临时通知不到位而发生安全事故的问题。2006年12月，由时任中共福州市委常委、市委教育工委书记陈大强牵头研制，中共福州市委教育工委、福州市教育局印发了《福州市校园突发公共事件应急预案》。其中一个预案是《福州市教育局防御热带气旋（台风）、暴雨应急处置预案》，对气象部门发布的台风蓝色、黄色、橙色、红色四级预警信号和暴雨黄色、橙色、红色三级预警信号分别提出防御简则，对防御台风、暴雨自然灾害作出规范要求。这个预案一直沿用了十余年。2018年12月，福州市气象局、福州市教育局联合发布了《福州市中小学台风、暴雨灾害防御指引》，使教育系统防御台风、暴雨工作更加规范、到位。现在通讯工具更加发达，学校师生可以通过福州市气象门户网站、"福州气象"官方微博、"福州气象"官方微信公众订阅号、"福州预警发布"官方微信服务号、"知天气"APP、福州广播电视台、气象信息电子显示屏等多个途径获取预警信息。遇到气象部门发布的暴雨橙色、红色预警信号，家长可自行决定子女上学时间；遇到气象部门发布的台风橙色、红色预警信号，学校自动停课。这使得师生防御台风、暴雨自然灾害工作有章可循，为师生绑上了"安全带"。

第二类：公共卫生事件

预防和应对突然发生并造成或者可能造成学校师生健康严重损害的公共卫生事件，是教育系统很揪心，并且要投入大量人力、物力开展的工作。教育系统是人员密集的地方，一旦学校内突发公共卫生事件，或者学校所在地区发生可能对学校师生健康造成危害的突发公共卫生事件，教育系统总是火急火燎地迅速"灭火"。21世纪之初，有三次重大公共卫生事件，记忆非常深刻。

2003 年春夏之交，全球有十多个国家和地区发生非典型肺炎疫情。广东、北京也有一些人感染了"非典"肺炎，通过人员交往、交通运输等向全国一些地方扩散。在医疗暂时无法控制、治疗病情的情况下，引起了市民恐慌。防"非典"、保障人民健康，成为党中央、国务院操心的一项工作。福州市防"非典"工作，从 2003 年 4 月初开始重视起来。4 月 7 日，中共福州市委召开紧急会议，传达贯彻国务院部署精神，对防"非典"工作作了通报与部署。会议要求，人口聚集地方，特别是学校，要予以高度重视，切实落实预防措施，力争不发生"非典"疫情、发生了"非典"不流行、流行了不死人；教育行政部门和学校要成立公共卫生事件处置小组，党政主要负责人要亲自抓、负总责，学校不集中搞社会实践，学生不外出，避免因人员流动增加而带来疫情风险。当时离中考、高考只有一个多月时间了，福州市教育局于 4 月 11 日召开学校安全和防"非典"工作部署会，提出采取教育、预防、巡查报告等手段，扎扎实实做好防"非典"工作，确保教育系统不发生疫情，不要因"非典"问题而影响中考、高考，影响学生一年乃至一生。

4 月中旬后，福建省、福州市防"非典"工作部署进一步升级。4 月 14 日，中共福州市委召开常委扩大会，传达贯彻时任国务院总理温家宝关于全国要进一步动员起来打一场预防"非典"的硬仗的指示精神，传达贯彻中共福建省委领导部署精神，对全市防"非典"工作提出具体要求。

教育系统是防"非典"的重点部位，不仅人口密集，而且人口年龄小，更容易受到侵害。人命关天，不容懈怠！全市教育系统自 4 月中旬后全面行动起来，用"严阵以待""草木皆兵"来形容当年防"非典"工作，一点也不过分。在防"非典"战役中，各学校把能用的办法都用上了。那一时期，各学校广泛、深入开展防"非典""四勤""三好"宣传教育；各学校都实行封闭式管理，与学校无关人员一律不让进来；校园每周进行一次全面消毒；校内不搞全校性大型集会活动，学生外出社会活动全部取消；学校每天进行学生晨检，发现师生发热及异常状况，及时报告；有条件的学校，洗手水龙头都改装成电子感应水龙头；五一假期要求学生不到公共场所、不外出活动等等。教育系统建立了日报告和零报告制度，每天上情下达、下情上报。

4月25日，台江区查出一例疑似病例。到4月28日，全市共排查出16个疑似病例、149个接触者，福州市防"非典"工作再次升级，全市进入"临战状态"。福州市把福州肺科医院、林如高医院、福州市传染病医院、福州市第一医院等四家医院作为定点医院，划出独立病区收治"非典"病人及疑似病例。对4月20日起从广东、北京、香港、山西来的人员全面登记造册，全程监控、调查；对民航、铁路等关口进来的外来人员进行全面排查登记。防"非典"工作内紧外松，形势十分紧张。在这样的形势下，福州市教育局果断取消当年小学升学体检，并取消原定于6月份举办的福州高招咨询会暨教育展会。

5月13日晚，中共福州市委领导在福州市防"非典"工作会议上，对全市防"非典"工作提出三个阶段目标：第一阶段，确保5月20日前不发生疫情，使福州"5·18"国际招商月活动如期举行；第二阶段，确保高考平安顺利进行；第三阶段，确保平安度过中考。中共福州市委领导对教育系统防"非典"工作提出了具体要求，包括各学校班主任要切实负起责任，密切观察学生身体状况，发现发热、咳嗽等异常状况要立即报告；中学要强制性要求学生带体温计，第二节课延长时间专门测量、报告体温情况；要将寄宿制学校、文武学校、民办学校作为督查重点；万一发现疫情，学校要马上将病人送至定点医院，将传染源控制在最低限度。福州市领导希望，教育系统不要出现被隔离的学校。

在防"非典"大山压顶的情况下，当年高考、中考无疑压力巨大。这一年的高考于6月7日、8日举行，福州市报考人数为36140人，设

44 个考点。为了确保高考安全，福州市要求所有公交车、出租车实施每天两次消毒；同时，对考生住宿的宾馆、饭店的防"非典"工作进行了全面检查，对各考点进行了全面消毒。市区还安排了两个备用隔离考场，各县（市）也分别安排了 1 个备用隔离考场。所有考生进考场均进行体温检测。当时教育系统的工作要求是：在福州市没有发现"非典"病人、没有发现可疑病例通报的情况下，要内紧外松，为考生创造宽松的考试环境。福州市教育局分管高招工作副局长翁桂香、福州市高招办主任梁敬水提了人性化的建议：在高考期间，学生如果忘记带上健康证明，可观察考生外表，如果无发热咳嗽症状，一般不要阻挡，尽量不要强行测量体温，破坏考生参加考试的情绪；对一般感冒发烧的学生，不要轻易启用备用考室；对个别咳嗽厉害会影响他人、严重感冒会感染他人的，可说服到备用考室考试，但要耐心、和颜悦色地说服，不要出现医护人员进来把考生强行拉出去的情况，以免影响考生本人及其他人的情绪，影响考试。这些建议，后来在高考期间作为福州市教育系统"内部要求"进行把握。福州市教育局在基于福州市没有发现"非典"病例及可疑病例的研判基础上，要求各级对防控措施不要层层加码，比如让考生提早进考场接受检查等，不要制造紧张、恐慌气氛；在具体执行方面，要做到"五个不要"，即不要随意限制考生参加考试、不要随意启用备用考点及考室、不要采取过火措施行动、不要影响和刺激考生情绪、不要渲染紧张气氛。正是在各级党委、政府的重视关怀和各部门的支持配合下，在全市教育系统上上下下的共同努力下，2003 年的高考得以平安、顺利进行。后来，福州市只启用了一个备用考场，因有 4 名外地回福州未满 14 天的考生，按规定进行隔离，在备用考场进行考试。

在平安度过 5 月 20 日和高考两个阶段后，福州市教育系统紧接着努力做好中考各项工作。由于已有高考防"非典"的工作经验，各考场准备工作井然有序。特别是 6 月 30 日，福州市防"非典"领导小组根据全国疫情下降，福建省、福州市相当一段时间都是"零报告"，决定解除"非典"疫情警报，公共卫生工作转入正常、长效机制。7月1日至3日，福州市中考平安、顺利进行，全市设92个考点，共有考生72387人，考试过程一切正常。至此，福州市教育系统圆满完成了中共福州市委提出的防"非典"三个阶段的工作目标任务。

21世纪之初的另一个重大公共卫生事件发生在2004年，这就是预防"登革热"事件。2004年国庆节，当福州市沉浸在国庆的欢乐喜庆氛围之中时，一个防治"登革热"的警报却在拉响。

2004年9月14日，福建医科大学附属第一医院发现首例"登革热"病人。之后，在台江区又发现3个疑似病人、闽侯县发现1个疑似病人。发生个例还不足以启动公共卫生预案。但是到9月30日，突然又增加了7个观察病例，这引起了福州市委、市政府的重视。中共福州市委领导批示，要内紧外松，认真、稳妥地做好防治工作。10月1日，福州市人民政府召开防治"登革热"部署会。会议通报了"登革热"疫情情况，传达了时任中共福州市委书记何立峰的指示；时任福州市人民政府市长练知轩对防治"登革热"工作作了动员部署。练知轩指出，"登革热"病传染快、反复性大，严重的会死人，特别对儿童危害很大。各级各部门要迅速动员起来，形成行政首长负责制，层层落实防治措施，控制疫情蔓延，确保不死人。防治工作宁可防空、不可放松。会议还部署在全市上下大搞卫生大扫除，清除卫生死角，消灭蚊蝇孳生地，并定于10月3日16时全市统一灭蚊。

为了确保学校师生平安，福州市教育系统干部在假期中全部返回单位、学校，投入防治"登革热"工作当中。这次公共卫生突发事件，在假期中由教育系统管理干部放弃休息悄悄地进行。在全市上下的重视和方方面面的配合行动下，福州"登革热"疫情迅速得到控制。当国庆长假结束，师生平安返校学习，并没有多少人知道教育系统广大干部为防控"登革热"疫情所付出的努力。

再一次的重大公共卫生事件，是发生在 2005 年的防治霍乱疫情。2005 年 8 月，福州市发生霍乱疫情，市里虽先后开了 3 次会议进行动员部署，但收效甚微。疫情不断发展，到 9 月上旬蔓延到鼓楼、台江、仓山、晋安、长乐、罗源、平潭等县（市、区），发病人数占全国的 1/3，成为全国霍乱疫情的重点地区之一，引起国家卫生部的重视。福建省委、省政府领导对福州市防治霍乱疫情工作作出重要指示。2005 年 9 月 14 日，福州市人民政府召开防治霍乱疫情工作部署会，时任福州市人民政府市长练知轩要求落实从市到县、乡、村四级领导责任制，以乡镇、街道"块块"为主、"条条"配合，迅速行动，打一场防治霍乱的人民战争。福州市教育局迅速贯彻、紧急部署，全市教育系统迅速行动，全面开展对师生的防霍乱教育，并加强对学校食堂的管理，从食品采购、食品加工、厨具卫生、食品售卖、碗筷消毒、饮用水卫生、食品留样等七个环节严格把关，各学校全面开展环境卫生大扫除。福州市教育局组织机关干部到 75 所市属学校、民办学校进行督查。经过全市上下共同努力，霍乱疫情很快得到控制。

以上 3 起公共卫生事件都是发生在社会上，教育系统作为"条条"进行配合处置。倘若是校园内发生公共卫生事件，又该怎么办？学校是一种特殊的人员密集场所，学生具有基础大和多群居等特点，是传染病的易感人群。面对各种重大传染病的威胁，如何着力构建校园应急防疫机制？2006 年，福州市教育局在制定校园突发公共卫生事件应急预案中，把公共卫生突发事件应急处置作为校园突发公共事件五大类之一，对应急反应措施、善后与恢复等提出了具体要求，以应对突发公共卫生事件，迅速做好处置工作，确保师生平安、学校教育教学秩序正常进行。

2020 年年初，我国发生了新冠肺炎疫情。习近平总书记在 2020 年 2 月 23 日召开的统筹推进新冠肺炎疫情防控和经济社会发展工作部署会议上的讲话中指出，"这次新冠肺炎疫情，是新中国成立以来在我国发生的传播速度最快、感染范围最广、防控难度最大的一次重大突发公共卫生事件。对我们来说，这是一次危机，也是一次大考。"这次疫情，对构建校园重大传染病应急防疫机制，也是一次大考。2020年2月，国务院应对新型冠状病毒肺炎疫情联防联控机制印发《关于依法科学精准做好新冠肺炎疫情防控工作的通知》，并以附件的形式发布了《中小学校新冠肺炎防控技术方案》，重点对中小学开学前的准备、开学后的卫生防护以及出现疑似感染症状应急处置等提出了技术要求。我们应从这次重大疫情中，进一步探索构建校园重大传染病应急防控机制。这是维护学校正常秩序、保障学生学习生活的现实需要，更是国家和地方重大卫生疾病防控工作的重要组成部分。

第三类：食品卫生安全

食品卫生安全应该属于公共卫生事件，之所以把它单列出来，是因为它在学校安全事件中发生的次数多、占的比例大，是学校安全管理的一个重点。

容易发生学校食品卫生安全事故的源头，主要有五个方面：学生饮用奶、饮用水、食堂饭菜、校内小卖部食品、校园周边餐馆及食杂店（摊点）。

21世纪之初，在社会食品安全网扎得还不甚牢的情况下，食品源头存在安全隐患，不时发生学生集体食物中毒事件。

2003年4月24日，福州市鼓楼区红光小学学生饮用"大乘"牛奶，出现20名学生食物中毒事件。当时正是防"非典"的特殊时期，此事引起福州市委、市政府和牛奶产地南平市人民政府的高度关注。福州市教育局迅速作出部署，立即协调联系抢救中毒学生，并对饮用"大乘"

牛奶的所有学生进行跟踪检查。福州市教育局果断决定：从 4 月 25 日起，所有学校暂停配送"大乘"牛奶，待卫生防疫部门查明原因后再做处置。福州市教育局要求全市中小学要对红光小学学生集体食物中毒事件引以为戒，从中举一反三，全面开展食品卫生安全大检查，对学生饮用奶、饮用水、食堂卫生、小卖部食品卫生等进行一次拉网式检查，并商请福州市有关部门配合，开展校园周边商铺食品卫生安全大检查。后来，经南平市、福州市卫生防疫部门跟踪检测，"大乘"牛奶质量合格。6 月 9 日，经福州市教育局局长办公会议研究，同意恢复学生奶供应，对停供饮用奶期间的牛奶款，由各学校如数退还学生。

2003 年 5 月底、6 月初，闽侯县青口镇青圃中心小学、闽江学院、福建省机电技工学校等连续发生数起学生集体食物中毒事件。6 月 2 日，福州市教育局召开学校安全会议，部署以预防食物中毒为重点，全面落实学校安全教育措施。对食品卫生安全工作，强调落实"六个到位"：一是食品卫生教育落实到位，教育学生不买、不吃"三无"食品。对行政后勤人员全面进行教育，讲责任、讲制度、讲规范。二是环境卫生落实到位。结合夏季爱国卫生大扫除，对学校环境卫生进行全面清扫，对食堂进行全面清理、消毒。三是食品安全各个环节把关到位。具体把好食材进货关、食品加工关、饭菜发放关、食品留样关。四是预案及应急反应系统落实到位。遇到食物中毒突发事件，应立即将病人送往医院抢救，并上报当地卫生防疫部门与上级教育行政部门；同时，通报家长，绝不允许缓报、瞒报。五是责任制落实到位。实行食品卫生安全责任追究制度，因学校卫生工作落实不到位而发生食物中毒事件造成不良后果及影响的，或对食物中毒事件缓报、瞒报的，视情节对有关负责人予以相应处理，乃至追究法律责任。

校内小卖部是发生食品卫生事故的源头之一。有的寄宿制学校为方便学生购买日用品和食品，在校内开了小卖部，但小卖部往往由私人承包。小卖部有的进"三无"食品，有的进货商品售卖不畅，过期了仍不下架，以致一些学生因购买食用"三无"食品或是超过保质期的饮料、糕饼类食品而引发肠胃不适。为此，在那一时期，福州市教育系统把校内小卖部食品安全作为学校食品卫生安全的重点进行了严查、严管。

针对学校食品卫生安全问题的多发性、严重性，2006年，福州市教育局在制定校园突发公共事件应急预案中，把学校发生集体食物中毒列为公共卫生类突发事件的头一件。借鉴处理食品卫生安全事故的经验教训，福州市教育局制定了应急反应措施。其中，明确了学校的应急反应：事件发生后，现场的教职员工应立即将相关情况报告学校领导。学校领导接到报告后，必须立即赶赴现场组织实施，包括联系当地卫生部门（医院），对中毒患者进行救治；立即向当地疾控部门和主管校园公共卫生类应急工作组报告；追回已出售（发出）的可疑中毒食品或物品，或通知有关人员停止食用和使用可疑中毒物品；停止出售和封存剩余可疑的中毒食品和物品；控制或切断可疑水源。学校要与中毒或患病人员家长、家属进行联系，通报情况，做好思想工作，稳定情绪。积极配合卫生疾控部门封锁和保护事发现场，对中毒食品、物品等取样留验，对相关场所、人员进行致病因素排查，对中毒现场、可疑污染区进行消毒和处理；或配合公安部门进行现场取样，开展侦破工作等等。这些是从无数次处理食品卫生安全事件中总结出的经验，也是对校园内发生食品卫生安全事故提出的规范化要求。

现在，伴随着经济社会的发展，学校用餐人数日渐增多，供应形式更加多元，供餐品种也日益丰富，学校的食品卫生安全引发的社会关注度也在不断提升。国家对学校食品卫生安全工作采取了更加有力的措施。为了让学生吃得安全、放心，2019年年初，教育部等三部委联合发出《学校食品安全与营养健康管理规定》，明确学校集中用餐实行预防为主、全程监控、属地管理、学校落实的原则，建立教育、食品安全监督管理、

◆ 2005年，时任福建省人大常委会副主任王美香（中）、福建省教育厅副厅长李红（左二）等领导到福州市乌山小学参加第九个全国中小学生安全教育日活动

卫生健康等部门分工负责的工作体制；学校集中用餐应当坚持公益便利的原则，围绕采购、贮存、加工、配送、供餐等关键环节，健全学校食品安全风险防控体系，保障食品安全，促进营养健康。该文件还明确要求，自2019年4月1日起，中小学、幼儿园应当建立集中用餐陪餐制度，每餐均应当有学校相关负责人与学生共同进餐，做好陪餐记录，及时发现和解决集中用餐过程中存在的问题。这对于督促学校校长履行好食品安全第一责任，具有积极意义。2019年年初召开的全国校园食品安全工作电视电话会议，对校园食品安全又下了一些硬指标。其中一个硬指标是校园明厨亮灶的数量要从50%提高到70%，这一指标的数量远远高于社会。以上这些，充分表明了政府的决心与努力，必将更加有力地保障学校广大师生在校集中用餐食品安全。

第四类：溺水事故

溺水，是导致福州市中小学生意外死亡的头号杀手。一个个鲜活的生命溺水而亡，岂不让人痛心疾首？

2002年7月7日，那是福州市中学放假后的第一周，位于福州市仓山区的福州第二十一中学发生了4名学生溺水死亡事故。这本来是快乐的一天，班主任带着中考后一身轻松的学生到金山新区游玩。他们参观完一些景点后，来到新建成的南江滨公园。师生们在沙滩上游玩、拍照，可他们并不知道，洪水过后的南江滨公园的沙滩底下已经掏空，危险就在脚下。在学生集合拍照的一瞬间，脚下的沙滩突然断崖式地坍塌，导致4名男生落入江中。尽管师生们立即采取措施呼救，公园及当地政府立即组织施救，但4名男生如失踪一般一直找不到。一直到当天下午，水上船工才从江中打捞出4名男生尸体。福州第二十一中学学生集体活动溺亡事故，导致伤心欲绝的家长发生"校闹"事件，仓山区人民政府、区教育局耗费了很多精力才平息了事件。但是，事故却给死亡学生家庭留下了永远无法弥合的创伤。

福州市江河湖泊多，每年春夏之交，天气一热，就有不少学生私自到江河游泳，有的学生水性不好，有的甚至根本不会游泳也下水，造成溺水事故频发。当时，分管学校安全工作的福州市教育局副局长连仲恺曾总结出学生溺水的"三个危险时间段"：突然间天气热下水，中考、高考后大放松下水，暑期没人管下水。游泳安全一直是教育系统安全教育与管理的一个重点，但溺水事故仍然频发，甚至屡抓屡冒。

记得2007年夏季，学生溺水事故最为突出。这一年恰逢县（市、区）人民政府刚刚换届，有的部门干部尚未配备到位，在管理上有所松懈。入夏后到7月初不到一个月，学生溺亡人数就高达25人，其中外来务工人员子女占一半以上。学生溺水事故频发，让福州市委、市政府领导揪心。时任中共福州市委书记袁荣祥、福州市人民政府市长郑松岩都作了批示；中共福州市委副书记、市委教育工委书记周宏，福州市人民政府副市长朱华先后召开学校安全工作专项会议进行部署、检查落实。针对溺水事故频发的问题，福州市各级教育行政部门和学校采取了一系列措施：一是广泛深入开展安全教育。福州市教育局印发了《致家长的一封信》，由各级各类学校发放到每一个学生家长手中，家校共同配合开展学生安全教育。同时，在中考、高考结束后，各学校将考生留下来全面进行暑期安全教育。二是福州市教育局领导带领机关干部，组成10个督导组到各县（市、区）和学校开展安全督查，具体检查学校安全教育是否落实到了每一个学生，家校联系是否落实，外来务工人员子女、留守儿童、单亲家庭子女等是否重点落实了教育与管理工作，发生事故的学校是否尽到了应尽的责任等。到县（市、区）督查的干部，还负责主动与县（市、区）领导联系，要求社区（乡村）配合，将社区（乡村）内的公共活动设施，特别是图书馆、体育场所等免费向学生开放，让学生暑期有安全、健康的活动去处。三是福州市教育局主动与福州市水利、体育、园林、内河等部门联系，请求协助在有水域的地方设立安全警示标志，并加强巡查管理，共同做好青少年防溺水安全教育与管理工作。四是积极联系新闻媒体，配合做好防溺水公益广告宣传。五是落实学生安全责任制，由各教育局局长、各学校校长亲自抓、负总责。当年学生溺水事故问题突出的闽侯县，在防溺水上，可谓办法想尽，动员了中小学老师放弃假期休息，分段负责看守江河池塘。通过全市动员、综合治理，才遏制住了溺水事故高发的势头。

福州地区海岸线、江岸线长，河浦多，溺水一直是导致学生意外死亡的头号杀手。保障游泳安全、防止溺水事故发生，最主要的还是要提高学生的安全意识，所以安全教育要年年抓、经常讲。只有教育行政管理干部和学校老师不厌其烦地宣讲与落实，才能让学生多一份平安。

第五类：交通安全事故

学生人口众多，每天上学出行，交通安全是学生安全管理的一个重点。据福州市教育局分析，在学生意外死亡事故中，因交通事故死亡人数位列因溺水死亡人数之后，居第二位。

2002年2月27日，那是我到福州市教育局工作的第6天，永泰县发生了一起学生上学途中集体受伤害事故。这虽然不是直接的交通事故，但因发生在学生上学坐船途中，也算是一起交通事故。

这一天，永泰县一所乡村小学的31名学生坐渡船上学，船上同时坐有2个大人。船行至河中央，同船的一个女人发疯，举起柴刀向学生砍去。突如其来的伤害，让学生们一时惊呆。当孩子们反应过来，纷纷跳水逃脱的时候，疯女人已砍伤了14个孩子。当地村民闻讯立即赶来救援，救起了16个落水孩子。永泰县人民政府和永泰县教育、卫生等部门得知情况，迅速组织人员赶往抢救，但有3个孩子因伤势过重死亡。

"2·27"恶性事件震惊福州全市，福建省、福州市领导都作了批示。2月28日，福州市教育局召开学校安全工作紧急会议，迅速贯彻落实福建省、福州市领导批示精神，要求全市各级教育行政部门、各级各类学校从"2·27"恶性事件中吸取教训、举一反三，立即开展一次学校安全工作大教育、大检查；要将"2·27"恶性事件向全体师生员工通报，并抓住这个事件，对师生进行校内安全、交通安全、活动安全、出行安全教育，增强其自我防范意识；教育师生在遇到精神病人等危险、可疑的人要尽量远避，遇到街头不明真相的打斗要尽量远离，遇到紧急情况要懂得自防自救，提高自我防范能力。会议还对开展学校安全大检查作了部署。会后，市、县两级教育行政部门还组织机关干部结合开学初工作检查，到学校进行安全工作督查，推动学校安全教育与管理落到实处。

◆ 2006年，时任福建省人民政府副省长汪毅夫、福建省教育厅厅长鞠维强、福州市人民政府副市长朱华等到福州市群众路小学参加学校安全教育日活动

21世纪之初，随着城镇化的进程，农村学校办学情况发生了很大变化。为了提高教育资源配置效益，提高教育质量，按照教育部要求，各地对农村中小学教育布局进行了调整。布局调整之后，中小学布点相对集中，随之也带来了一些地方学生上学远的问题。校车与寄宿制学校，是农村中小学布局调整之后出现的新情况、新问题。那时候，还没有统一的校车装备，校车车况差、超载严重；特别是民办学校的校车问题，更令人担忧。但更多的地方还没有配备校车，学生出行有的坐班车，有的搭乘拖拉机、三轮摩托车、私家摩托车等，交通安全存在很大的隐患。比如在2003年，闽侯县荆溪镇边远山村的一个小学生放学回家坐摩托车，被相向而来的汽车碰撞，当场死亡。学生交通安全令人揪心。教育行政部门在学生交通安全方面，除了坚持不懈地抓安全教育外，还经常与交通、公安部门联系，开展校车安全检查与整顿，防止"病车"上路、超

第四篇章　平安教育的纠结与摸索

载人员、"三无"车辆接送学生等等，发现违规行为予以严厉处罚，以确保学生交通安全。

学生参加社会实践、军训等集体外出活动，交通安全也是教育行政部门极其担忧的事情。20世纪90年代，福州市仓山区一所学校师生外出活动，在洪山桥头发生客车侧翻事故，造成数十人死伤事故。这是永远的伤痛，并成为教育系统警示教育的沉痛案例。福州市教育局自2006年开始，建立了学生集体外出活动报批制度，规定凡师生外出活动，须上报上级教育主管部门审批。其中，将开展活动的交通车辆是否符合相关标准列为一条，严格审查、严格把关，以确保学生出行安全。

第六类：寄宿制学校安全

寄宿制学校是学校管理中的一个重点。21世纪之初，因学校布局调整，寄宿制学校数量增加，寄宿生增多，特别是寄宿生低龄化，给学校安全管理带来很大压力。

寄宿制学校安全隐患，主要有以下几个方面：

一是校舍安全隐患。布局调整中突然增加的寄宿生源，给校舍带来很大压力。当年不少学校的校舍并非防震结构，特别是福建台风、暴雨等自然灾害频发，校舍损毁比较快，每年都动态性产生不少新的危房。寄宿生宿舍居住人口密集，寄宿制学校的改造与建设，成为寄宿生安全管理的头一项任务。21世纪之初，福州市在农村中小学校建设中实施"两项工程"，即中小学危房改造工程、寄宿制学校建设工程。"十五"期间，福州市共计投资2.82亿元，新建、改扩建农村校舍面积42.76万平方米。"十一五"期间，又安排改造新增危房119项、11万平方米，并进行192所农村寄宿制学校建设，新建教学用房和生活用房19.8万平方米。在建设寄宿制学校生活用房中，福州市教育局分管基建工作的副调研员何旺金、计财处处长张乃清，一所一所学校地认真检查，查看建筑质量，查看宿舍楼是否按每个楼层双梯位的逃生要求进行建设，查看宿舍内灯具及应急灯配备是否到位，以防止夜间紧急情况发生学生疏散踩踏事故。

二是安保隐患。21世纪之初，由于政府财力不足，学校办学经费紧张，寄宿制学校普遍请不起安保人员，大部分寄宿制学校由老师轮流住校担负安保工作，在安保方面存在较大的安全隐患。有的学校从防盗和防止学生发生攀爬危险出发，门窗上安装了铁栏杆——这又从另一方面增加了火灾、地震及其他突发性灾害发生时逃生的危险。近几年，我到福建省外参加县域义务教育均衡发展评估验收工作，仍然看到一些中小学的寄宿生宿舍楼的门、窗铁栏杆严严密密，通道铁门紧锁。当问安保人员"如果夜间发生火灾，第一时间该怎么做"时，安保人员的普遍回答是"向上级报告"，极少数人回答"第一时间开门锁，让学生逃生"。因此，国家教育督导组的同志每到一处，都会向教育行政部门和学校提出这个问题，旨在防止因安保措施不当而产生的安全问题。

三是食品安全隐患。寄宿制学校学生三餐都在食堂吃，食品及饮用水安全更要严格把关。21世纪之初，政府还未对农村学生实行营养餐补贴，农村百姓生活水准也比较低。有一天，我和何旺金等同志到永泰县农村小学寄宿制学校察看学生食堂，只见蒸笼里的搪瓷罐里蒸的是学生自带的各种菜品，大部分是卤类、酱类及煎炸类菜品。校长告诉我们，寄宿生家庭为了省钱，给孩子准备了一周菜品；学校怕孩子们自带的菜品变质，要求学生把自带的菜品回蒸后再吃。我们看完后，感到非常担忧：万一学生没有把菜品回蒸，或者在回蒸之前菜品就已经变质，都有可能发生食物中毒事件。虽然这些菜品不是学校提供的，但学生住在学校，发生食物中毒问题，学校仍有责任。后来，我们要求将寄宿制学校学生自带食品的安全教育与检查也列入寄宿制学校食品卫生安全的内容。自 2005 年起，福州市对家庭困难的学生实行"两免一补"，寄宿生免交住宿费。自 2007 年起，福建省对农村中小学寄宿生给予生活补助，补助的最低标准为每人每天 1 元。其中，农村低保家庭的寄宿生，小学生每人每天最低生活补助费为 2 元，初中生每人每天最低生活补助为 3 元。每年补助的天数为学生在校 300 天，专项用于寄宿生在校期间的伙食。后来，寄宿生自带食品的现象逐步减少。寄宿制学校的食品主要由学校统一采购、统一制作，这便于加强统一规范卫生管理，当然也加大了学校食品卫生安全的责任。

四是疾病传染隐患。21 世纪之初，福州市农村很多寄宿制学校住宿条件还比较差，那时，寄宿生 12 人、16 人挤在一间的现象还很普遍，有的是两个人睡一铺，有的甚至还打"统铺"。人口密度大，房间拥挤，空气不够流通，常常是一个学生感冒发烧，同寝室学生很快被传染。寄宿制学校学生住房条件与卫生防疫工作密切相关。特别是在防"非典"、防"登革热"、防霍乱等公共卫生事件中，寄宿制学校更是被作为卫生防疫的重中之重的部位。2007 年，福州市人民政府印发《关于进一步推进义务教育均衡发展的决定》，提出推进中小学标准化建设，力争分别在 2007 年、2008 年内实现农村寄宿制乡镇中心小学和初中校"四有"目标，即有整洁的校园，有合格的实验室、图书馆（室）和配套的教学仪器设备，有安全的宿舍，有卫生食堂及合格的"公厕"。"十一五"期间，福州市加大对农村寄宿制学校的改造力度，在 2008 年实现寄宿制学校"四有"目标之后，逐步消灭了"大统铺"，实现了寄宿生每人一张床，住宿条件一般为 6 人间、8 人间。寄宿生生活条件得到了很大改善，也降低了疾病传染的隐患。

五是医疗卫生隐患。21 世纪之初，农村学校基本上没有设医护室，也没有配备专职医护人员。寄宿生突发疾病，成了学校非常担忧的问题。农村学校，特别是寄宿制学校，配备医护人员非常需要，但编制上却不允许，怎么办？基层学校采取了很多好办法。2007年，我们到罗源县农村寄宿制学校调研时，了解到有的学校采取与所在地卫生院（所）建立医疗联动协作关系的办法，只要学校打个电话，卫生院（所）的医生马上就来学校，这样既解决了无校医、无医护室的问题，又使学生有病能够得到及时救治。后来，福州市教育局把罗源县农村寄宿制学校与当地卫生院（所）联动解决校医不足问题的做法向全市寄宿制学校推广，并在2010年、2011年由福建省组织开展的中小学布局调整的调研报告中，将"配备校医有困难的学校，建议与学校最近的乡村卫生站（所）建立联动关系，确保学生有病或有突发卫生事件时，乡村医生能像校医一样马上到位、迅速处理"写入其中。

第七类：校园周边安全

学校因其特殊性，备受社会关注。一些不法分子也把目光投向校园，投向最脆弱也最需要保护的孩子，由此造成的校园周边安全事件，影响极为恶劣。

2010年3月23日，福建省南平实验小学校门口发生一起伤害学生恶性事件。事件发生在早上上学时间，大批学生到达学校门口等待进校，突然一个歹徒持刀冲向学生乱砍，导致学生9死4伤。事件发生后，福建省人民政府、福建省教育厅立即通报全省教育系统，要求各级各类学校从中接受教训，举一反三，加强学校安保力量，有条件的学校都要配备保安。这就要求教育管理者要跳出校园看安全，提高社会安全风险防范意识，避免校园成为社会矛盾的发泄之地和安全防范的薄弱之处。

福州市中小学校门口原来都设有传达室，学校安保人员多属"看门式"的老人和"闲人"。安保人员年龄偏大，缺乏基本的安保训练和培训，一旦发生突发事件，自然成为"摆设"。而学校又很难具备对安保人员专业化管理的培训能力。2005 年，福州市在市属中小学推行聘请保安工作。这项工作刚开始，推进速度并不快。这里既有思想认识问题，也有经济问题。不少学校认为，几十年过来没请保安都没有事情，存在麻痹思想。还有一个更重要的原因是学校要多花钱，每所学校保安费要花 10 万元左右。那时，学校办学经费紧张——高中学校有招收 30% 择校生的政策，经费略好些；义务教育阶段学校从 2003 年起禁止招收择校生，也不允许学校乱收费，每年仅靠生均公用经费运转，每年 10 万元的保安费，对义务教育学校是笔不小的开支。为了确保学校配足保安力量，按照"谁主管、谁负责"的原则，各级教育行政部门和学校从有限的财力中，硬是挤出一块经费保平安。福州市属学校于 2006 年全面推行聘请保安加强门卫工作。其中，市属高中学校自行解决安保费用，市属义务教育学校由福州市教育局统筹安排经费解决。当年，县（市、区）不少学校和民办学校也聘请保安加强校园安全保卫工作，把好校园安全的"第一道防线"。后来，学校安保工作逐步推进。2010 年 3 月，南平市学校发生校门口伤害学生案件后，福建省教育厅要求中小学全面推行聘请保安加强门卫工作，福州市各中小学都从有资质的保安公司聘请保安，校园安保工作得到有效加强。

现在，校园安保工作更加严格、更加规范。在 2019 年 5 月召开的全国校园安全工作经验交流现场会上，公安部对校园安全防范建设提出"三个百分之百"的工作目标，即在 2019 年年底前，中小学封闭化管理达到 100%，一键式紧急报警、视频监控系统与属地公安机关联网率达到 100%，城市中小学专职保安员配备率达到 100%。而且这"三个百分之百"的建设达标还只是第一步，接下来还要保持常态高效运行。当然，校园安保是个复杂系统，它不是一个封闭独立的体系，也不止于加强校园内的安保力量和安全教育。校园安全，必须跳出校园来看安全，需要形成一套完备的动态管理、应急处置与源头治理相结合的安全管理机制，还需要各级人民政府、公安等政府职能部门与学校紧密配合、各司其职，才能让校园成为最安全、最让人放心的地方。

第八类：活动安全事件

在实施素质教育中，学校组织开展文体活动、社会实践活动、研学旅行等，本来都是学校教育的重要组成部分；但在组织开展各种活动中，确实也存在学生安全的种种隐忧，让教育工作者感到纠结。

2002 年 7 月，福州第二十一中学老师组织学生外出活动，在金山南江滨公园拍照时，发生沙滩坍塌，4 名学生溺水死亡事故。

2003 年 7 月初，连江县一所中学老师组织学生外出集体活动，一名学生失足落入潭中，带队老师下水施救无果，师生二人均溺水死亡。

还有的学校在开展体育运动中，个别学生突发疾病猝死。

2006 年 10 月 12 日上午，福州建筑职业中专学校组织开展校运动会，购买了一批氢气球发给学生。由于氢气球绳缠绕在一起不好分发，一位学生掏出打火机点火烧绳，导致氢气球爆炸，造成 1 死 10 伤重大伤亡事故。

学校组织的集体活动在发生意外事故后，都不同程度地发生"校闹"事件，对正常教学秩序带来了影响。在政府有关部门的积极配合下，虽然很快平息了事态，但却让学校校长、教师心有余悸，以至于一些地方的教育行政部门、学校的领导存在多一事不如少一事、少一事不如没有事的想法。所以，为了避免学生发生安全事故，不少地方的教育部门严管基层学校组织春游、秋游等户外活动，叫停了存在一定安全风险的体育运动项目，甚至连正常的社会实践和课间活动、文体活动等也受到限制或取消，这严重影响了在校学生的身心健康。

学校实施素质教育，安全始终是令人纠结，也是绕不开的话题。如何让学校认真担责又不被随便追责，保护学校正常组织好各类必要的集体活动的积极性呢？ 21世纪之初，福州市教育局进行了探索。

一是建立校方责任险。学生发生校园伤亡事故后往往会发生"校闹"。为了尽快平息事态，维护正常教学秩序，也出于人道，避免折腾，学校往往会"花钱买平安"。在靠生均公用经费保运转的条件下，学校不堪重负；特别是在与安全事故当事家长及亲属商谈过程中，要耗费很多精力。2002年，福州市在市直校开展校园责任保险。2006年，按照福建省教育厅的统一部署，在时任中共福州市委常委、市委教育工委书记陈大强的协调推动下，福州市教育系统全面推行校方责任险。校方责任险由财政买单，遇到校园学生伤亡事故，由保险方作为第三方出面与当事人亲属商谈。这既避免了让学校校长直接与当事人亲属当面接触中产生的次生事故，也减少了学校在处理学生伤亡事故中所牵扯的大量精力。实践证明，建立校方责任险对学校正常办学是个有力的支持。

二是建立重大集体活动报备报批制度。福州市教育系统自2006年起，建立校内大型活动、师生集体外出活动报批制度，谁主管谁负责审批。规定凡师生外出活动、校内举办大型活动，须上报上级教育主管部门审批；学校同时报告学校安全保卫工作方案及预案。对师生外出集体活动，学校还须向上级教育主管部门报告交通车辆、器械、安全工作预案等。建立重大集体活动报批制度，一则让学校增强安全意识，在举行重大集体活动前，进一步检查落实安全工作措施，确保重大活动安全；二则在审批部门多设一个把关的关口，如发现外出集体活动的地点、场所存在不安全因素，租用车辆不符合运输资质要求等，进行必要的干预，促进安全措施落到实处；三则让上级教育主管部门及时掌握学校重大集体活动动态。

三是建立健全安全工作有关制度。包括对师生开展安全教育制度、安全工作分析与检查制度、安全报告审批制度等，推动安全工作有效落实。

◆ 2006年10月，时任中共福州市委常委、市委教育工委书记陈大强（右一）到闽江学院检查校园安定稳定工作

以上这些措施，有效保障了学校各种活动的安全开展。但由于社会大环境的舆论氛围影响，学校组织学生研学旅行等活动的积极性仍然不高，这在一定程度上影响了素质教育的有效实施。2016年11月30日，教育部等十一部门联合发布《关于推进中小学研学旅行的意见》，把组织学生研学旅行作为实施素质教育的一项重要工作进行部署推进，学生外出活动成为中小学落实核心素养的育人载体。据媒体报道，2018年，福建省学校参与率已超过50%。为解决学校办学中的后顾之忧，2019年8月，教育部、最高人民法院、最高人民检察院、公安部、司法部等五部门联合印发《关于完善安全事故处理机制维护学校教育教学秩序的意见》，明确将殴打他人、故意伤害他人或故意损毁公共财物等8种行为界定为"校闹"，并提出相应治理措施。在法律层面上为学校办学安全托底，将有助于学校放开手脚，组织开展正常的教育教学各项活动。

第九类：学生欺凌事件

校园内学生欺凌事件，也是影响学校安全的一个方面。

中小学生欺凌是发生在校园内外、学生之间，一方（个体或群体）单次或多次蓄意或恶意通过肢体、语言及网络等手段实施欺负、侮辱，造成另一方（个体或群体）身体伤害、财产损失或精神损害等的事件。中小学校不时发生学生欺凌事件。

2007年1月25日下午，连江县凤城中学发生一起女生欺凌事件，数名女生围殴一名女生，并将欺凌围殴过程拍下视频，通过网吧进行网络上传，对受害女生身心造成极大伤害，在社会上造成极为不良的影响。时任中共福建省委常委、福建省人民政府副省长陈桦，中共福建省委常委、中共福州市委书记袁荣祥分别作了批示，中共福州市委副书记、市委教育工委书记周宏亲自召集部署，做好相关处置工作：责成连江县对网吧进行整顿，对网站上传视频进行删除处理；对相关学校领导及班主任进行批评教育，并追究相关责任；对参加欺凌的未成年学生进行严肃批评教育。福州市教育局将此事通报全市教育系统，要求全市各级各类学校举一反三，从中吸取教训，加强学生法治教育，增强法律意识，提高遵纪守法的自觉性；进一步落实学校校长、书记的工作责任，落实班主任和老师的全员育人的工作责任。

中小学生欺凌事件时有发生，究其原因，主要有以下四个方面：一是学生日常的思想道德教育、法治教育不够到位。二是学生心理健康的原因。在欺凌事件中，家庭离异的孩子、留守儿童、外来务工人员子女等居多。有的学生因处境不利或遭受挫折而出现情绪性的心理危机。但中小学当时并没有心理健康专职老师，对有心理困扰和心理问题的学生，特别是有异常行为的学生，未能及时辅导、及时干预。三是学校在区分欺凌与学生间打闹、嬉戏的界定上不够明确，对学生的管理不够严格。四是福州市并没有"工读学校"这样的专门学校，对实施欺凌学生缺乏严厉的"保护处分"，无法送至专门学校进行教育、行为矫治、心理疏导和观护帮教，以至造成有心理问题、屡施欺凌的学生成了校园的"害群之马"，影响校园安全稳定。

如何建立防治中小学生欺凌机制，建构阳光、安全的校园，成为教育行政部门构建平安教育的一个重要课题。21世纪之初，福州市教育局曾考虑筹办一所工读学校，将欺凌学生、"问题学生"送到工读学校进行封闭式教育与管理。当时曾动议将琅岐学生劳动基地改造成福州市工读学校，但是这一想法却在征求方方面面的意见中被否决。来自社会方面的声音是：如果将"问题学生"集中在一起，会学得更坏；这些学生长大后，有在工读学校学习的烙印，不利于今后人生发展等。后来，筹办工读学校这事就搁了下来。一直到2020年，福州市还未办工读学校，无法对"问题学生"进行集中教育管理，有针对性地对他们进行法治教育、心理健康教育。可以说，这是一个很大的缺憾。

学校是教育人、培养人的神圣之地，绝不能允许任何暴力行为破坏教育教学生态。预防和处置校园欺凌，不能只是靠办起工读学校就行，还必须采取综合治理措施。2018年1月，教育部等十一部门印发《加强中小学生欺凌综合治理方案》，明确了积极有效预防学生欺凌的措施，强调学生欺凌事件须依法依规处置。要求从学校管理者、一线教师和家长，到公安、教育等政府有关部门，都要肩负起自身的责任。最重要的是要全面贯彻党的教育方针，按照教育为先、预防为主、保护为要、法治为基的原则，健全预防、处置学生欺凌的工作体制和规章制度，形成防治中小学生欺凌长效机制，确保把中小学生欺凌防治工作落到实处，把校园建设成最安全、最阳光的地方。

第十类：社会安全类突发事件

社会安全类突发事件包括校园内外涉及师生的各种集会、游行、示威、请愿以及集体性罢餐、罢课、罢考、上访、聚众闹事等群体性事件，直接影响校园和社会稳定。21世纪之初，福州市教育系统发生的社会安全类突发事件主要有以下几个方面：

第一，因招生问题引发的学生及家长上访事件。2002年4月初，福州市屏西小学学生家长因对初招对口划片入学不理解、不满意，小学六年级两个班级80多个学生罢课、上访，在社会上造成不良影响。这起事件事出有因，学生家庭背景特殊，在福州市、鼓楼区教育行政部门和学校处置无果的情况下，福建省、福州市人民政府及时采取措施，使事件迅速得以平息。2003年8月下旬，福州市出台义务教育学校"禁择令"，部分学生家长对停止招收择校生政策不理解、不接受，发生市区60多位学生家长到福州市教育局上访事件。经过做耐心细致的宣传解释，并请相关联系人出面做工作，才平息了事态。所以，招生政策一定要慎之又慎、细之又细，稍不慎、不细就会引发群体事件。

第二，因校园安全事故引发的学校停课、聚众闹事事件。2006年之前，由于法律法规还不完善，学校在学生伤害事故处理中处境尴尬。那时候，每年都会发生几起学生因逃课私自下水溺水死亡、学生因心理健康原因自杀，学生放学途中发生交通事故及雷击事故、学生间斗殴伤亡事故、校内集体活动因某些不慎导致学生伤亡事故等，引发死者家属"校闹"事件，学校被迫停课，干扰了正常的教育教学秩序。针对中小学校学生安全防范和伤害事故处理中出现的突发问题，福州市教育局分管校园安全工作的三任副局长连仲恺、郑家夏、严星，福州市未成年人保护委员会办公室三任主任林志成、王卫旗、詹翌，接力开展学生安全防范和伤害事故处理及立法工作调查研究。福州市教育局积极向福州市人大、福州市人民政府反映，制定相应法规，以使校园安全工作有法可依、有章可循。在福州市人大常委会、福州市人民政府的重视支持下，《福州市中小学校学生安全防范和伤害事故处理条例》（以下简称"《条例》"）经 2006 年 10 月 26 日福州市十二届人大常委会第三十六次会议通过，2007 年 3 月 28 日福建省十届人大常委会第二十八次会议批准，自 2007 年 5 月 1 日起施行。《条例》共有五章三十三条。《条例》明确了政府和公安、消防、卫生等部门在学生安全防范预警和校园周边整治中的相关职责，明确了学校应当履行的十一条职责，学校教职员工、学生及家长应当遵守的要求。《条例》对事故的处理、事故责任的承担与赔偿、法律责任等都提出明确要求。《条例》颁发并施行后，对建立和完善由教育、公安、卫生、安全生产监督等相关部门和学校参加的学生安全防范预警和校园周边整治工作机制，对依法处理学生伤害事故具有重大意义，"校闹"事件大大减少，切实维护了学校平安稳定。

第三，因学校校舍调整引发的上访事件。2006 年秋季开学前，福州市温泉小学因生源爆满，将部分学生调整到附近的福州市三山语言职业中专学校内上课；家长对学生与职高学生混杂一所学校上课不满，引发上访。当时已临近开学，在疏导工作成效不大的情况下，福州市、鼓楼区教育部门启动预案，临时借用与温泉小学相邻的鼓楼区科艺宫作为教室，让学生回到温泉小学上课，平息了事态。这一事件也让人进一步认识到：教育无小事，凡是布局调整、片区调整、校舍调整等关系千家万户的事情，必须充分调研论证，早规划、早宣传、早准备，认真、慎重处理好学校、学生事务，维护社会安定稳定。2006 年年底，福州市、鼓楼区两级教育行政部门对温泉小学布局调整工作做了调研论证，提出了布局调整意见。经上报福州市人民政府批准，停办福州市三山语言职业中专学校，对该校在校生，由福州市教育局协调安排到相关职业中学就读。2007 年秋季，温泉小学整体搬迁到原福州市三山语言职业中专学校校址。新温泉小学校园面积达 20 亩，成了鼓楼区区属小学中面积最大、校舍及配套设施最好的小学，学校满意，学生满意，社会群众满意。学校搬迁后不久，时任中共福建省委书记卢展工视察了学校，对福州市鼓楼区调整学校布局，确保义务教育的做法给予肯定，并对温泉小学办学工作作了重要指示。

第四，因民办学校办学问题引发的罢教事件。2005 年春夏之交，民办福州新华中学因拖欠教师工资引发教师不满、罢教。时任福州市人民政府市长练知轩作了批示，副市长朱华亲自协调，督促学校举办者落实教师工资，平息了事态，使得春季学期办学得以正常完成。但是在 2005 年秋季学期即将开始前，福州新华中学教师上访反映，他们的工资又被拖欠。大批家长也到福州市教育局上访，要求将学生转学。福州新华中学当年共有在校生 842 人，夏季毕业生 154 人，仍有在校生 548 人（其中初中 6 个班 227 人、高中 8 个班 321 人），另外还有寄读学生 140 人；学校教师共有 99 人。面对学校可能倒闭、学生无处读书的问题，福州市教育局一方面督促福州新华中学举办者按时发放教师工资，确保学校正常办学；另一方面，做好学校一旦倒闭，将在校生分流到相应学校就读预案。在福州市教育局的督办下，福州新华中学举办者补发了拖欠的教师工资，2005 年秋季正常开学，不招新生，承诺将在校生教到毕业。但到了 2006 年年底，福州新华中学再次发生拖欠教师工资问题。福州市教育局及时采取措施，督促福州新华中学举办者发放教师工资，并启动代课教师预案，发现民办学校教师辞职，就协调抽调公立学校教师及时顶上，确保学生正常上课。同时，在 2007 年春季新学期学生注册时，由福州市教育局民管办、计财处加强学校财务监管，将这所学校新收学费全部进入福州市教育财务中心账户，以有效监督学校按时拨付教师工资，确保学校正常运转。到 2007 年夏季，所有在校生全部毕业，维护了社会安定稳定。

◆ 2006年，时任中共福建省委常委、省委教育工委书记唐国忠（前排右二），中共福州市委常委、市委教育工委书记陈大强（前排右一）到福州第四中学检查学校安全工作

第五，因后勤供应问题引发的校园安定稳定问题。2007年下半年、2008年上半年，由于受国内粮油价格影响，造成学校食堂饭菜价格上涨。2007年9月，福建省外有的高校学生因不满食堂饭菜价格上涨，在网上发布集体罢餐消息，经互联网传播，在全国学校中造成不良影响。当时，在福州市高校也发现了学生对食堂饭菜价格上涨不满意的信息。教育部和福建省教育厅要求，各级教育行政部门和学校要把做好学校后勤服务工作作为维护学校安全稳定的大事来抓。在福建省、福州市人民政府的重视和协调下，福州市高校及中小学校食堂粮油等主副食品由福州市贸发部门直供，减少中间环节，降低了食堂进货成本。政府部门还将学校食堂水、电、气等按居民收费价格供应，降低了食堂经营成本。中共福州市委教育工委、福州市教育局发出《关于进一步加强学校管理工作的意见》，要求建立健全学校食堂管理领导责任制，学生参与伙食监督工

作制等,建立学校食堂多层面监督管理制度。要求学校食堂坚持"公益性、服务性、福利性"的性质,对学校食堂实行"零租赁",对学校食堂物资实行直供和集中定点采购,以降低食堂经营成本。同时,落实贫困生伙食补助工作。为了落实好学校后勤服务工作,2007 年 12 月,时任福州市教育局分管后勤服务工作、安全保卫工作副局长陈红、严星带队,组织 8 个检查组到学校开展专项检查。2008 年春季开学后,按照上级部署精神,福州市教育局进一步抓好学校食堂管理工作,切实做到"三个降低""四个确保",即尽量降低食堂进货成本、尽量降低食堂运营成本、尽量降低食堂人工成本,确保学校食堂饭菜价格基本稳定、确保学校食堂饭菜质量、确保食品卫生安全、确保做好贫困生帮扶工作。在各级政府的重视、关心与支持下,在各级教育行政部门和学校的共同努力下,"食堂价格"风波中,福州地区各级各类学校安定稳定,为省会城市安定稳定做出了积极贡献。

第六,因敏感问题引发的学生安定稳定问题。敏感问题,主要指境内外关于政治的敏感问题。2008 年是特殊年份,这一年 8 月,我国承办奥运会。境内外敌对分子不断制造各种事端,开展许多破坏活动,特别是在奥运火炬传递过程中,在法国发生反华事件,激起了我国人民的愤慨。爱国热情燃烧的学生举行了示威游行等活动,以表达爱国热情。4 月下旬、5 月初,福州地区一些群众及福州市学校一些学生也在网站签名、到一些商场门口示威等。为防止学生爱国热情被社会上别有用心的坏人利用,发生影响社会安定稳定的事件,各级教育行政部门、各学校把加强学生教育与引导,维护社会安定稳定作为大事来抓。"五一节"前后,特别是 5 月 11 日奥运火炬传递活动在福州举行期间,福建省、福州市教育部门、学校密切掌握师生思想动态,加强校园管理;注意引导师生理智、合理表达爱国热情,把对祖国深深的爱转化为做好本职工作、勤奋学习科学文化知识的自觉行动。在党和政府的坚强领导下,在教育系统广大师生的高度觉悟和自觉配合下，奥运圣火在福州传递过程中平安顺利，社会安定稳定。

以上是学校安全稳定的十类事件。实际上，学校安全稳定事件不止这十类。总体而言，学校安全突发事件往往带有突发性、群体性、公共威胁性和紧急性四大特征。保护好每一个学生，使发生在学生身上的意外事故降到最低，让广大学生健康成长，是教育管理者的重要责任。在维护学校安全稳定工作中，教育管理者应努力做到：一要从关心学生、爱护学生出发，把保护学生人身安全放在首位，切实做到"四个坚持不懈"，即坚持不懈地加强师生安全教育、坚持不懈地加强学校安全管理、坚持不懈地加强安全检查、坚持不懈地做好安全隐患整改工作，努力创造学生健康安全成长的环境。二要坚持预防为主，做到人防、物防、技防相结合，切实保障校园环境安全，防范公共安全事件，消除安全隐患。三要安全防范、有效应对和妥善处理校园安全事件，特别是要做好群体性事件的预防和处置工作。一旦发生学校安全稳定事件，主要负责人要做到"三个第一"，即第一时间赶到现场、第一时间向上级及相关部门汇报、第一时间组织抢救并做好相关处置，力争把事态和损失降到最低、影响降到最小，确保师生平安、学校平安，维护社会安定稳定。

第五篇章　阳光教育的推进与反思

教育行政管理不是一个简单的差事。优质教育关系到人才培养质量，平安教育关系到生命的健康成长，阳光教育则关系到教育工作形象、社会公平和社会安定稳定，这些工作都不容马虎与懈怠。

政务公开：让权力在阳光下操作

教育部门是权力比较集中的部门之一，有招生权、建设项目权、教师调配权、大宗物品采购权等等。权力集中，找的人多，牵扯的精力也多。权力一旦失控，就可能产生腐败问题。教育工作涉及千家万户，与人民群众的切身利益密切相关。教育腐败问题在群众中影响更大，它直接关系到社会公平公正，关系到党和政府在群众中的形象和威信。特别是教育肩负着培养社会主义事业接班人的历史重任，教育腐败问题对培养人才所产生的不良影响往往是难以估量的。在教育行政管理上，如何从源头上预防和治理腐败问题？21世纪之初，福州市教育行政部门作为福州市、福建省政务公开示范单位，把教育行政权力置于"阳光"之下，置于广大群众和师生员工的监督之下，进行了积极有效的探索。

福州市政务公开工作从2002年开始。这一年，中共福州市委、市纪委要求全市行政机关逐步推进政务公开。教育行政部门的政务公开从哪方面入手？通过什么途径、采取什么方式进行公开？当年，福州市教育局先对教师工作调动进行公开，面向全国公开招考，招收市区中学优秀教师 43 人、校长 7 人。教师公开招考结束后，福州市教育局对政务公开工作进行了总结；而后，政务公开工作全面展开。

政务公开是一种勇气，这种勇气来自对权力的断然割舍。在开展政务公开中，福州市教育局抓住群众最关心、被认为最有"权力"的事项，大胆公开、彻底公开。在 2002 年推行教师调动工作公开的基础上，2003 年推进招生公开、基建工程公开、教育收费公开、大宗物品采购公开、教师职务评聘公开、机关及事业单位补充工作人员和学校补充后勤人员公开、市属学校领导干部及局机关中层干部选拔任用公开、财务收支及财产使用公开等"九个公开"，2004 年后做到能公开的事项全部公开，让群众有更多的知情权、参与权和监督权。政务公开，使教育行政部门从管理者变成了服务者。

政务公开是一种要求，这种要求是能公开的事项都要坚决公开，但应依事项不同，分层次、在不同层面上公开。福州市教育局根据公开事项的内容，分成三个层面向不同对象公开，做到既彻底又稳妥。第一层面，向社会公开的内容主要有十项：一是福州市教育局机关职能部门的职责权限、办事条件、办事依据、办事程序、办事纪律、办事期限、办事结果、服务承诺等事项；二是招生公开；三是行政收费项目、标准、范围、依据、程序、管理和使用情况；四是基建招投标情况；五是大宗物品采购情况；六是教师调动招考情况；七是教师职务评聘情况；八是上级政府或政府部门下拨的涉及公众利益的专项经费及使用情况；九是"春风扶贫助学"资金发放情况；十是其他按规定必须公开的政务事项。第二层面，向本系统公开的内容主要有七项：一是年度工作计划和重大事项的决策及执行情况；二是机关、事业单位补充部分工作人员、学校补充行政后勤人员和军队转业干部接收安置工作情况；三是市属学校领导干部、局机关中层干部选拔任用工作情况；四是财务收支、财产使用

马上就办 很快就好

——市教育局擦亮服务"窗口"做实政务公开

编者按

近日，福州市教育局等36个单位被确定为推行办事件制度"市级示范单位"。"马上就办"是此论文明建设的一个重要内容，树立服务社会主义民主政治建设、构建社会主义和谐社会、促进福州海峡西岸经济区建设工作大局……

记者 林娜 严顺龙

"以前听人说转哦手续不好办，要来回跑好几趟，没想到几分钟就办好了，真方便！"7月20日，在市教育局政务公开服务大厅，只花了几分钟就办妥转学手续的陈先生，对工作人员提供的快捷服务啧啧称赞。

通过设立在市教育局机关一楼一层的政务公开服务大厅，市民可以及时了解教育部门的各项政策、信息，反映自己的意见。人们把它称为市教育局推行政务公开工作的一扇亮丽的"窗口"。

窗口提速 服务"一条龙"

"在农村接受义务教育的进城务工人员子女能否享受免除学杂费待遇""外地户口的小孩在福州上学需要多少费用？"……走进市教育局政务公开服务大厅，抬头便可看见左偏墙上设置的"热点焦点公开栏"，群众近期关注的热点问题，都能在这里找到答案。

在公开栏的一翼是一个临时办事窗口，每学期开学初，这里会专门开辟出来接待来访的家长、学生，向高中、小学生的转学手续及相关事宜。

再往前走几步，有一个电子触摸屏，轻轻一点击，办事指南、教育政策、招考信息和热线电话等服务项目立即清晰地显现。在电子触摸屏旁边的告示栏里，放有十余种一次性告知单，入学、毕业、转学、教师招考等各种手续应如何办理，需要携带什么资料，上面都有详尽的解释。

在市教育局政务公开服务大厅，记者切实感受到了"服务、公开"的理念。"我们把以前的每项服务内容都在政务大厅里公开，不仅各个窗口办事效率提高了，群众也不用来回跑，省事多了。"市教育局办公室主任黄堤晖告诉记者。

黄堤晖介绍，服务大厅倡导"马上就办 很快就好"的工作作风，2005年3月服务大厅全面推行"两单制"，要求经办人员当场告知材料齐不齐的服务对象只具《联件明白单》，一次性告知所需材料的《材料……

设立网站 多开一扇"窗"

2003年开通的福州市教育网，是市教育局在推行政务公开工作中，对社会敞开的另一扇明亮的"窗口"。

打开网站，记者发现，首页在最显眼的位置公布了10条最新公开信息，点击政务公开栏，里面就列出信息公开、公示公告、政务公开相关文件、招生公开，有许许可公告等子栏目。各种招生信息、教师招考信息……

息、教育收费标准等情况一目了然，连市教育局各个处室、机构，下辖学校相关负责人的办公电话都清晰可见。

市教育局有负责人介绍说，这个网站具有征意调、随意查询、网上咨询、投诉和建议、网上语音等多项功能，所有必须公开的政务、法规、信息等，他们都会及时通过该网站和新闻媒体向社会公布。

在擦亮政务服务"窗口"的同时，市政府绩效将政务公开工作不断推进深入，使各项工作在群众监督下透明有序地进行。针对敏感的收费问题，教育局要求全市中小学公办中小学校统一挂在公示栏上，贴上统一定制的中小学教育收费价目表，接受社会监督。

市教育局还通过设立意见箱、政风行风热线电话、12345热线、每年一次的全市学校公开日等形式对群众的咨询、投诉、建议、反映进行反馈，切实把群众的各类难题，与民众之间构成了良好的互动。

◆ 2007年7月，《福州日报》报道福州市教育局政务公开工作情况

情况；五是局领导干部任期目标、工作分工及完成任务情况；六是系统效能建设绩效考核情况；七是按规定必须公开的其他事项。第三层面，向本机关工作人员公开的内容主要有十一项：一是领导干部执行廉洁自律规定的情况；二是机关工作人员竞岗、选拔、任免、晋级、交流、奖惩等有关规定，及其开展工作过程中有关环节的情况和最后结果；三是机关内部财务收支及财产使用有关情况；四是局机关财产拍卖、租赁、基建（装修）工程招标结果和预决算情况；五是机关大宗物品采购情况；六是机关工作人员年度考核、评先评优和机关绩效考核情况；七是招待费、电话费、差旅费、公车汽油费、维修费开支情况；八是福利、奖金、加班费发放情况；九是机关干部职工出勤情况；十是涉及干部职工切身利益的改革方案和相关政策；十一是机关工作人员普遍关注、按要求应当公开的有关事项。

政务公开是一种机制，这种机制以依法公开、真实公开、注重实效、有利监督为原则。福州市教育局建立了政务公开八项制度：一是建立政务公开工作责任制度。局主要领导对政务公开工作负全面领导责任，分管领导对其职责范围内的政务公开工作负直接领导责任，各处室领导对

本处室的政务公开工作负责，形成一级抓一级、层层抓落实的责任体系。同时，把政务公开作为廉政建设责任制和领导干部年度工作考核的一项重要内容，并将考核结果作为干部任免奖惩的重要依据。二是建立政务公开审议制度。成立福州市教育局政务公开工作审议小组，由时任福州市教育纪工委书记、福州市教育局副局长连仲恺，福州市教育局监察室主任邢爱国具体负责，对政务公开内容进行审议，以确保公开内容的真实性。审议中注意把握公开内容产生过程是否公正、合理，公开事项决策过程是否民主、科学，公开的结果是否真实、可信。对工程招投标、政府采购、学校收费、招生、教师职称评聘和公开招考及群众关注的热点问题进行重点审议。三是建立政务公开评议制度。充分发挥局机关效能办对政务公开的监督主体作用。时任福州市教育局机关党委副书记、效能办主任倪齐好定期组织机关干部、学校代表以及社会群众，对政务公开内容的真实性、全面性、有效性进行评议，发现问题及时通报、认真整改。四是建立政务公开反馈制度。通过设立政务公开意见箱、热线电话，广泛征求社会群众和社会各界对政务公开的意见和建议，及时解答群众和社会各界人士提出的问题，纠正公开工作中出现的偏差，通过政务通报会、新闻媒体以及设立政务公开"点题公开""回音壁""落实与反馈"栏目等形式，向群众进行反馈。五是建立政务公开备案制度。按规定，及时将政务公开内容报送局机关效能办备案；重大公开内容，及时报福州市效能办备案。六是建立政务公开工作分析研究制度。每学期进行一次分析研究，每月进行一次分析讲评。七是建立政务公开工作登记制度。机关办事服务大厅接待工作、值班热线电话认真做好登记，并写好政务公开每月大事记。八是建立政务公开工作档案制度。政务公开各工作小组对职责范围内的公开工作及时建立政务公开工作档案，每期公开的内容都统一归档，保存备查；同时，注重做好音像资料的收集与归档工作。

◆ 2002年6月，时任中共福州市委副书记雷春美（前排右四）、福州市人民政府副市长高翔（前排右三）到福州市教育局调研，与福州市教育局领导班子成员在办事服务大厅前合影

政务公开是一种规范，这种规范以讲求公开实效、便利群众办事、便于接受广泛监督为原则，规范了政务公开的形式、时间及办事与监督工作。21世纪之初，福州市教育局政务公开的规范形式有八种，包括通过福州教育网、新闻媒体、政务公开栏、发布公益广告、政务通报、政务听证会，以及实行其他有效形式进行公开。政务公开的时间规范要求是：经常性工作长期公开，阶段性工作定期公开，临时性工作随时公开；对外、对内公开栏上的内容，原则上每月更换一次；对事关全局的重要事项、公众普遍关注的有关事项，实行决策前公开、实施过程动态公开和决策结果公开的全程公开，保证公众的知情权、参与权和监督权。为了规范办事、便利群众，福州市教育局实行"一条龙"办事服务，开设了政务公开办事服务大厅，设专门咨询服务台，力求咨询事项一次说清、办事程序一次讲清、能办事项一次办清。为了提高政务公开的针对性、

实效性，建立了多层次公开制度，即需要全社会群众周知的事情，通过新闻媒体、福州教育网站、政务公开栏等形式向社会公开；不宜向社会公开的事情，视工作情况，或在局务会上公开，或在处室会上公开。在政务公开上，强调"三结合、三为主"（即事前公开和事后公开相结合，以事前公开为主；对内公开和对外公开相结合，以对外公开为主；公开栏公开与其他形式公开相结合，以公开栏公开为主），做到群众、师生迫切想了解什么、知道什么，就及时公开什么，保证政务公开的真实性和有效性，提高政务公开效果。

政务公开是一种示范，这种示范对校务公开是带动与推动。福州市教育局的政务公开工作，带动了校务公开。福州市的校务公开，逐步形成了九个制度，即校务公开责任制度、校务公开工作研究制度、审议制度、报告制度、评议制度、反馈制度、自查制度、登记制度、建档制度。福州市的校务公开，分为向社会公开和向教职工公开两个层面，让校务在阳光下操作。校务公开使政务公开得到拓展与延伸，实现了上下联动、互相促进。

◆ 2002 年，时任教育部纪检组组长田淑兰（前排右五）到福州第四十中学视察校务公开工作

◆ 2007年2月，福州市教育局、闽江学院、福州第四十中学被授予福建省政务（校务）公开示范单位

　　福州市教育局的政务公开工作，被中共福州市纪委树为福州市建立反腐倡廉机制的九个典型单位之一。2007年2月8日，中共福建省委反腐败工作小组召开全省办事公开示范单位表彰电视电话会议。会上共表彰政务公开、校务公开、厂务公开、院务公开、村务公开等五大类38个推行办事公开示范单位。福州市教育局荣获政务公开类示范单位称号，成为福建全省教育行政部门中唯一的政务公开示范单位。

　　现在，办事公开已经成为各行各业、各级各部门的工作规范要求，办事公开的形式更多样，也更加便捷。市民只要打开手机，就可以了解各种政策信息、办事流程，很多事情足不出户都可以在网上办好。回想21世纪之初推行政务公开的历程，深深感到政务公开对维护社会公平正义具有重要作用。政务公开是完善社会主义市场经济体系的需要，是构建和谐社会的需要，是从源头上预防腐败的需要。做好政务公开，一要真实及时，做到群众关心什么，就依法依规公开什么；二要坚决彻底，越是有权有利的事情越要公开，要做到全面公开、全程公开；三要便民利民，在公开的形式上要因地制宜，根据不同内容，采取不同形式，灵活多样地做好公开工作；四要完善机制，确保办事公开取得实效。

教育收费：在治理中走向规范

21世纪之初，教育行业成为被"围剿""炮轰"的靶点之一。究其原因，主要是教育乱收费问题。

教育历来被称为"清水衙门"。但在20世纪90年代后期开始，受"教育产业化"观点影响，一些地方学校渐渐沾上了"铜臭味"，各种各样的收费项目名目繁多。"教育乱收费"成了老百姓的痛恨点，并成了媒体"炮轰"的靶点。

教育乱收费，有历史的也有现实的原因。

世纪之交，我国各地经济发展水平还比较低，财力普遍不足，投放在教育上的资金很有限。尽管教育开支已经占了地方财政年度开支的大头，但由于教育点多、面广、人员多，在生均公用经费方面仍处于相当低的水平。

世纪之交，我国教育事业又处在大推进、大发展时期，城镇化的进程，也加大了在城镇新区布点建设中小学校的压力。以福州市为例，仅2002年至2004年，政府就投资5亿多元，在金山新区、鼓山新区、屏北新区、象园新区等新建了福州市金山小学、福州第三中学金山校区、福州格致中学鼓山校区、福州第八中学鳌峰初级中学、福州屏东中学屏北校区、福州第十八中学象园校区等多所新校。2002年开始，福州市还在福州地区大学新区投入十几亿元建设闽江学院、福州职业技术学院。而这一时期，福州市也与全国各地一样，开展大规模的中小学危房改造、信息技术"农远工程"等，教育要用钱的地方很多。2004年，福州市仅新区学校建设就要投入2.1亿元，加上上年贷款还贷1.3亿元，共需资金3.4亿元。而当年福州市财政安排教育系统专项经费仅1.102亿元（其中城市教育附加费0.7亿元、基建项目0.402亿元）。教育资金上的缺口，只能靠向银行贷款解决。

世纪之交，流传着"教育产业化"的观点。这种观点认为：教育既具有公益性，但同时具有产业属性，可以在某些范围运用市场调节机制。在"教育产业化"的观点影响下，各地都开辟了一些教育收费项目。比如，在义务教育阶段，对借读生收取借读费；高中阶段，允许招收适量的择校生，收取择校费。中小学还允许一些代办项目收费，比如代购教辅材料、学生奶、学生餐、校服、社会实践费用、春秋游费用等等。

正是由于种种复杂的原因，中小学收费上项目很多，合理的与不合理的、规范的与不规范的混在一起，由于公开、解释得不够，造成家长误解，引发社会不满。治理教育乱收费，成了纠正教育行业不正之风的重点之一。

在治理教育乱收费中，当时各级都有一个"治理教育乱收费局际联席会议"。联席会议成员单位为教育局、纠风办、监察局、物价局、财政局、审计局、新闻出版局等七个部门，教育局为牵头单位。局际联席会议一般每个学期开两三次会议。每个学期开学前召开的会议，主要分析上一个学期治理教育乱收费工作情况，针对工作中出现的政策性问题，进行具体研究，并对新学期治理教育乱收费工作提出指导意见。局际联席会议具有教育收费工作公开与监督、治理教育乱收费协调行动的功能，在治理教育乱收费中，起到了有效的指导、监督与协调配合的作用。

福州市治理教育乱收费局际联席会议，在开展治理教育乱收费工作中，采取了一系列措施，对教育收费问题进行了有效管控。

一是明令教育收费做到"三个公开""十个不准""七个严格"。"三个公开"是：收费项目公开、收费依据公开、收费标准公开。"十个不准"是：不准以"校庆费""建设费"等名义强令向学生收费，不准通过学生征收教育费附加和各种地方建设集资费，不准强行统一代办学生保险，不准违反招收"择校生""三限"（限人数、限分数、限钱数）政策，不准利用假期、双休日强令学生补课并向学生收"补课费"，不准以勤工俭学名义向学生摊派钱物，不准强令学生统一订购课外读物及强令学生统一购买自编学习资料，不准强令学生统一征订报刊，教育行政部门不准违反规定向中小学乱集资、乱摊派和搭车收费，农村中小学不准强行收费为学生统一着装。"七个严格"是：严格按审定标准、项目收费，严格公办高中招收"择校生"工作的管理，严格执行"借读生"政策，严格执行义务教育阶段公办学校不得招收"择校生"的有关规定，严格教育收费公示工作管理，严格学校财务管理，严格执行不准统一代办保险、不准强令推销课外读物及教辅材料的规定。

二是开展创建"教育收费规范县（市、区）、学校"活动。21世纪之初，教育乱收费问题此起彼伏。那时，纪委、监察室工作人员查处教育乱收费案件忙得焦头烂额，时任中共福州市教育纪工委书记连仲恺甚至累到视网膜脱落。能不能改变个思路，变查处案件为规范管理治理教育乱收费问题呢？2004年，福州市教育局组织开展"创建教育收费规范县（市、区）学校"活动，以达到治理乱收费的目的。在创建"教育收费规范县（市、区）学校"活动中，重点抓以下十个方面工作：一是认真实行义务教育阶段"一费制"收费办法，严格按照听证确定的标准、项目和程序收费；二是严格执行普通高中招收择校生"三限"政策，严格公办高中招收"借读生"；三是严格执行义务教育阶段招收"借读生"有关政策，不得招收"择校生"，不得一次性收取借读费；四是妥善解决农民工子女入学问题，不得向到指定学校入学的农民工子女收取"借读费"；五是不准以各种名义、各种形式收取与入学挂钩的"择校费""赞助费"；

六是不准强行统一代办学生保险、代购学生学习、生活用品；七是不准强行统一征订课外读物、教辅材料；八是不得以年段名义擅自设立收费项目进行违规收费；九是认真做好教育收费公示工作，及时规范公示项目；十是加强学校财务管理，严格执行收支两条线管理办法，对私设"小金库"的从严查处。2017年，进一步明确创建"教育收费规范县（市、区）"的内容12项、"教育收费规范学校"的内容13项。通过多年坚持不懈的努力，实现了教育乱收费投诉件、涉案金额、涉案学校和人员明显下降的目标，得到福建省、福州市纠风办的充分肯定。

三是成立"教育会计核算中心"，加强对学校收支的监管。福州市教育局于2004年成立"教育会计核算中心"，取消了61个市直学校（单位）的85个银行账户，对市直学校（单位）预算内外的财务收支进行统一管理、统一核算。严格执行"收支两条线"管理办法，严格财经纪律、严禁设账外账、"小金库"。之后，各县（市、区）也分别成立"教育会计核算中心"。这一措施紧紧把住了收钱和用钱的关口，有效促进了学校规范收费、规范开支。

四是对教育乱收费问题实行"四个挂钩"。为了有效治理教育乱收费问题，福州市教育局下狠招、动真格，做到"四个挂钩"：一是将规范教育收费与评先评优挂钩。对发生乱收费案件的学校，取消该校当年参评各级各类先进单位的资格，取消涉案教师参评各级各类先进的资格，实行一票否决制。二是与职称评聘挂钩。凡涉及乱收费案件的教师，取消其三年内申报高一级职称和提拔任用的资格。三是与校长奖惩挂钩。明确校长是学校治理乱收费的第一责任人，学校如发生乱收费案件，取消校长当年参加各级各类评优评先的资格，三年内不得提拔晋职，情节严重者给予撤职处分。四是与行政划拨经费挂钩。对学校乱收费行为，除了责令全部清退乱收费用外，福州市和县（市、区）教育行政部门对当年划拨该校的教育行政经费上予以制约。福州市教育局还建立机关干部与各县（市、区）教育局和市属学校挂钩责任制，加强机关干部与基层单位的工作联系。同时，要求机关干部对挂钩单位的日常工作进行督促检查，发现不正之风的苗头性情况及时督促整改，杜绝乱收费等违规违纪问题的发生。

通过采取积极有力措施综合治理，教育乱收费案件逐年下降。翻开当年工作笔记，查看到这样的统计数据：2003 年，福州市纠风办收到群众对教育乱收费的投诉件为 300 多件；2007 年，下降到 46 件。2007 年后，随着社会经济的发展，义务教育阶段实现真正意义上的免费教育，高中阶段取消招收择校生、借读生等等；同时，随着纠正行业不正之风、治理教育乱收费的力度进一步加大，教育系统教职工思想认识提高、自觉性增强，中小学教育收费越来越规范。

在 21 世纪之初治理教育乱收费过程中，有三次比较大的事件。

一次是 2003 年义务教育学校"禁择"事件。这是一起因受"教育产业化"思想影响，主观上是想通过抬高择校生的收费门槛，以弥补当时教育经费不足，同时改变一些人凭"条子"择校，免费占用优质教育资源的现象。尽管出发点是好的，但大方向是错的。幸好福州市委、市政府和福建省纠风办及时纠正、制止，作出"禁择"刹车令，没有发生乱收费的后果；但是，却在维护社会安定稳定上花了很多精力。这方面，已在第一篇章里作了详细叙述。

第二次是 2004 年高中招收择校、借读生事件。2004 年 6 月间，福州市教育局先后收到物价部门发来的限期退款通知书和处罚通知书，对福州市学校 2003 年秋季招收的旁听生和高中"择校生"收费问题进行处罚。因此事有历史原因和实际情况，最后由福州市人民政府予以协调处理。

普及九年义务教育之后，福州市群众对高中阶段的教育越来越重视，社会上出现了"普高热"，家长迫切希望子女能进优质高中学校就读。

于是，从 1999 年开始出现了高中"旁听生"。在当时"教育产业化"思想影响的大环境下，上级部门并没有明确严禁普通高中禁止招收"旁听生"。优质高中学校在完成招生任务后，适当放宽招收了一些旁听生，收取捐资助学款——这些捐资助学款按照财务收支两条线的规定，全部缴存福州市财政集中户，用于新区学校和老城区薄弱学校改善办学条件，并没有回拨给收费的学校。

"旁听生"不具有寄读的优质学校的学籍，"择校生"则是通过中招录取、具有优质学校学籍的学生。为扩大优质高中办学规模，满足人民群众对优质教育资源的渴求，从 2000 年开始，福州市区一些有潜力的优质高中在保证完成招生任务的前提下，适当招收了一些"择校生"。教育部、国务院纠风办于 2001 年提出优质高中在"三限"（限人数、限分数、限钱数）的前提下可以招收少量"择校生"，但福建省教育厅尚未作出明确的政策规定。原福州市教委按照教育部、国务院纠风办的精神，从鼓励优质高中扩大招生规模，满足人民群众对优质教育资源的渴求，以及优质高中的办学潜力、学生家长的经济承受能力和方便招生投档录取等方面综合考虑，允许市区"老八所"优质高中在收足 10 个班正常缴费生计划的基础上，增招两个班的"择校生"计划，择校费按照每学期 1000 元收取。这种做法公开透明，受到广大家长的欢迎。这种做法在 2001 年、2002 年连续实施了两年。2002 年 8 月，福建省教育厅出台招收"择校生"的"三限"暂行规定，但福州市中招工作已在 7 月完成。对于福建省教育厅文件中提出的"三限"要求，只能采取"老人老办法、新人新办法"：对 2001 年、2002 年招收的"择校生"，仍按原定每生每学期 1000 元标准收费，直至高中毕业；对 2003 年之后招收的"择校生"，再按福建省教育厅文件标准每学期 3500 元进行收费。此举也受到了群众的欢迎。

2003 年六七月间，福州市按照福建省教育厅 2002 年出台的招收"择校生""三限"暂行规定，将 2003 年中招计划在新闻媒体、网站上进行公布，接受社会监督。这个招生计划明确市区"老八所"优质高中校每校招生 12 个班，其中两个班为"择校生"。实际上，这与 2001 年、2002 年一样，符合福建省教育厅规定中关于高中招生"班生数不低于 45 人标准，择校生人数不超过该校高中招生总数的 20%"的要求。

2003 年秋季入学后，有关部门在检查教育乱收费问题中认为，福州市优质高中招收"择校生"工作不规范，超过了限定人数。福州市教育局就此事分别向福建省、福州市治理教育乱收费厅际、局际联席会议作了汇报。福建省教育厅领导在听取汇报后，对照福建省教育厅出台的暂行规定的表述，认为福建省教育厅文件对招收"择校生"的比例应在班生数 45 人以内还是在总人数以内，表述不够严谨，致使下级理解不准确，福建省教育厅也有责任。考虑到招生工作牵涉面大、社会影响大，且新学期已开学，如对"择校生"进行处理，不利于社会安定稳定。于是，福州市教育局本着总结教训、自查自纠的原则，责成主要责任人、相关责任人作出深刻检查并实行经济处罚。从福州市教育局局长罚起，并对中招办等有关责任人扣发国家加发的一个月工资以及年度奖金，我本人还在全市教育系统干部会上做作了深刻检查，承担了主要责任。在自查自纠的基础上，福州市教育局向福建省治理教育乱收费厅际联席会议、省教育厅、省监察厅上报了检查报告。福建省纠风办认为，福州市教育局的认识是深刻的、态度是认真的，原则同意福州市教育局的自查自纠，不予追究。对超收"择校生"的费用，交由福州市人民政府协调处理。2004 年 7 月 14 日，时任福州市人民政府市长练知轩主持召开市长办公会议，听取福州市教育局关于义务教育阶段招收借读生、普通高中招收"择校生"及市属优质高中招收"旁听生""择校生"收费问题的情况汇报。会议原则同意福州市教育局、市物价局、市财政局、市纠风办四部门对义务教育阶段招收借读生和普通高中招收"择校生"工作所提出的意见。鉴于优质高中校招收"旁听生""择校生"收费问题的历史原因，且福州市教育局已作出自查自纠，所收取的费用已全部按"收支两条线"原则交福州市财政用于新区学校、薄弱学校建设的实际情况，同意对优质高中校招收"旁听生""择校生"所收取的这两部分费用不予追究，并要求做好相关的沟通、协调工作。

经过 2003 年高中招收"择校生""三限"政策的风波，2004 年之后，福州市高中招收"择校生"工作把握得当，没再出事。

再一次是福州市中招办违规收费事件。2004 年 12 月 12 日，《福建日报》刊登了新华社通稿《福州"中招办"违法收费 28 万余元，物价局申请全额没收》。文中讲到，2002 年 1 月至 2003 年 12 月，福州市中招办向中考考生违法多收费 28.27 万元。福州市物价局拟向法院申请强制执行，将这笔款项全部没收上缴国库。这是一起本属正常代办服务收费，因干部轮岗交流业务不熟、手续不全而成为"乱收费"问题，经新闻媒体曝光，而使福州教育脸上蒙灰的事件。

按照有关规定，代办服务收费每年需向物价部门报批一次。2002 年，福州市党政机关机构改革，人员大面积轮岗交流，新经办人员对中招办代办服务收费一年须报批一次的情况不了解，就沿用了上年的收费标准。物价部门曝光的福州市中招办违法收费行为，主要是"按每人 5 元的标准对福州市参加初中毕业升学考试的学生收取中考代办费，而这项收费根本未经有关机关审批"。经查，福州市中招办向每位考生收取 5 元的代办服务费，是学生购买"中招指南""考生手册"及铅笔、填涂板块等的代办费用。以往年年都是按这个标准收代办服务费，但每一年都有经过物价部门审批。因 2002 年干部轮岗交流，接手的经办人员业务不熟，未履行代办服务收费项目的报批手续，而成为"违法收费"。9 月，物价部门向福州市中招办发出处罚决定书，当时福州市中招办负责人即到物价部门说明事件经过及其原因。由于沟通后双方各有误会，教育方以为事情就此解决，物价方认为教育部门没有付诸行动，所以到了 12 月，事件被媒体曝光。

因为手续不全而成为"违法收费"，虽冤枉，但却是"跑不掉的事实"；虽数额不大，经新闻媒体曝光，却有损福州教育的形象。问题已出，我们既不能"喊冤"，也不能在媒体上搞"论战"，只能尽快收好纠错工作。福州市教育局当天即责成福州市中招办向有关部门办理缴款手续，不扩大事态。同时，要求机关干部从中吸取教训，加强政策与法律法规的学习，加强业务学习，增强依法行政观念，教育人要有政治意识、大局意识，不准找媒体搞"论战"，做有损福州教育形象的事情；对兄弟部门、单位到教育系统办事要一如既往，而且要更加真诚、更加热情，教育工作者要以博大的胸怀做好工作，办人民满意的教育。

福州市中招办违规收费事件，损害了福州教育的形象，也损害了福州的形象。在处理好这件事情之后，2004 年 12 月 14 日，我特地向时任中共福州市委书记何立峰、福州市人民政府市长练知轩写了书面检查，检讨工作的失误与过错。

随着对教育事业规律性认识的深化，以及现代治理体系的逐步完善，教育工作不断规范，教育乱收费已成为一段历史。但从治理教育乱收费工作中，可以感悟出，为了办人民满意的教育，教育管理者在思想认识上要进行以下几个转变：

第一，要从站在教育中办教育向站在人民中办教育转变。站在教育中办教育，就会过多地强调特殊性，过多地看到教育自身的利益，而对人民的利益考虑不足。教育管理者必须转换视野，坚持以人民为中心发展教育，在尊重教育自身发展规律的同时，更多地考虑如何把教育办成人民需要和满意的教育。

第二，要从靠行政运作管理向阳光管理、规范化管理转变。教育收费政策性强、涉及面广，必须实行收费项目、收费依据、收费标准公开，自觉接受方方面面的监督。政策允许的项目才能收，政策不允许的项目坚决不能收。心中有法制意识、规范意识，才能自觉按规范办事、按规矩办事。

第三，要从被动堵漏思维向积极主动思维转变。教育行政管理工作如果只是忙于堵塞漏洞，可能漏洞会越堵越多；而如果积极主动作为，把关口前移，在加强规范化管理上下功夫，就能更好地在源头上预防问题发生。福州市教育局在治理教育乱收费工作中，组织开展创建"教育收费规范县（市、区）、学校"活动，重在正面引导，树立"教育收费规范县（市、区）、学校"典型。2006年表彰了6个"教育收费规范县（市、区），2007年表彰了鼓楼区、晋安区、仓山区、马尾区、福清市、平潭县、闽侯县等7个教育收费规范县（市、区）"、福州第三中学等30所"教育收费规范学校"，在全市教育系统形成了规范办事、规范收费的良好局面，从源头上预防了教育乱收费现象的发生。

第四，要从按习惯办事向依法办事转变。在向治理体系现代化的迈进中，一些传统习惯已与依法行政、依法办事不相符合。在新形势下，必须坚决克服按惯性思维办事的现象。教育行政干部只有自觉加强政策法规学习，熟悉教育政策，熟悉工作业务，才能确保依法行政、依法办事。

教材选用：责任与公心的考量

教育系统每年教材的选用与征订，是一笔最大宗的物品采购。这种采购买什么、向哪里买，是对教育管理者公心的考量。

2002年至2003年，福建省启动新一轮课程改革，福建省教育厅将福州市的鼓楼、台江、仓山、晋安、马尾和琅岐经济区作为课改省级实验区，在2002年秋季率先进入课改。2004年，福州8县（市）也进入了课改。在推进课改中，上级要求各地至少要选用两种以上版本的教材进行课改试验，这让各级教育行政部门犯难。因为中小学长期以来都是采用"人教版"（人民教育出版社）的教材进行教学，学校、教研部门对"人教版"教材比较熟悉；而且全市统一用"人教版"教材，在教学、教研交流、质量检查中比较方便。新一轮课程改革，先从教材改起，要求必须打破"人教版"一统天下的格局。这时，选用什么教材，关系到一个地方的教育教学质量问题，教育部门的责任千斤重。

"一纲多本"教材作为课改的一项要求，引发了各地出版社竞相编写、推介教材热，"江苏版""湖南版""北师大版""仁爱版"等等一大批教材版本涌了出来。五花八门的教材版本，都有经过专家进行"一纲多本"的审阅，具有教材市场的"准入证"——应该说，这些教材版本都是很好的、可用的。在市场经济条件下，出版商为了取得市场份额，极尽所能，开展教材宣传与推介。买什么版本教材，既关乎一个地区中小学教育质量，也关乎政风行风建设。

福州市教育局在选用教材版本上非常慎重，把教材选用作为为福州教育质量把关、为预防职务犯罪把关的重点工作来抓。福州市教育局要求，教材选用要合规合序。即建立教材选用专家库，从专家库人选中，随机抽调各学科专家名师，组成教材选用专家组，将选用教材权交给教学专家来决定。教材选用专家人选确定后，进行全封闭管理。专家组成员在认真研读、论证各教材版本优、缺点的基础上，进行认真讨论、投票表决，确定选用教材版本。在专家组选定教材版本的基础上，各县（市、区）各学校在专家组推荐的版本中，选择适合本地区、本学校使用的教材。福州市教育局要求，市、县两级教育行政部门在选用教材中，要出于公心、出于对福州教育的高度负责，应选用有实力、有出版教材经验的出版社出版的教材；初、高中阶段教材选用，要了解和参考福建省内兄弟城市选用教材的情况。

在选用教材过程中，专家组成员本着对福州教育质量高度负责的态度，选用适合福州市学校教学的好教材，有时为了选定哪种教材，争得面红耳赤。2006年年初，中小学英语学科教材选用专家组在"人教版""闽教版""仁爱版"三个版本教材利弊的权衡中，曾发生争执风波；后来由福州市教育局监察室介入调查，按照公平公正、合规合序的原则，选定了教材版本。

教材征订的渠道很多，书商之间的竞争非常激烈。为预防职务犯罪，福建省教育厅对全省中小学教材征订工作实行全省"打包"公开招投标。就是说，全省各地选好教材后，上报福建省教育厅，由福建省教育厅组织教材征订工作公开招投标，从源头上预防各地、各学校的教材征订发生商业贿赂问题。21世纪之初，福建省中小学教材征订工作由中标单位新华书店征订发行。

教辅材料是教学的需求，也是大宗物品采购。2004年之前，福州市教辅材料选定，是根据福建省教育厅确定的用书目录，由学校自行选定一种后为学生代为购买。由于购买教辅材料存在商业贿赂风险，从2004年起，福建省教育厅要求各学校不得统一征订教辅材料。但从教学实际来看，教辅材料又是教学所必须的。因此，每到开学初，各学科教师都会向学生推荐参考用书目录，由学生自行购买。这种做法给众多家庭带来麻烦，许多家长为给孩子买教辅材料，不得不到各书店选购；特别是农村家长，因交通不便、书店网点少而怨声载道。2004年春季开学初，新闻媒体曾刊发了《老师推荐书目，学生家长忙得团团转》的报道。购买教辅材料问题，成为老百姓议论的热点之一。如何做到既预防商业贿赂、职务犯罪，又服务教学、服务学生？福州市教育局经过认真研究，按照"专家审读、学校推荐、学生自选"的原则，实行"市里定范围、学校选书目、书商送货上门、学生自行订购"的办法。即由福州市教育局从教材选用专家库人选中，随机抽取中小学各学科专家名师，组成教辅材料选用专家组，专家组从课程实际出发，从与教材相配套的教辅材料目录中审读选取推荐三个版本教辅材料，作为推荐目录；各学校从专家组的推荐目录中自主选择一套教辅材料；图书发行单位根据学校选定的教辅材料送货到学校；学生以自愿为原则，自行向图书发行单位购买。学校不强制统一征订教辅材料。为防止盗版教辅材料进入学校，福州市教辅材料发行由教材发行中标单位、国有图书发行部门新华书店承办。福州市教育局将教辅材料推荐与购买办法向福州市治理教育乱收费局际联席会议作了汇报，得到成员单位的理解与支持。此举既满足了教育教学需求，又方便了群众，也有效堵塞了商业贿赂漏洞，受到广大群众欢迎，并得到纠风、监察部门的肯定与支持。

校服订购：从省统到全面放开

校服订购，是教育公共资源市场化配置的重点之一。在校服订购上，社会议论很多，主要集中在服装款式、制作面料及其质量、价格等方面。

2006 年，福州市教育局曾对中小学生统一着装工作情况进行了一次深入调查。

中小学统一着装工作源于 1993 年。原国家教委根据邓小平同志"提倡中小学生统一着装"的有关精神，于 1993 年下发《关于加强城市中小学生穿学生装（校服）管理工作的意见》。福建省教委立即对全省中小学统一着装工作作了具体部署，要求实行"五个统一"，即统一款式、统一面料、统一标志、统一纽扣、统一定点生产。福州市教委于1993 年 5 月对福州市中小学生统一着装工作也作了具体部署。1995 年至 2001 年上半年，福州市学生装生产由福建省教委审定的"福建省中小学生统一着装定点厂"两家公司生产。2001 年 6 月，福州市教委根据福建省教育厅有关学生装生产实行招标的要求，通过面向原福建省教委审定的校服定点生产资格的服装厂公开招投标，确定了生产厂家，生产合同有效期为 7 年，从 2001 年 6 月至 2008 年 6 月。

学生装除了具有团体认同的标识功能和规范言行的约束功能之外，还具有"以服育人"的教化功能。福州市学生装款式，在 2000 年之前均采用福建省教委统一的全省统一款式。由于不断有"校服太丑"的吐槽之声，2000 年初，福建省教育厅决定对原学生装款式进行改款，并为此在福建电视台举行"福建省城市中小学生统一着装校服展评会"。福州市从展评会评委评分最高的校服中，选出作为中小学生夏装和春秋装改款款式。福州市标准计量局为福州市学生统一着装制定了地方生产加工标准，福建省纺织品检测中心进行不定期抽检。学生装价格按福州市物价局审定的标准执行。

随着经济社会的发展，人民群众生活水平的提高，时代潮流的进步，2006 年，人民群众对放开学生装款式的呼声很高。福州市教育局顺应人民群众的呼声与要求，组织了学生装展演活动，从中选定若干种学生装款式向学校推荐，供学校自主选择。同时，允许学校自行设计校服款式，作为本校学生统一着装。至此，福州市城市中小学生着装不再统一款式，各学校校服款式各异，校服款式问题不再是社会议论的热点。

放开校服款式后，为加强校服质量与卫生的监管工作，防止出现在新旧款式学生装交替过渡期，学校强制要求学生购买新款学生装、加重学生家庭负担等问题，福州市教育局专门制定了中小学生着装管理暂行办法。

为了规范中小学校服订购管理工作，防止商业贿赂发生，2007 年 7 月、2008 年 1 月，福州市教育局局长办公会议先后对中小学校服款式放开、公平公正地做好新一轮学生装招投标工作进行认真研究。会议认为，校服订购是教育资源公共市场化配置的一个重点，社会关注度高，要严格按照福建省、福州市有关文件精神，严格按照教育资源市场化配置有关规定，规范中小学生校服订购管理工作，防止商业贿赂和腐败问题的发生，同时尽量让学生及人民群众满意。鉴于福建省教育厅生供办所属招投标公司具有良好资质，对教育系统专业熟悉，会议同意参照福建省内其他设区市校服招投标工作办法，确定其作为福州市新一轮中小学生校服招投标代理公司。

在原福州市教委与生产校服中标厂家签订的7年生产合同到期的前三个月，即2008年3月，由时任福州市教育局分管后勤服务工作副局长陈红牵头，福州市教育中心组织开展新一轮中小学学生装定点厂家招投标工作。招投标过程，邀请福州市监察局、市教育局监察室人员进行监督与指导。经公开、公平、公正招投标，确定了中小学学生着装定点生产厂家。

福州市中小学生着装工作在2010年后，从款式选择、生产厂家选择上进一步放开。现在各个学校自主选择校服款式，城市学校学生装不再是"一张面孔""一身呆板"，各学校校服款式新颖、丰富多彩，集"标识、约束、教化"功能于一身。具有时代气息、各具特色的校服，增强了学生的爱校感、荣誉感、自豪感。

回顾21世纪之初，中小学生着装从全省"五个统一"到开放款式限定，从定点厂家生产到自主选择生产、供货厂家，从教育行政部门统管到学校自行选择，这是伴随着计划经济向市场经济转变的脚步，教育行政管理从集中统一、大包大揽向现代治理体系的转变。阳光教育，将教育公共资源配置权交给市场是一种公开，将选择权还给学校也是一种公开。当教育公共资源配置置于社会公开监督之下，就没有滋生腐败的土壤。

阳光招生：让百姓明明白白

学校招生工作牵涉千家万户，在实施教育阳光工程中，没有哪件事情能像招生工作这样牵动老百姓的心。

世纪之交，福州市的招生工作已很有序：小学招生划片相对就近入学；小升初自 1998 年开始实行"免试、对口、相对就近"的入学政策，小学毕业生免试升入对口初中校就读；高中招生凭中考成绩按志愿录取。但是，在教育发展不充分、不均衡时期，人民群众对优质教育资源的强烈渴求，使得招生工作出了一些乱象；在城镇化进程中，大量农民工子女涌入城镇，也给中小学招生工作带来新情况、新问题。每到招生季节，家长发愁、校长躲藏、教育局长焦虑。

招生焦虑之一：小学"借读生"

"借读生"是义务教育优质资源不足与人民群众对优质教育资源渴求的突出矛盾的产物。21 世纪之初，福州中心城区有福州实验小学、福州市钱塘小学等 14 所热门优质小学。小学按片区招生入学，许多片外生家长为了让子女进入优质校就读，想方设法搞"借读"，导致优质校生源爆满、薄弱校生源稀少，教育生态受到了破坏。2000 年 9 月 17 日，《福州日报》一篇《超负荷中小学"气喘吁吁"》的报道，引起中共福州市委领导的关注。而后，福州市教育局组织开展小学择校生问题的调查，事件经过一波三折，最终引发了 2003 年 8 月 27 日小学"禁择令"出台。这一事件，本书第一篇章已有记述。2003 年，小学禁止招收择校生政策实行后，优质小学班生数大大回落，一般校生源回流。这一时期，是在义务教育资源不均衡的情况下，强制性地促进生源均衡。但是这样强制性的措施，挡不住百姓对优质资源的渴求。于是，招生权力从教育行政部门与学校转到办理户口与房产的部门，学生家长通过移户口、在优质校附近买房或租房等，千方百计让孩子挤进优质小学。没过多久，优质小学生源又多了起来。针对以借读名义择校的问题，2004 年，福建省教育厅、省物价局、省财政厅、省人民政府纠风办联合发出《关于加强义务教育阶段招收借读生工作管理的通知》。福州市治理教育乱收费局际联席办公会议根据该文件精神，对借读生条件作了界定，明确义务教育阶段学生因故在非户籍所在地（县、区）申请就学的，有六种情况之一者，可允许办理借读：一是边防、海岛驻守部队的子女；二是在境内兴办企业的港、澳、台胞子女；三是父母双方从事地质勘探等流动性较大的工作，需由亲属照管的子女；四是父母双方不在学生户籍所在地工作，确需随父母居住生活的学生；五是父母离异，抚养一方无法履行监护人职责或丧失监护能力的，确需由其亲属抚养监护的学生；六是进城务工农民的子女。小学生因故需在非户籍所在地（县、区）借读的，学生家长可向工作和暂居地片内小学提出书面借读申请，并出具完整的户口簿、学生学籍证明（由原籍学校提供）、父母工作或经商证明、暂居地证明等有效材料的原件及复印件。学校校务委员会应根据福建省有关规定，对学生家长递交的申请材料进行审核，并按"借读生总人数不超过班级人数的15%"的比例，由校长办公会议集体研究决定招收符合借读条件的学生。借读生名单报教育行政部门备案。借读生小学毕业后，原则上回户籍所在学校升入初中。如确需在原借读地（县、区）继续借读初中的，按初中借读管理办法实行。小学招收借读生工作，社会群众关注度高，通过公布借读生条件，纠风、物价部门加强监督检查等，有效遏制了以借读名义进行择校的现象。2010年之后，随着义务教育均衡发展工作的推进，老百姓家门口就有好学校，借读、择校现象大大减少。特别是自2017年起，福州市小学招生通过网上预报名，学校通过公安、房产等部门网站开展网上审核，进一步规范小学招生，借读生、择校生无处遁形。

招生焦虑之二：农民工子女入学

21世纪之初，随着城镇化进程，中心城区农民工子女入学压力越来越大。为规范农民工子女入学，福州市教育局于2004年制定相关文件，对农民工子女入学做到"三个公开"：一是公开入学条件。明确农民工子女招生同时具备四个条件，即父母双方或单方属于农业户口或户籍在村、组等基层组织单位，父母均在县级城关及福州市区务工就业，父母有相对稳定的职业和相对固定的住所，子女属于义务教育阶段的适龄儿童。二是公开定点接收学校。2005年向社会公布5个城区定点接收农民工子女的124所小学、15所初中学校名单。2007年秋季开始，福州市中心城区和各县（市）城关地区除了满员的学校外，都放开招收农民工子女入学。三是公开学校招生学额。"三个公开"让农民工子女入学明明白白。近几年，福州市对农民工子女入学工作更加规范、便捷。每年秋季开学前，教育行政部门都提前公告办理农民工子女入学手续时间、准备的材料等。教育行政部门通过电脑派位，确保公开、公平、公正地做好农民工子女入学工作，确保每一个农民工子女都能上好学。

招生焦虑之三：中招、高招

中招、高招工作非常敏感，社会群众十分关注。中招、高招长期以来实行按分数切线录取的办法，在分数面前人人平等。但是，中招、高招加分政策、保送生政策，以及部分优质高中实行自主招生政策、定向生招生等等，在实施过程中群众有不少疑虑。福州市教育行政部门在招生中，要求做到招生政策公开、加分（或保送）情况公开，接受群众监督。针对群众反映较多的加分项目问题，2006年、2007年，对加分项目进行了清理，取消了过多的加分项目，以维护招生公平公正。2018年，福建省教育厅印发《福建省高中阶段学校考试招生制度改革实施意见》，明确要求从2020年起，中招录取全面取消体育、艺术、科技创新等特长生加分项目，目前已取消的不得恢复，相关特长和表现计入学生综合素质评价档案。福建省教育厅将统一清理规范加分项目、分值，取消不合理加分。这将使中招录取工作更加规范、公平。

招生焦虑之四：幼儿园招生

21世纪之初，在招生工作中，幼儿园招生不甚敏感。以福州市为例，2002年时全市幼儿园共有1753所，其中公办园很少。同时，也是由于老百姓对孩子入优质园的要求并不是太迫切。幼儿园是非义务教育阶段教育，也不存在划片对口入园的问题。幼儿园阳光招生，主要强调集体研究决定，严禁园长个人说了算，严禁搞权钱交易。随着政府对幼儿教育工作的重视，自 2011 年至 2016 年，连续实施两期学前教育行动计划，改扩建了一大批公办幼儿园，大力发展普惠性幼儿园。到 2019 年，福州市共有幼儿园 1243 所，其中公办园 328 所，普惠性幼儿园 640 所，公办园、普惠园已占总数的 78%。为了让公共教育资源公平共享，自 2016 年起，福建省实施公办幼儿园部分招生名额电脑派位方法。福州市从这一年起，在公办幼儿园招生名额中切出 30% 用于电脑派位，以满足群众对优质幼教资源的需求。今后，电脑派位的比例还将逐步增加。幼儿园阳光招生的推进，使得基础教育阳光招生实现了从幼儿教育、义务教育阶段到高中阶段阳光招生的全覆盖。

第六篇章　进修院校的困扰与求索

在基础教育的各级各类学校中，有一支担负特殊使命的学校队伍，它们数量很少，每个县（市、区）只有一所，但它们与县（市、区）内的所有中小学、所有教师都有密切的关系，它们的高度，就是一个县（市、区）中小学教师的高度。这，就是县（市、区）教师进修学校。

县（市、区）教师进修学校很小，不仅在于校园小、数量少，还在于它的"声音"小。由于进修学校主要从事教师培训工作，它的作用不大容易直接显现出来。教师培训是"慢任务"，往往不能引起教育行政管理者的重视，所以这一支本来有大作用、大作为的学校，却是小规模、小打小闹。

2008 年，我到福建教育学院工作。由于工作关系，与全省市级教师进修学院和各县（市、区）教师进修学校有了更多的接触。特别是2012 年，受福建省教育厅委托，牵头承担了《福建省县级教师进修学校建设研究》科研课题，就福建省县级教师进修学校工作进行深入调查研究。对这支说起来重要，但实际上却是行走在教育边缘的队伍，深切地感受到他们工作中的诸多困扰与苦苦求索。

进修学校现阶段发展的主要特征

县级教师进修学校，作为中小学教师培养培训的基础机构，承载着最大量、最直接的教师培训任务。县级教师进修学校建设，直接关系到中小学教师素质的提升，关系到基础教育的质量。

县级教师进修学校作为我国教师教育体系中的重要组成部分，其办学历史最早可追溯到新中国建立初期。新中国成立之初，百废待兴、百业待举。为加快建立适应新中国教育事业发展需要的教师队伍，党和政府从创建教师队伍管理体系、制度机制和培养培训等基础工作入手，为新中国教师队伍建设奠定了坚实基础。1951 年，教育部下发《关于中小学教师进修问题的通报》，对各级政府筹办教师进修学院、教师业余学校、函授学校等进行了制度部署。1952 年，教育部提出要"建立起经常的系统的提高教师质量的业余学习制度"，建议通过筹办教师进修学院、函授师范学校和教师业余学校来对在职教师进行培训。之后，各地纷纷办起实习夜校、函授学校和教师进修学校等机构。福建省在 20 世纪 50 年代创办了 50 所县级教师进修学校，这些学校一般规模不大，师资水平也不高，内部设施不健全，但适应了当时小学教师专业水平提升和学历提高培训的需要，为新中国成立初期的基础教育事业做出了积极贡献。20世纪七八十年代，中小学数量急剧扩张，教师队伍迅速扩大，教师学历水平大面积不达标。为适应教师水平提升的需要，1983 年 1 月，教育部颁布了《关于加强小学在职教师进修工作的意见》。自此，我国中小学教师培训的重点转到学历达标上。这一时期，县级教师进修学校的主要任务是对广大小学教师进行学历补偿教育。20 世纪 90 年代后期，中小学教师学历基本达标。至 2000 年，福建省小学、初中、高中教师学历达标率分别为 93.06%、94.74%、64.14%。由此，县级教师进修学校工作逐步转到开展中小学教师提高培训上。由于县级教师进修学校的功能作用发生了变化，其所承担的任务由"硬任务"转向"软任务"。在这一过程中，县级教师进修学校曾一度被边缘化，许多进修学校工作萎缩、功能削弱，发展困难。

进入 21 世纪，为适应推进中小学课程改革和全面实施素质教育的需要，国家出台一系列政策措施加强县级教师进修学校建设。2002年，教育部出台《关于加强县级教师培训机构建设的指导意见》。2005年，教育部下发通知，开展示范性县级教师培训机构评估认定工作，决定2005~2007年间，在全国范围内组织评估认定150所左右示范性县级教师培训机构。2009年，《国家中长期教育改革和发展规划纲要（2010—2020年）》提出"完善培养培训体系，做好培养培训规划，优化队伍结构，提高教师专业水平和教学能力"。进入21世纪的第二个十年，人民对公平而又有质量的教育的期盼愈加强烈，教师队伍的专业化水平摆在了更加突出的位置，引领教师专业成长成为教师队伍建设和师资培训的重点。2011年1月，教育部发出《关于大力加强中小学教师培训工作的意见》，提出"充分发挥区县教师培训机构的服务与支撑作用"。2011年11月，教育部办公厅印发《关于开展示范性县级教师培训机构评估认定工作的通知》，决定2012~2015年间，在全国范围内组织评估认定200所示范性县级教师培训机构。特别是2018年颁布的《中共中央、国务院关于全面深化新时代教师队伍建设改革的意见》，从师德建设、培养培训、管理改革、教师待遇、保障措施等方面系统部署教师队伍建设改革任务。国家层面的政策措施，给县级教师进修学校带来了生机。

福建省认真贯彻国家有关部署，采取一系列措施加强县级教师进修学校建设，县级教师进修学校的发展迎来了新的春天。21世纪之初，福建省县级教师进修学校发展具有以下特点：

一是地位作用逐步显现。在世纪之交，县级教师进修学校从以中小学教师学历补偿教育为主，转向以开展中小学教师继续教育为主。在这一转变过程中，曾有不少地方产生了还要不要保留县级教师进修学校的动议，县级教师进修学校处于"维持"状态。2008年，福建省委、省政府从基础教育发展全局出发，作出加强中小学教师队伍建设的重要决策，专门发出《福建省人民政府关于进一步加强中小学教师队伍建设的意见》，强调在加强

◆ 2012 年，福建省教育厅组织开展省级示范性县级进修校评估工作。图为专家组在厦门市湖里区进修校开展评估

中小学教师队伍建设中，必须大力加强教师培训工作，加强县级教师进修学校建设，并提出"开展县级教师进修学校评估工作，'十一五'期间重点建设 20 所省级示范性县级教师进修学校，推动县级教师培训机构规范化建设"。福建省人民政府对教师培训工作、对教师培训机构的重视，使得县级教师进修学校走出了"边缘化"的困境。2011 年颁发的《福建省中长期教育改革和发展规划纲要（2010—2020 年）》明确要求，"加强教师培训机构建设，完善省、市、县三级培训网络"。福建省教育厅于 2005 年、2010 年、2012 年先后三次组织开展省级示范性县级教师进修学校评估工作，先后评出 23 所省级示范性县级教师进修学校。福建省教育厅还把县级教师进修学校建设纳入义务教育均衡发展县区的督导评估体系。这些措施，使得县级教师进修学校建设得到加强，地位和作用逐步显现出来，主要表现在：教师进修学校的地位和作用从"可有可无"到"不可或缺"、从"可用可不用"到"依靠使用"，对进修学校的经费与资源配置从"可给可不给"到"倾斜留给"，对进修学校教职员工的鼓舞很大。

二是办学条件明显改善。世纪之交，中小学校进入大改造、大提质时期，但是，进修学校却被边缘化，既沾不上中小学危房改造优惠政策，也靠不上紧缺校舍扩建项目，成了县域内最小、最破的学校。2008 年，

《福建省人民政府关于进一步加强中小学教师队伍建设的意见》下发后，各地采取措施，加强进修学校建设，县级教师进修学校的办学条件有了比较明显的改善。主要表现在：一是校园面积有所扩大。全省 84 所县级教师进修学校，2008 年时总占地面积为 557.13 亩，平均每所占地 6.63 亩；到 2012 年时，总占地面积为 890.96 亩，平均每所占地 10.6 亩。二是校舍面积有所增加。2008 年时，84 所教师进修学校校舍建设面积为 293066 平方米，平均每所 3488 平方米；2012 年时，为 362195 平方米，平均每所 4311 平方米。三是设施资源也得到了较大改善。

三是队伍建设得到加强。县级教师进修学校的教师队伍，经过调整补充，整体素质有了较大提升。主要表现在：一是专业教师年龄结构趋于合理。全省 84 所县级教师进修学校专任教师 2416 人，有 46.6% 是 46~55 岁年龄段的年富力强、工作经验丰富的教师。二是职称、学历有所提高。2012 年时，专任教师中高级职称比例为 44.9%。三是名优教师比例逐步扩大。省、市级学科带头人有 239 人，占 9.8%；县级以上骨干教师 1305 人，占 54%。四是学科分布状况有所改善。县级教师进修学校教师配备主要集中在义务教育阶段，过去，各校除语文、数学、英语三个学科会配备多名教师，其他学科一般只配备一名教师，有的学科甚至没配教师；在贯彻福建省人民政府文件精神中，各县（市、区）对教师进修学校的各个学科教师予以均衡配备，特别是有 51 所学校配备了心理健康专任教师、21 所学校配备了综合实践教师。五是兼职教师队伍更加优化。84 所进修学校专、兼职教师比例接近 1:1，共配备兼职教师 2297 名。兼职教师主要来自中小学骨干教师、高校或科研部门，其中相当部分是特级教师、县以上骨干教师。

四是培训管理不断提升。21 世纪之初，在国家级、省级示范性教师进修学校的引领带动下，县级教师进修学校进一步加强培训管理，积极推进培训内容与形式的改革创新，出现了"四个注重"的新气象：在培训内容上，注重专业性、针对性、系统性；在培训形式上，注重灵活性、多样性、开放性；在培训手段上，注重面授与网授"两翼齐飞"；在培训管理上，注重科学性、规范性，进一步提高了培训效果。

五是相关资源适当整合。教育部《关于加强县级教师培训机构建设的指导意见》要求，"积极促进县级教师进修学校与县级电教、教研、教科研等相关部门的资源整合与合作，优化资源配置，形成合力，努力构建新型的现代教师培训机构。"21世纪之初，在政府及教育行政部门的积极推动下，福建省县级教师进修学校与相关部门资源整合与合作取得新的进展：一是与县级教研部门资源整合，形成真正意义上的"教研一体"。全省84所县级教师进修学校，至2012年，有74所进行了培训和教研机构的整合，占县级教师进修学校总数的88%；有10所进修学校与教研机构分设，占12%。二是与县级教研、电教机构之间的资源整合。至2012年，全省有26所县级教师进修学校实行培训、教研、电教三个机构的实质性整合，占县级教师进修学校总数的30.95%。三是与县级教研、教科研、电教、电大等相关资源整合。全省有10所县级教师进修学校实行县级教研、教科研、电教、电大等相关资源整合，占县级教师进修学校总数的11.9%。四是与高等学校、教科研等机构开展联合或合作等多种形式办学。全省84所县级教师进修学校都与高等院校进行了有关合作，努力建设上联高校、下联中小学的区域性教师学习与资源中心。

六是实体功能有效发挥。21世纪之初，县级教师进修学校按照"小实体、多功能、大服务"的原则，积极发挥五个方面的功能，促进单一的进修培训向构建教师专业成长支持服务体系的转变。这五个功能是：培训功能，开展县域内教师的进修培训工作；教研功能，开展教学质量监测、分析、评估，开展教学科研工作；指导功能，积极发挥在本地区基础教育改革发展中的指导作用；咨询功能，积极发挥政府和教育行政部门的参谋部、智囊团的作用，为政府和教育行政部门抓教育献计献策；

服务功能，积极开展为教育行政部门服务、为中小学服务、为社会服务工作。

进修学校发展中的困扰

福建省县级教师进修学校在为提升中小学教师队伍素质服务、为基础教育改革发展服务中做出了积极的贡献。但是，面对基础教育改革发展的新形势、中小学教师队伍建设的新要求、教师培训工作发展的新趋势，县级教师进修学校发展中也存在不少困扰问题。

困扰之一：基础设施虽有改善，但离规范要求还有差距。

县级教师进修学校开展研训工作，需要有一定的校舍条件和培训条件。21世纪之初，福建省县级教师进修学校的基础设施得到了比较大的改善，但距离国家标准还有相当差距。

首先是在校舍条件方面。2011年，教育部办公厅对示范性县级教师培训机构评估认定标准为：县域内教职工总数在5000人以下的，进修校占地面积不低于10亩、建筑面积5000平方米以上；教职工总数5000~8000人的，进修校占地面积不低于15亩、建筑面积7000平方米以上；教职工总数8000人以上的，进修校占地面积不低于20亩、建筑面积10000平方米以上。县级教师培训机构校舍和配套生活设施能同时承担300人以上专项集中培训。专业设施标准不低于省级示范高中的水平。对照教育部的标准，福建省县级教师进修学校在校舍条件上还存在一定差距。全省84所县级教师进修学校，有七成多占地面积未达到教育部规定的最低档次10亩的要求，有55所学校建筑面积未达到教育部规定的最低档次5000平方米的要求，有51所学校未达到一次性容纳300人培训的容量要求。其中，华安县教师进修学校建筑面积仅为665平方米；永泰、沙县、明溪、建宁、将乐、延平、古田、长汀等县区进修学校，一次性容纳培训人数仅在百人以下。进修学校专业教室严重不足，不少学校没有多功能学术报告厅、电子阅览室、心健辅导室、语音室、综合实验室等。计算机网络教室平均每所仅 1.38 间。

其次是在培训条件方面。培训条件主要由设施设备、网络环境、图书音像、数字资源等构成。县级教师进修学校在培训条件上存在比较大的差距。2012 年，县级教师进修学校的教学计算机配备数量普遍只有教育部规定标准的一半，其他培训条件离教育部规定标准也都有一定差距。培训条件不足，困扰了县级教师进修学校的培训工作。

困扰之二：师资队伍虽有加强，但要担当和支持中小学教师专业发展重任，还需要进一步优化。

进修校的教师是"老师的老师"，在思想政治素质、专业知识、专业能力上要求更高。特别是 2012 年教育部制定了中小学、幼儿园教师专业标准，对教师专业理念与师德、专业知识、专业能力等提出了新的要求。教师专业标准是教师培养培训的主要依据，要做好教师专业素质的培训工作，就要求进修学校教师要有更高的专业素质。21 世纪之初，福建省县级教师进修学校师资队伍总体素质有所提高，但在新形势下，要担当好教师专业发展的培训提高工作，还存在一定差距。

一是教师数量结构上不够合理。教育部规定标准为：专任教师一般不低于本地区中小学专任教师总数的 5%，教师总数 5000 人的不低于 40 名专任教师。学科配备齐全。据 2012 年时的调查，全省县级教师进修学校专任教师总数为 2416 人，平均每所 24.76 人，比教育部规定的低限要求 40 人少 15.24 人。进修学校学科教师配备不齐现象更为突出。除南安市教师进修学校外，各县（市、区）进修学校因种种原因，无法配齐各学科培训教师或教研员。特别是义务教育阶段非考试学科，包括生物、科学、音乐、美术、综合实践、心理健康、通用技术等学科，配备培训教师或教研员更少。其中，通用技术教师全省仅有 5 名、综合实践教师仅 21 名。进修学校教师总量不足、学科配备不齐，直接影响了区域内学科研训工作的开展。

二是教师学历职称上不够适应。教育部规定标准要求：50 周岁以下专任教师 100% 达到大学本科及以上学历，具有研究生学历和硕士、博士学位者达到 15%，并逐年提高；90% 以上教师具有中、高级职称，高级职称占 40% 以上。对照这一标准，福建省县级教师进修学校教师学历、职称尚有差距。在全省县级教师进修学校教师中，大学本科以上学历的有 1706 人，占专任教师总数的 70.6%（其中研究生及以上学历的仅 48 人，占 0.19%）；大学专科以下学历的有 709 人，占 29.3%。职称和学历虽然并不能完全代表教师的理论水平和实际能力，但也能从一个侧面反映一个教师的理论功底和教育教学业务能力。从这个意义上来说，县级教师进修学校教师理论功底和教学业务能力与所担当的任务相比还有一定的差距。

三是名师数量还不多。教育部规定标准是：具有特级教师称号或正高职称的专家型教师不低于专任教师数的 5%，主要学科地、市级及以上骨干教师每学科不少于 1 名。至 2012 年，全省县级教师进修学校中特级教师仅 41 人，占专任教师总数的 0.16%。全省县级教师进修学校拥有省、市级学科带头人 239 名，占专任教师总数 0.98%，平均每所仅 2.84 名，与教育部规定标准每学科不少于 1 名有较大差距。

四是培训者自身培训率、双向流动率偏低。县级教师进修学校的主要职能是开展培训与教研。作为培训者，要了解前沿理论，熟悉和了解中小学教学状况，了解基础教育改革有关精神。所以，进修学校教师自身培训提高显得十分重要，与中小学教师的双向流动也十分必要。但现实情况是：县级教师进修学校培训者自身培训机会太少，进修学校教师与中小学教师的双向流动也"流"不动。究其原因，主要是受到定岗定编等多种因素的限制，进修学校想要的教师进不来,要流动的教师出不去,

涛声过后——教育管理沉思录

造成进修学校教师脱离中小学教学实际的问题，直接影响了研训质量。

五是兼职教师队伍数量不够充足。教育部规定标准是：兼职教师与专任教师的比例不低于 1.5:1。2012 年时，全省县级教师进修学校兼职教师总数为 2297 名，与专任教师总数 2416 名比，尚未达到 1:1 标准。县级教师进修学校本身人才就比较匮乏，借助高等院校、教科研单位的人才加强研训力量更显得重要。

困扰之三：培训工作虽有改进，但与新形势要求相比，还需要进一步改革创新。

培训是进修学校的主功能。21 世纪之初，虽然县级教师进修学校不断改进培训工作，但与新形势、新任务要求比，还存在"三个不够适应"：

一是培训内容上不够适应。培训内容是保证培训质量的前提。县级教师进修学校培训内容上普遍存在前沿性、针对性、整合性和动态性不够强的问题。一是前沿性不强。县级教师进修学校由于自身培训者队伍中高职称、高学历的不多，特别是缺乏理论研究人才，同时又囿于经费紧张，难以延聘更多的省内外教育专家、名师来到培训班授课，所以在培训内容上，传播新知识、新理念、新方法、新成果等受到一定局限，对一线教师更新观念、创新教学方法、作深层次的解读和高层次的指导显得不够。二是针对性不强。县级教师进修学校因自身培训者队伍的原因，在针对基础教育课程改革中的重点、难点和热点问题进行培训方面，显得有些力不从心。如县级教师进修学校教师来源多是小学、初中任教经历者，对高中课程改革指导与培训往往难以下手。对义务教育阶段课改教学的培训与指导，因大多数培训教师、教研员长期脱离一线教学，在培训中往往出现做通识培训的多，对重点、难点和热点问题进行针对性的培训较少，许多中小学一线教师反映培训"不解渴"。三是整合性不强。在县级教师进修学校的培训内容与学科教学内容互相配合、互相渗透方面，存在"两张皮"的现象。比如教师教育技术能力培训，县级教师进修学校往往出现把教师教育技术能力培训简单化成教师信息技术能力培训；而如何将教育技术能力与学科教学进行渗透、整合，则普遍不够理想。又比如德育教育问题，如何针对学科教学特点，开展融入爱国主义、社会主义核心价值体系教育的培训，也需要进一步研究与改进。四是动态性不强。处在不同学段、不同发展水平的教师有不同的需求，同一位教师在不同的发展阶段也有不同的需求，这就要求在培训内容上要把握好层次性和动态性，才能达到继续教育的目标。据了解，县级教师进修学校在培训中，还不同程度地存在"大锅煮"的现象，因而造成培训针对性、实效性不强的问题。

二是培训形式上不够适应。培训形式是影响培训质量的重要因素之一。培训效果不仅取决于培训内容，也取决于培训方式。在县级教师进修学校培训中，普遍存在"五多五少"的问题：一是满堂灌多、互动参与少。培训中往往是由授课教师一人从开始讲到结束，培训学员接受满堂灌，被动式接受培训，互动参与较少。中小学新课程改革强调落实知识与技能、过程与方法、情感态度价值观的"三维目标"，要求推行自主、互动、探索式的学习方式，中小学教师培训理应要在贯彻新课改理念上起示范作用；但一些进修学校培训方式仍旧是老一套，既影响了培训成效，也不利于培养受训教师贯彻实施新课改的能力。二是预定课程多、"菜单式"自主选题少。由于中小学教师培训大部分是提高式培训，培训的内容不是一成不变的，县级教师进修学校基本上没有一个完整的培训课程体系，加之县级教师进修学校各学科培训教师和教研员配备不足，使得各学科培训中很难开出丰富的"菜单"供培训学员选择。县级教师进修学校相当程度上存在"因人开课"的问题，即有什么教师就开什么课、教师有备什么课就开什么课。由于大部分培训课程是预先设定的，不能由培训学员自主选择、按需"点菜"，因而在一定程度上影响了培训成效。三是课堂讲座多、情景培训少。中小学教师培训实践性很强，通过示范课、听评课等现场培训，可以有更好的培训效果。根据调查，大部分教师希望能到课堂观摩、听课评课，或是当名师的"影子教师"，接受情景式培训；但县级教师进修学校在情景培训方面组织推进不够，举办课堂讲座的传统惯性做法还比较多。四是研训脱节多、研训一体少。县级教师进修学校培训教师、教研员捕捉中小学教学中的重点、难点问题的能力，以及将教学问题作为科研课题研究的能力、将科研课题研究成果转化成培训课程的能力，都有一定的局限性；有的县级教师进修学校培训者与教研员分开设置，也影响了研训一体的推进，影响了培训成效。五是单一面授多、面授与网授"两翼齐飞"少。县级教师进修学校在网络建设上总体状况较好，但是在培训形式与手段上，单一面授较多，还不善于运用远程技术开展网络培训。在开展远程培训上，网络培训较多地集中在信息技术能力培训项目上，其他项目网授存在自身原创资源少，对外来远培资源筛选不够、针对性不够，以及远培组织管理不到位等问题，影响了网授培训质量。培训形式上存在的上述问题，影响了教师培训的质量与效果。

三是培训管理机制上不够适应。培训管理机制，对培训目标、培训内容、培训过程等实施具有直接影响。县级教师进修学校突出存在以下四个机制滞后的问题：一是目标机制滞后。教育部制定的中小学教师专业标准，从专业理念与师德、专业知识、专业能力等三个维度，分别提出10多个领域共计60多条具体要求。这为中小学教师继续教育工作指明了目标方向，培训机构应根据这些目标方向，结合本地中小学教师培训的实际情况，制定出培训的总体目标、阶段目标和分层目标及实施方案等。县级教师进修学校对教育部制定的中小学教师专业标准反应比较迟钝，有的被动等待，主动学习研究、制定培训目标的很少。二是服务机制滞后。教育培训机构是为提升中小学教师素质服务的机构，中小学教师到培训机构参加培训，既希望得到培训服务，也希望得到信息服务、资料服务、生活服务等等。县级培训机构由于办学条件相对较差、办学经费不足等原因，在培训管理中，无法为教师提供更加全方位的、周到的服务。中小学一线教师反映，进修学校办学条件比中小学落后了十几年，服务能力跟不上培训服务的需求。三是评估机制滞后。培训评估机制与培训质量有着直接的联系。中小学教师继续教育的复杂性、层次性、灵活性，要求评估应着眼于系统的整体性和教师的发展性。县级教师进修学校的评价依据、评价指标、评价方法、评价方式等方面都没有完整的机制，难以评价进修学校的工作做得好还是不好。四是激励机制滞后。激励机制包括评先评优、职称评聘、进修学习等等。县级教师进修学校反映，进修学校很容易被遗忘，因每个县（市、区）只有1所进修学校，政府及教育行政部门的评先评优等激励政策经常"忘了"进修学校。

困扰之四：教研能力虽有提升，但与福建基础教育站位要求相比，还需要大力加强。

福建省84所县级教师进修学校中，有74所承担教研职能，在机构设置上已实现"研训一体"。县级教师进修学校是普通中小学教研的"主力军"，为新课改的深入实施起到了重要作用。但是在教研工作中，还存在以下三个薄弱环节：

一是一般性研究问题。县级教师进修学校是区域内中小学教师的科研引领和智力支持机构，本应可以更好地开展问题课题化的研究，但不少县级教师进修学校的教研还比较空泛，停留在一般性的研究上。由于教研员的素质能力有限，教科研水平总体不高，研究成果也不多。

二是浅表性研究问题。福建省基础教育工作历来扎实，很多指标一直走在全国前列。福建省基础教育历史上也一直是出经验的省份。但是在新课程改革中，福建省还没有出现像江苏洋思中学、山东杜郎口中学那样能在全省乃至全国叫得响的课改模式、课改经验。这与县级教师进修学校的教研仅仅停留在浅表性的研究上，有很大的关系。县级教师进修学校教研工作主要是下校指导教学、组织教师开展课题研究及外出参观考察、网络研修、指导校本研修等，真正开展试验性研究、深度研究、总结性研究的不多。教研员在带着课题开展试验研究、培育学校课改亮点并系统总结先进教学方法等方面，总体上比较薄弱。

三是为研究而研究问题。教研与培训是不可分割的整体。教研员的研究成果最终要为教学服务，为提升教师专业能力服务。有的教师进修学校教与研相脱节，教研员的思想和研究成果没有转化为教师教育资源，也没有回到一线教学上进行验证，这种为研究而研究的课题、为研究而研究的现象还比较普遍。

困扰之五：内部管理虽有章法，但在发挥整体功能作用上还需探索完善。

县级教师进修学校在数十年的办学历程中，建立了一套内部管理机制，对专任教师也有一套管理办法；但在发挥整体功能作用上，还存在一些突出的问题。

一是校园文化比较薄弱。校园文化包括精神文化、制度文化、环境文化、展馆文化、培训文化、形象标识等等。进修学校往往比较注重建立制度文化，但在精神文化、环境文化等方面比较薄弱。不少学校领导认为，进修学校没有培养学生的任务，只搞短期培训，学校文化不好搞，也无所谓，往往忽视精神文化、办学理念类校园文化建设。学员到进修学校培训，不像到普通院校学习那样，有一种文化熏陶，有一种依恋的感觉。校园文化是县级教师进修学校的一块"短板"，影响了在培训中示范引领作用的发挥。

二是精细化管理还不到位。精细化管理体现了一所学校的办学内涵、精神面貌，也关系到工作效率与质量。县级教师进修学校在精细化管理上总体还不到位，具体表现在：对校园环境管理重视不够，认为校园小、设施设备落后"不好作为";对培训活动全过程细节上重视不够,认为是"小节无关大局";对教职工行为规范上重视不够,认为"不像中小学没有直接接触学生"等等。精细化管理不到位,影响了进修学校的工作效率与质量,也影响了进修学校的对外形象。

三是整体功能发挥不够。福建省县级教师进修学校大部分实现了县域内培训、教研、电教等机构的整合;但有的在资源整合过程中没有注意进行人力、物力资源的优化配置,有的还存在各部门各自为战"配合不融合"的现象,导致一些进修学校主业不够突出、精力不够集中。比如,有的进修学校与职专学校整合,职专学生数千人,进修学校领导的精力更多地放在职专生的教学与管理上,进修学校工作受到弱化;有的进修学校与电大、小学整合,虽然在资源共享共用上有一定优势,但在工作中出现了不同程度的主业精力不够集中的问题。

针对福建省许多县级教师进修学校硬件设施不完善,培训师资队伍总体水平不高,培训模式单一、效率低下,对县域教育的服务与支撑能力有待进一步加强等问题,2017年4月,福建省教育厅、省委编办、省财政厅、省人社厅印发《关于加强教师进修院校建设的意见》,对加强各级教师进修院校建设提出了一系列政策措施。2017年10月,福建省教育厅印发《关于开展县级教师进修学校标准化建设与评估工作的意见》,启动县级教师进修学校标准化建设评估工作,目的是以标准化建设为抓手,推动县级教师进修学校全面提升办学水平和质量。规划到2020年,全省有60%左右的县级教师进修学校实现办学标准化;到2022年,全省所有县级教师进修学校全面实现标准化,并建成40所左右具有引领示范作用的县级教师进修学校示范校。在新一轮县级教师进修学校标准化评估中,2018年至2020年,已评出19所省级示范性县级教师进修学校,7所标准化县级教师进修学校。通过以评促建,将有力促进县级教师进修学校标准化建设。

进修学校建设若干问题的思考

进修学校是教师的"工作母机"，在加强中小学教师队伍建设中具有独特的作用。在新时代福建省教育改革发展进入全面实施素质教育、全面提高教育质量的重要时期，教师进修学校如何"强身健体"、提质提效，更好地为中小学教师队伍素质服务？这引发我对县级教师进修学校发展中应正视并解决的若干问题的思考。

思考之一：进修学校究竟应如何定位

进修院校定位不明确的问题，是长期困扰进修院校发展的最大问题。在新时代，基础教育改革发展进入全面深化阶段，中小学教师队伍建设进入以提高专业化水平为重点阶段，县级教师进修学校面临的形势和任务发生了新的变化。在新形势下，县级教师进修学校要顺应时代和社会的要求，适应基础教育深化改革的要求，响应国家对中小学教师队伍专业化建设的要求，进一步明确新时期的定位功能。具体而言，应重点发挥好四个功能作用。

一是培训功能。县级教师进修学校是中小学教师继续教育的最基础机构，做好县域内中小学教师培训是县级教师进修学校的"传统项目"。在新的历史时期，培训主功能作用不仅不能削弱，而且要大力加强。在发挥培训主功能中，要具体担起四个方面的职能：一是规划职能。县级教师进修学校是县域内教师继续教育专门机构，对教师队伍建设有关决策更为熟悉，对本县域内中小学教师队伍状况更为了解。为此，要协助教育部门具体承担制定本县域中小学教师队伍培养整体规划和分年度工作计划，当好教育行政部门的参谋助手。二是实施职能。县级教师进修学校应在教育主管部门的领导下，负责具体实施本县域中小学教师队伍继续教育规划与年度工作计划，促进中小学教师培训工作目标任务落到实处、收到实效。三是管理职能。县域内教师一般有数千人甚至上万人，教师继续教育工作量大，由教育行政部门直接管理力量有限。为此，县级教师进修学校要发挥好管理职能，制定教师继续教育有关制度，加强培训过程管理、教师培训信息管理等，发挥好管理职能，把教师培训管理工作做到位。四是协调职能。在开展教师培训工作中，需要协调处理县域内外教研、电教等部门的关系，协调中小学的关系，还要协调县域内外高等院校、科研院所等的关系。县级教师进修学校要协调好方方面面的关系，实施好培训目标任务。

二是研究功能。福建省县级教师进修学校中，有近九成学校在机构、资源上是"研训一体"。研究是最好的教师培训。发挥研究功能，不仅是县级教师进修学校的职责所在，也是开展高质量的培训的需要。县级教师进修学校应着重开展五个方面的研究：一是教学研究。教研是基础教育质量的保障，而专业机构、专业队伍、研训一体的模式、专业的服务，能更好地为教师专业发展提供服务。教师进修学校要发挥好教研职能，以基础教育发展为立场，积极回应课程教学改革实践中的问题，回应教师日常教学中的各种疑惑与研修需求，聚焦教师课程育人能力的提升（包括教师的课程理解力、整合资源创设情境能力、基于实证的教学改进能力等顺应学生发展需要的问题解决能力的提升）；同时，要及时总结好教法、好经验，通过培训扩散到中小学教师中去，促进教师专业发展，促进学校教育质量提升。二是基础教育改革发展研究。县级教师进修学校要积极承担县域内基础教育改革项目研究，包括基础教育改革发展规划、义务教育优质均衡发展、实施素质教育等方面的研究，积极主动地当好政府和教育行政部门的"智囊团"。三是教师队伍建设研究。县级教师进修学校作为县域内教师培训的主阵地，必须研究自己的培训对象。要开展加强教师队伍建设、提升教师专业化水平等方面的研究，努力设计出科学、有效的培训方案，使教师培训真正能够做到"对症下药”，提高培训的针对性与实效性。四是培训工作研究。教师培训工作专业性很强，为不断提高培训质量，进修学校要加强对培训活动的研究，注意总结培训工作经验，研究学习新经验、新做法，积极推进培训工作改革创新，努力促进培训机构的工作从专门、专业向专家的跨越与提升。五是教育科学研究。县级教师进修学校要积极开展其他教育科学研究，努力发挥好政府和教育行政部门"参谋部"的作用。

三是监测功能。县级教师进修学校在县域内教育工作中具有独特位置，应发挥好"第三方"的作用，开展教育监测、评价工作。县级教师进修学校要建立中小学生学业质量监测、分析、反馈与指导系统，以稳定、持续、均衡提高县域内中小学教学质量。同时，要发挥教育评估的职能，促进学校更好地为学生提供丰富、可选择的学习资源，教师更好地教，以提升学生的核心素养。通过改进评价内容与方式，促进学校提高教学质量。

四是服务功能。县级教师进修学校要充分发挥"小实体、多功能、大服务"的作用，着重发挥好四个方面的服务功能：一是政策咨询服务。县级教师进修学校要充分发挥基础教育改革发展"智囊团"的作用，积极向政府和教育行政部门建言献策，为政府和教育行政部门提供决策咨询服务。二是教育资源服务。县级教师进修学校要努力成为教师资源中心，为中小学开展校本培训、中小学教师自主学习和教学活动提供丰富的资源。要运用现代信息技术手段，为中小学教师继续教育和教学活动提供支持和帮助。三是指导研训服务。县级教师进修学校教师、教研员要深入中小学一线，指导中小学教师在教学实践中学习和研究，推动中小学教师开展教改实验，为提升教师专业化水平提供指导服务。四是社会培训服务。县级教师进修学校在完成本职任务的同时，应充分挖掘自身潜力，发挥学校的社会功能，开放办学，积极参与社会培训，为提高社区公民素质，构建终身学习的学习型社会做出积极的贡献。

思考之二：进修学校应如何解决办学条件差的难题

教师进修学校所面临的窘况，是教育发展过程中的问题。20世纪90年代，随着中小学教师学历达标率的攀升，教师进修学校的工作重点从此前的教师学历补偿教育转向教师继续教育。而这一时期，各地又进行了教师培训多途径的探索等，曾经一度产生了还要不要进修学校的困惑。所以，在中小学大建设、大改善的时期，福建省大多数进修学校没有搭上改善提升的"班车"。如果把县级教师进修学校列入中学类比较，目前校园面积最小、设施设备最落后的就是进修学校。校园面积小、校舍不足，是困扰进修学校发展的一大难题。不仅如此，进修学校还普遍存在现代化教学设施不足，特别是计算机房、微格教室、综合实验室等不足的问题。面对这些难题，是望洋兴叹、无可奈何，还是积极进取、拓宽思路，这关系到进修学校能否走出困境并闯出新路的问题。在这方面，可以借鉴探索以下一些办法：

一是采取校园资源置换的方式，以近换远、以小换大。教师进修院校多创办于20世纪五六十年代，那时城市和县城建成区面积很小，进修院校多坐落于城市和县城的周边区域。改革开放后，随着城市和县城的扩张，进修院校所处的位置已成为城市和县城的中心地区，周边房地产的大量开发造成进修院校没有拓展的空间。在这样的情况下，可考虑采取置换校园的办法拓展办学空间。通过资源置换，以地理位置好的小校区、设施设备落后的老校区，换成地理位置相对较远、现代化可持续发展的新校区，解决学校发展中的难题。莆田市教师进修学院就是通过土地置换方式，将老校区13亩土地交给政府统筹安排，莆田市人民政府拨给资金1192万元，并在城市新区划拨66亩土地用于建设新校区，解决了培训容量不足的难题。

二是采取腾笼换鸟的方式，将中小学布局调整后闲置的校舍用于办进修校。进入21世纪以来，福建省城乡中小学生源发生了新变化，教育行政部门对中小学布局进行了调整，有的中小学校舍出现了闲置，这是教师进修学校改善办学条件的一大契机。连江县教师进修学校原来的校园面积仅有 8.3 亩，连江县人民政府在整合中学资源中统筹规划，将闲置中学校舍改为进修学校新址，使进修学校校舍面积扩大至 16.08 亩；与此同时，政府还投资 800 多万元用于修缮、建设进修学校校舍，学校面貌得到了整体改观。

三是采取统筹规划、科学布点方式，实现办学资源共享共用，扩大有限办学空间。从一个县来说，有不少成人教育资源，这些资源都需要投资建设；如果布点分散，很可能出现资源利用率不高的问题。永安市人民政府对成人教育资源统筹规划、科学布局，将永安市教师进修学校、永安市广播电视大学相邻建设，两个校园相对独立，但又可以实现两校教学资源互通互用；虽然永安市教师进修学校面积只有 5.1 亩、建筑面积 5266 平方米，但可利用永安市广播电视大学教学资源同时开展 750 人培训，拓展了有限的办学空间。建瓯市采取资源大整合的方式，将进修学校、职教中心、职业学校整合在一起，成立建瓯市职教中心，同时挂进修学校牌子，由职教中心主任兼任进修学校校长，实现资源共享共用。但由于职教中心同时兼有中职生培养及其他成人培训等多项功能，教师培训的主业功能不够突出，这种模式有待进一步探讨。

四是采取建设网上进修学校的方式，拓展无限办学空间。大部分进修学校囿于资金问题，一时难以扩大校园面积。在教育信息技术普及的新形势下，可考虑加强网络建设，建设网上进修学校，拓展办学空间。在这方面，福建省不少进修院校开展远程培训，解决校舍容量不足的问题。通过建设网上进修学校拓展办学空间的做法，是一个很好的探索。

思考之三：进修学校如何解决师资队伍不精不强的难题

由于进修院校的办学困惑，带来对进修院校教师配备不够重视的问题，有的进修学校教师进口把关不严、素质不高，有的进修学校教师长期脱离中小学一线教学，不适应新时期干训、师训需要。福建省84所县级教师进修学校共有专任教师2526人，平均每所30人。目前，教师队伍建设总体上存在四个突出问题：一是分布不均衡。从学段分布来看，大部分教师从事义务教育阶段研训工作，从事高中阶段研训的较少；从学科分布来看，语文、数学、英语三个学科力量较足，其他学科研训力量相当薄弱，有的甚至空白。二是学历偏低。大学本科及以上学历的仅占52.92%。三是高职称教师偏少。全省84所县级进修学校中，高级职称教师占37%，中级职称占52%，初级及无职称占11%。进修学校教师是"老师的老师"，本应具有更高的素质，但目前确实存在"说话声音不响"的问题。四是流动不大。相当部分教师长期脱离教学第一线，对新课改研训不够到位，存在"拿不起、放不下"的问题。

如何破解师资队伍建设难题？可以从以下四个方面拓宽思路：

一是改革县级教师进修学校教师管理制度。县级教师进修学校由于历史的原因，存在进口把关不严的问题，不少教师是"照顾对象"，造成教师队伍整体素质不高。在加强县级教师进修学校建设的新形势下，许多进修学校由于编制、职称等限制，仍然存在想要的人进不来、不想要的人出不去的问题。要改变这种状况，必须改革县级教师进修学校教师管理制度。

要改"校管体制"为"县管体制"。在"校管体制"下，进修学校用人会受到岗位、职称等诸多限制，想要的人进不来。福建省实施教师管理制度改革，实行义务教育阶段教师收归县管体制，进修学校用人应抓住"县管体制"的机遇，打破因岗位、职称等的限制，让优秀教师进入进修学校，担任"老师的老师"。当然，进修学校用人制度改革需要县级教育、人事部门的支持，只有通过县级教育、人事部门的行政力量，才能使进修学校在"县管体制"下真正实现用人制度改革。县级教育部门要把进修学校教师配备放在加强中小学教师队伍建设的关键位置，在县域内统筹筛选，真正把县域内的优秀教师选调到进修学校来，使进修学校教师队伍掌握现代教育理论，了解本学科发展趋势，具备一定的学术水平，拥有较强的实践能力、创新能力和教育教学研究能力，熟悉中小学教师继续教育的特点、规律，善于开展和组织教师进行有关继续教育活动；熟悉基础教育，能够深入中小学课堂，参与和指导中小学教师进行教学改革和研究，努力建设一支数量足够、结构合理、集研训于一体的具有较高水平的新型培训者队伍。

要改"基本不动"为"合理流动"。进修学校的定位功能，要求进修学校教师要熟悉中小学一线教学。目前，进修学校基本上是用人"终身制"，造成教师长期脱离中小学教学一线，产生了教学能力退化、培训针对性不强等问题。因此，必须实行进修学校教师轮换流动制度，以使进修学校的学术氛围保持活力和朝气。可考虑在保持人员相对稳定、工作有一定连续性的基础上，每五年有一定比例的教师合理流动。福建省教育厅、省委编办、省财政厅、省人社厅印发的《关于加强教师进修院校建设的意见》提出，进修院校"每五年教师队伍更新率 20% 左右，使进修学校教师熟悉中小学一线教学，能够深入中小学课堂，参与和指导中小学教师进行教学改革和研究"。也就是说，以五年为一个周期，有五分之一的一线教师进来，并有五分之一的教师回到中小学去，以保持进修学校教师队伍的活力，使教师与一线教学工作不会脱离太远，确保研训工作质量。进修学校教师流动可以有两种形式：一种是人随关系走，一种是人走关系不走。在教师收归县管的体制下，只要县级教育部门重视，完全可以实现教师队伍的合理流动。

要改"专职专用"为"专职兼用"。进修学校专职教师一般是"专职专用"。尽管目前很多进修学校都制定了专任教师、教研员下校调研与听课制度，但毕竟是当"局外人"，不利于教师深入了解中小学一线教学，也不利于教师直接组织开展各种教学试验。福建省教育厅等四部门印发的《关于加强教师进修院校建设的意见》要求，"各级教育行政部门应有计划地实施培训机构人员与中小学教师相互交流，县级培训机构专任教师每学期至少20天到中小学听课、调研、参加教研活动、指导教学研究。每3年内必须有一个学期时间到中小学挂职锻炼或兼任教学工作。"为此，应鼓励教师安排一定时间到中小学兼职教学，让进修学校教师或教研员有更多时间直接接触中小学教育教学实际；同时，也使进修学校教师能直接组织或参与教学改革实验，掌握第一手材料，及时掌握和推广新理念、新教法、新技能。

二是重视现有专任教师队伍的培养提高。进修学校教师作为"老师的老师"，在思想素质、业务素质上要求更高，必须大力做好现有专任教师队伍的培养提高工作。

要"走出去"开阔视野。进修学校的定位功能，要求教师要掌握现代教育理论、了解本学科发展趋势，具有一定的学术水平。因此，要积极创造条件，让进修学校教师"走出去"开阔视野。比如，支持教师参加学术交流活动、到高等院校和科研院所参加业务培训活动、到先进地区学校考察学习新理念、新教法、新技能等等。进修学校教师具有先进理念和学术水平，才能引领和带动区域内中小学教师提升教育教学水平。目前普遍存在对培训者自身培养培训重视不够的问题。为此，应积极创造条件，加强培训者培训提高工作。省、市、县教育行政部门在安排教师培训计划中，要优先安排培训者培训计划，促进进修学校教师优先实现专业化。

要"沉下去"接触地气。进修学校教师沉下身子，到中小学"接地气"，了解中小学教师队伍素质状况，了解中小学教育教学状况，熟悉中小学继续教育的特点、规律，才能善于开展和组织教师进行有关继续教育教学活动，才能有效地指导中小学教师进行教学改革和研究。因此，有必要建立健全教师熟悉基础教育、深入中小学有关制度。福建省不少县级教师进修学校在加强教师、教研员队伍建设中，建立的教师下学校听课评课制度、下学校调研制度、组织实施教改实验制度、蹲点挂校制度、与中小学教师结对帮扶制度等等，实践证明是促进教师"接地气"、提高教师队伍学术水平和实践能力的行之有效的制度，必须在实践中予以坚持并不断完善，使进修学校教师在深入实际中提高研究思考能力、工作指导能力。

要"钻进去"提升能力。引导教师参与教育科研，是提高进修学校教师学术水平和实践能力的重要途径。教师在教学一线发现问题，设计课题开展研究，在研究课题中，查阅资料、开展调查、进行实验比较、汇总分析等等，可以使教师在科研意识、科研素养、理论水平等方面得到很大提高，能使进修学校教师以全新的视角、更高层次的认识水平去审视自己所从事的继续教育和教学研究工作。因此，开展教科研过程是很好的教师教育途径。要引导进修学校教师把教育科研贯穿于教师生涯，努力做到问题专题化、专题课题化、课题课程化、课程培训化，在教育教学研究中提高进修学校教师的能力与水平。

三是激励教师创先争优。县级教师进修学校教师的精神状态、工作态度、业务素质等，对县域内教师具有示范引领作用。可通过以下四个载体激励进修学校教师创先争优，争当培训名师：一是开展全省进修院校教师培训技能竞赛活动。福建省 2010 年、2012 年、2016 年、2018 年已先后开展四届中小学教师教学技能大赛，对推动中小学教师深入开展岗位练兵、精心备课、认真上课、提高教学质量等具有重要等促进作用。可参照中小学教师开展教学技能大赛的做法，每三年左右在全省进修院校中开展培训技能竞赛活动，促进培训教师钻研培训业务、改革创新培训内容与形式，进一步提高培训工作水平。二是开展评选培训名师活动。每 3~5 年，在全省进修院校中开展评选培训名师活动，培养和树立一批在全省乃至全国具有影响的闽派特色培训名师。三是开展评选优秀培训教学资源活动。每年组织开展进修院校系统优秀培训教学资源评选活动，激励进修学校教师钻研培训业务；同时，可以此建立和丰富全省优质培训教学资源库，实现全省优质培训教学资源共享共用。四是开展创建省级示范性县级教师进修学校活动。福建省 2012 年以前已有 23 所省级示范性县级教师进修学校，2017 年启动新一轮县级教师进修校标准化建设评估，已评出 19 所省级示范性县级教师进修学校、7 所标准化县级教师进修学校。要以创建与评估省级示范性县级教师进修学校为抓手，推动进修学校创先争优，实现科学发展、跨越发展。

四是加强兼职教师队伍建设。县级教师进修学校由于受到编制、职称等限制，专职教师队伍的数量与质量等有一定局限性。在这样的情况下，必须做好"借智引力"工作。福建省教育厅等四部门印发的《关于加强教师进修院校建设的意见》提出，"根据教师培训机构的性质和任务，应聘请有关高等学校、科研单位的专家学者，社会各行专业人才以及优秀中小学教师作为兼职教师"，"兼职教师人数应按不低于专职教师人数的 1:1 比例配备"。广泛聘请高等院校、科研单位和社会有关行业的专家学者、优秀人才作为兼职教师和顾问，既可以优化进修学校教师结构，又可以最大限度地实现资源共享共用。因此，必须把兼职教师队伍建设作为县级教师进修学校教师队伍建设的重要组成部分来抓，"不求所有，但求所用"，努力破解进修学校专、任教师数量不足、素质不高的难题。

要建立阵容强大的兼职教师队伍。进修学校要放开视野，从省内外高等院校、党校干校、进修院校、科研院所的专家学者中，从本地中小学一线名师中，从社会各行业的专业人才中，选聘一批人担任兼职教师、顾问，充分发挥专、兼职教师各自的优势和特点，开展好县域内中小学教师的继续教育工作。

要加强规范化、制度化管理。由于兼职教师队伍是"松散型"的，加强兼职教师队伍的规范化、制度化管理显得更加重要。为此，要建立健全兼职教师队伍管理上的六个制度：一是选聘制度。对确定选聘为兼职教师的，要做好双向沟通工作，让兼职教师明确职责，以便更好地履行职责、发挥作用；同时，还要做好发放聘书等有关手续。二是联系制度。进修学校要确定专人加强与兼职教师的联系，充分发挥兼职教师分布广、专业强、研究深、经验多、名气大的特点，发挥好示范引领、咨询指导等作用。三是考核制度。对兼职教师的工作态度及培训、指导情况，要做好评价考核工作，并将评价、考核情况作为对兼职教师实行动态管理的重要依据。四是档案制度。进修学校要对每一位兼职教师的专长、参加有关活动情况、接受与完成培训及指导任务情况、教学质量评价等建立信息档案，加强管理。五是激励制度。进修学校要把兼职教师作为本校教师一样看待，通过评选优秀兼职教师、颁发荣誉证书、给予一定待遇等，激励兼职教师做好培训与指导等工作。六是动态管理制度。要实行以效能发挥为目标的动态管理机制，对不能发挥作用或工作态度、工作质量差的兼职教师到期予以淘汰，不断补充新的专家学者、专业优秀人才作为兼职教师和顾问，优化兼职教师队伍。

思考之四：进修学校如何解决培训质量不高的难题

培训质量是教育行政部门关心、中小学教师期待的问题，也是县级教师进修学校的生命线。培训质量，既有培训内容、培训形式的问题，也有培训机制、培训管理的问题。应针对这些问题，积极推进培训组织管理的改革创新。

一要改革创新培训内容，提高培训的针对性与实效性。中小学教师参加培训，基本上是能力提高培训。参训教师已具有较为系统的学科知识和一定的教学经验，并且还有专业困惑和学习需求。县级教师进修学校应依据一线教师的学习特点，按照国家颁发的中小学教师专业标准，精心设定培训内容，努力提高培训的针对性、系统性与实效性。为此，一方面，要加强培训对象需求分析，使培训内容具有针对性。在制定培训计划时，要开展对培训对象需求的调研，开展教师队伍建设现状研究，开展基础教育课程改革中重点、难点问题分析。县级教师进修校应根据教师培训需求、教师队伍建设需求、深入推进教育教学改革需求，进行综合考虑、精心设计，努力提高培训内容的针对性。另一方面，要做好培训目标整体规划，使培训内容具有系统性。国家已制定中小学教师专业标准，进修学校要根据国家标准，根据培训对象的需求，做好培训内容整体规划，分年度具体实施。要防止培训内容上存在的"碎片化"、简单拼加的现象，使培训工作在五年一个周期内，教师的专业理念、专业知识、专业能力有一个系统的提升。再一方面，要优化培训课程设计，使培训内容具有实效性。目前教师培训没有明确、统一的课程大纲，培训单位要根据国家制定的教师专业标准，从促进教师专业发展出发，科学、合理设置培训课程体系。教师培训的实践性很强，从各地培训课程设计的实践与成效上看，培训课程内容一般由理论研究、应用研究两大部分组成。理论研究以培训者讲授为主，传递新理念、新教法；应用研究以参与研讨、参与实践为主，提高参训教师的教学实践能力。理论研究与应用研究的具体时间安排比例，应从实际出发进行科学设计，使培训内容更具实效性。

二要改革创新培训形式，努力实现培训最大效益。中小学教师素质参差不齐，进修学校的办学环境与办学条件也存在差异。为此，应在坚持为中小学教师专业化发展服务、为基础教育改革发展服务的指导思想下，改革创新培训形式。据福建教育学院对福建省2555个中小学校长、教师的问卷调查，中小学教师感觉最有成效的培训模式依次是脱产研修（占26.69%）、集中培训（占21.48%）、校本与集中培训相结合（占16.19%）；中小学教师最希望的培训形式，居于前三位的依次是教学观摩、合作交流、问题探究；中小学教师认为有效提高课堂教学能力的实践训练方法，居于前三位的依次是教学观摩、案例教学、集体备课。为此，进修学校要采取灵活多样的、教师最需求和最欢迎的方式开展培训。一是合作探究的方式。传统的培训多是说教式、程序化、满堂灌，培训吸引力、实效性受到一定影响。在培训中，要引入课改理念，实行合作探究的形式。合作的过程，即交流学习的过程。在合作过程中，教师不仅可以向培训者学习，还可以与其他教师分享经验，可以充分发挥教师的积极性主动性开展学习，有助于将培训内容内化，提高培训实效性。二是现场培训方式。教师培训具有实践性强的特点，既需要有学术性，也需要有应用性。近几年来，县级教师进修学校在培训中采取的观摩课堂、听课评课、案例学习、同课异构、情景培训等现场学习培训方式，对提高教师教学能力很有帮助，可进行完善提高，使之发挥更好的效果。三是论坛研讨方式。论坛研讨具有专题性、研训一体式的特点。教师进修学校在了解和掌握教师迫切需要解决的重点、难点、热点问题的基础上，设定论坛主题，通过主讲主问式、互动参与式的研讨，既可调动教师参加学习培训的积极性，又可使对某一专题研训得深一些，提高培训实效性。四是"工作室"团队学习培训方式。近几年，一些地方通过组建"名师工作室"，组织教师团队开展学术沙龙式的培训学习。"名师工作室"的学习培训，立足于教育和教师的实际，开展基于经验与问题之上进行理论学习与探究，可以有效提升工作室团队成员的理论水平和实践能力。因此，这种学习方式受到很多地方重视和推行。五是面授、网授相结合的方式。教师学习具有教学压力大、工作繁忙、学习时间零碎而有限等特点。传统的培训更多的是采取集中指导的方式，灵活性不够。在教育信息化的新形势下，运用现代远程教育技术开展学习，对教师培训是有力的支持。为此，应从实际出发，在必要的时间内进行集中培训指导；在必要的集中培训后，可将培训资源放在网站上，方便教师自主查阅、学习。通过运用面授与网授相结合，或远程学习培训的方式，以达到快捷、灵活、自主、高效的学习效果。六是异地培训方式。县级教师进修学校培训要致力于打开教师视野，让教师接受新的教育理念、教学方法和先进的学校管理经验。为此，可从培训经费等方面条件出发，适当组织开展本省县域之间、省外发达地区的异地培训，以学习吸收外地先进理念与先进经验，提升教师能力与水平。

三要创新培训组织机制。在教师继续教育从重公共理论向重教学实践转变、从补偿型教育向提高和参与型教育转变的新形势下，进修学校必须改变独家搞培训的高度集中培训体制，以开放的视野改革创新培训组织机制，努力把培训工作做得更加扎实有效。一是建立校本培训机制。进修学校组织培训，可以依托中小学以校本培训的形式进行。校本培训是源于学校发展的需要，由学校组织的旨在满足每个教师工作需要的校内活动。校本培训，于20世纪70年代由英美等国率先发起，目前世界范围内许多国家广泛接受并实施校本培训计划。1999年，教育部在《关于实施"中小学教师继续教育工程"的意见》中明确提出，"各中小学都要制定本校培训计划，建立教师培训档案，组织多种形式的校本培训"。

◆ 福建教育学院承办福建省教师进修学校培训者培训班活动（2011年）

此后，校本培训在我国广泛实施。进修学校在培训组织管理上，可以通过与中小学管理者合作，开展培训活动，指导中小学开展校本培训，使培训工作更具长期性、连续性、实践性、灵活性。二是建立中小学基地培训机制。要积极探索"以学校培训学校"的组织机制，以中小学为基地，让中小学基地校承担起教师教育的责任。进修学校可以选择不同层次的学校作为培训基地，通过加强对基地校的指导与管理，组织县域内同一层次学校教师到基地校去接受情景培训。由于培训基地本身就是中小学，培训者是基地校的骨干教师，培训内容是与受训者平时所教内容直接相关的，培训形式也不是单一的讲座形式，可以通过导师带教等方式，让培训对象"零距离"观察和体验，因此，这种培训体制与传统的教师培训机制相比，也更有实效性、针对性、灵活性和同步性。三是建立培训联盟机制。进修学校在开展培训中，可以放大视野，建立培训联盟，搭建培训资源共建、共享、共用平台。一方面，可以牵头将本县域内高校、相关部门等组成教师培训联盟，建立高效的培训机制；另一方面，可以与县域外的培训机构建立培训联盟，在更大范围内整合各培训机构的优质培训资源，建立各学科培训资源库、培训课程资源库，实现更大范围的优质培训资源共享共用。四是建立学习共同体机制。进修学校在培训组织管理中，不仅要做好直接组织的培训活动，还要善于通过组织县域内的"学习共同体"实施培训学习活动。比如，可牵头组织县域内的城乡学校、优质校与薄弱校的对口学习共同体，组织优质校的互学共研学习共同体，组织学科教师的学习共同体等，构建新的、更具针对性的培训机制，建立相应的教师"学习场"，努力把培训工作做得生动活泼、更富有成效。

四要创新培训管理机制。培训管理，是实现培训目标的各种职能活动。在培训管理上，应着重建立和完善三个机制：一是建立教师培训学分管理机制。要求教师在五年周期内修满规定的学分（学时）培训课程。

要积极探索建立教师非学历培训与学历教育课程衔接、学分互认的机制，促进教师自主学习、提高自身的综合素质。二是建立教师培训激励机制。要改变教师培训不培训无所谓的现状，将教师完成培训学分（学时）和培训考核情况作为教师资格再注册、教师考核、评先评优、职称评聘的必备条件和重要依据，充分保护和调动教师参训的积极性，以增强教师自我提高的意识与能力。三是建立教师培训质量评价机制。要建立教师培训质量评估机制，完善教师培训质量评估体系。及时收集教师及有关部门对培训的要求和意见，建立有效的信息反馈机制，加强培训项目过程评价和绩效评估。要将教师培训工作纳入县级教育督导工作的重要内容之一，对进修学校培训工作进行督导检查，促进培训工作质量的不断提高。

思考之五：进修学校如何解决校园面貌不佳的难题

福建省进修院校办学时间普遍不长，文化积淀不深，进修院校校园"无文化"、面貌不佳是较为突出的问题。校园文化体现了一所学校的精神面貌，也是进修院校引领中小学的一个重要功能。在这方面，进修院校有得天独厚的优势，应发挥优势、展示风采。

一要发挥"师"的优势，展示教师风采。中小学教师队伍中聚集了各方面的才艺精英，进修院校要发挥县域内教师队伍中才艺精英的作用，让他们参与进修学校校园文化建设，使进修学校的校园文化成为本地教师风采展示、教师才艺展示、教育成就展示的场所，建设独具特色的校园文化。

二要挖掘人文内涵，展示深厚文化积淀。有的进修院校具有独特的人文景观，可挖掘内涵建设校园文化。比如，浦城县教师进修学校内有南浦书院遗址，可充分挖掘书院文化，展示浦城教育深厚的文化积淀和辉煌的教育成就；闽江师范专科学校、福州教育研究院的前身是福州师范学校，具有百年办学历史，培养出了冰心、林默涵、胡也频、邓拓等许多享誉海内外的专家学者、仁人志士，可充分挖掘人文内涵，开展校园文化建设。

三要充分利用有限的空间，设计精致的校园文化。要根据进修学校校舍面积小、资金紧缺等现实问题，精心设计校园文化。比如，可利用有限的校舍，设计不同的主题、不同的系列，建设"走廊文化""展馆文化""楼道文化"等，让人感到校园虽小但很精致、房子虽旧但很有文化积淀、校区虽新但很有内涵。

四要精心谋划建设，不要急功近利。校园文化建设包括精神文化、制度文化、形象标识、展馆以及环境文化等等，要根据本校特点精心谋划、精雕细刻，"做一件像一件"，切忌急功近利、粗制滥造，过几年推倒重来造成投资浪费。要使校园文化建设的过程，成为校园文化积淀的过程，成为精品建设的过程。

思考之六：进修学校如何解决"无位无为"的难题

进修院校是具有特殊功能的学校。这种特殊功能，有的进修学校校长反映"两不像"：不像行政单位，不具有行政手段，却要面向中小学开展研训组织管理工作；不像中小学，享受不到中小学"危房改造"等优惠政策，感叹进修学校"无位无为"。要解决"无位无为"的问题，还是要靠进修院校自觉主动工作。

一要认真做事。进修院校不能因为功能特殊而对自己要求特殊，要振作精神状态，认真完成好教育行政部门布置的各项工作任务。有的进修学校在这方面意识不够，对教育行政部门交办的事不够用心，或是办事拖拉，或是应付了事，久而久之，就会给教育行政部门留下不良印象，而这种印象又成为教育行政部门想不想、愿不愿继续下达工作任务的一个考虑。南安市教师进修学校领导认为，进修学校必须以自己的行动诠释"有为"，以"有为"求"有位"、求发展、求实效、求品味。南安市教师进修学校积极为教育行政部门起草课改有关文件、方案，为教育行政部门提供教学业务方面的许多科学、有效的决策措施,并在教育行政部门的领导下,抓好文件的落实。进修学校的工作得到政府和教育行政部门的重视与肯定,进修学校建设进入了南安市委、市政府的视界,列入了南安市教育局的工作议程。认真做事,反映了一个单位的工作作风、精神状态和整体素质。进修学校只有在认真做事中"求为",才能"有位"。

二要主动做事。进修院校如何围绕定位功能,自觉主动地做好为教育行政部门服务、为基础教育改革发展服务、为提升中小学教师队伍素质服务,是"求为""求位"的一个重要方面。福建教育学院在新时期积极拓展研训功能,创办了"三刊两网一信息"(《福建基础教育研究》《福建教育学院学报》《基础教育瞭望》,福建基础教育网、福建教育学院网,《福建教育学院信息》)以及闽派教育特色研究所、福建省中小学德育研究中心、福建省中小学教师资格认定中心等多个平台,开展基础教育研训工作。这些工作,都是学院从定位功能出发自觉主动的行动。在开展研训过程中,既提高了本院教师队伍素质,提升了"三个服务"水平,又让上级教育行政部门从工作中逐步改变对学院的印象与看法。福建省教育厅有关部门下达的工作任务逐年增多,教职工都有一种"累并快乐着"的感觉。进修院校要主动作为,在"求为"中"求位"。

三要做有效的事。进修院校要胸怀教育工作大局,心装中小学和一线教师,多做对中小学、对教师有用、有效的事。在培训方面,要改进创新培训的内容与形式,提高培训工作的针对性、实效性,使培训工作真正让政府放心、让中小学一线教师满意。在教研方面,要能够对一线教师起引领指导作用。宁德市霞浦县教师进修学校积极构建以县教师进修学校为主导、县片校三级联动、研训思行一体的教师培训新机制,让中小学一线教师在解决教学实际问题中感受到学习培训的成效和乐趣,达到培训目标,有效提高了中小学教师素质。龙岩市新罗区教师进修学校构建"研、培、教、管"一体化模式,既充分发挥理论引领的优势,促进教师专业化发展，又促进了教研员素质的提高，推动区域中小学教师队伍建设。进修校做"有用""有效"的事，就会让教育主管部门、中小学一线教师真切地感受到进修院校是在"帮忙"，是在"帮无法替代的忙"，进修院校在他们心中就有地位。

思考之七：进修学校如何发挥好整体功能作用

县级教师进修学校要发挥好"小实体、多功能、大服务"的作用，必须实现本校内部力量集合、县域内相关资源整合、省域内进修院校三级功能聚合。

一要积极推进进修学校内部力量集合。福建省84所县级教师进修学校，教职工总数为2835人，平均每所33.75人；专任教师为2467人，平均每所29.36人。靠这支队伍开展对全省7700多所中小学、30多万名中小学教师的培训管理、实施与指导工作，力量上是相当不足的。特别是进修学校内因工作需要分设若干机构，有的机构内只有2~3人；分至学科，有的学科只有1个教研员或培训教师。进修学校各学科教研员或培训老

◆ 福建省每年组织开展教师进修院校校长培训

师单兵作战能力很不错，但更多的"单打独斗"，使得进修学校的整体功能作用未能得到很好发挥。在新形势下，必须重视学校内部力量的集合使用。比如，组织开展重大课题研究、开展重要项目改革试验、开展培训等等，都必须重视发挥团队的力量，变个人智慧为集体智慧，变单体力量为集体力量。只有把进修学校内部力量统筹集合使用，才能产生"集聚效应""拳头效应"，使进修学校的作用得到更好的发挥。

二要积极推进县域内相关资源整合。新型教师进修学校应是县域内相关资源的整合体。福建省84所县级教师进修学校中，目前有74所进行了培训与教研机构的整合，有26所进行了培训、教研、电教机构的整合，有10所进行了培训、教研、教科研、电教、电大等相关资源的整合。为此，要进一步从有利于集中精力研究和实施县域教育发展以及教师专业发展出发，按照"小实体、多功能、大服务"的原则，做好县级相关资源整合工作，积极促进县级教师进修学校与电教、教研、教科研等相关部门的资源整合与合作，优化资源配置，真正形成教师发展的有力支持服务体系。县域内相关资源整合工作，不要满足于把人聚在一起、把牌子挂在一起，而要真正促成角色意识、行为方式的根本变化，要真正形成县域内的一种合力，努力构建新型的现代教师培训机构，使县级教师进修学校真正成为广大中小学教师终身学习和提高专业水平的重要阵地。

三要积极推进进修院校系统力量聚合。辩证唯物主义告诉我们，世界上的事物互相联系、互相依存、互相影响、互相制约，组成一个个系统。在一个系统中，要素功能优，不等于整体功能优；要素组合有序，会产生"系统效应"，使系统整体功能大于部分功能之和。以培训中小学教师为主的县级教师进修学校，与省、市教师进修院校之间互相联系、互相影响，组成了培训系统。发挥培训系统的整体功能作用，对培训工作影响很大。在培训机构设置、管理体制等方面的障碍不能突破的情况下，应推进省、市、县三级教师培训机构联手，实施"三级联盟"计划，以发挥培训系统的整体优势。首先，实施"三级联盟"计划，是整体求优的需要。许多事实说明，系统内要素之间有序结构的形成，使要素的总和作为一个统一的整体发挥作用，就会产生质的飞跃。实施"三级联盟"计划，有助于在三级教师培训机构之间打通信息通道、资源通道、人才通道、科研通道，有利于实现教师培训系统在集聚中创新、在集聚中发展、在集聚中突破、在集聚中提升。其次，实施"三级联盟"计划，是承接大规模师训、干训任务的需要。开展校长、教师培训是一个庞大的系统工程，实施"三级联盟"计划，有利于发挥培训系统的整体功能，共同落实好政府和教育主管部门提出的培训任务。再次，实施"三级联盟"计划，是提高培训质量的需要。系统的领导方式，有利于形成"更强的生产力"，推广"最优秀的教育"。实施"三级联盟"计划，有利于加强教师进修院校之间的联系交流、互相学习，有利于整合优化教师进修院校的资源配置，加强培训能力建设，提升教师培训质量。实施"三级联盟"计划，具体可以在教师培训系统开展八个方面的合作，即合作制定培训方案、合作建设培训师资库、合作建设培训基地、合作建设教学资源、合作开展调研科研、合作培养名校名师、合作完成培训任务、合作培养培训师资。为了使八个方面的合作得以有效施行，可实行上下联动、任务驱动的办法，加强联系与合作，充分发挥系统的整体优势，努力产生最优功能和最高功能效率。

思考之八：如何落实进修学校发展组织保障

县级教师进修学校的发展，需要政府及相关部门提供强有力的保障。具体而言，应重点加强以下"五个保障"：

一是组织保障。各级政府要把加强县级教师进修学校建设作为贯彻落实全国教育工作会议及中共中央、国务院《关于全面深化新时代教师队伍建设改革的意见》的一项重要举措。县级人民政府要切实负起建设好县级教师进修学校的责任，要把教师进修学校建设列入县域教育事业发展规划统筹考虑，并要制定教师进修学校建设规划，明确有关部门的职能和分工，协调督促有关部门予以落实，促进进修学校的建设与发展。县级教育行政部门要把加强进修学校建设作为加强中小学教师队伍建设、促进基础教育改革和发展的一项重要职能和紧迫任务，采取必要的倾斜政策，加大力度优先抓好，确保进修学校在当地学校建设中逐步达到领先水平。

二是政策保障。教师进修学校在一个县域内只有一所，政府及教育行政部门有关学校发展的政策往往不会顾及进修学校，造成进修学校发展中的一些瓶颈问题难以解决。2017年，福建省教育厅等四部门依据国家有关政策要求，依据福建省各类学校的发展情况，出台了《关于加强教师进修院校建设的意见》，对县级教师进修学校的职称职数、人员进出、基本用地和建筑、装备标准等方面提出了明确要求，为县级教师进修学校发展创造了良好的政策环境。为此，必须采取有力措施，将这些政策要求落到实处。

三是条件保障。县级人民政府和教育行政部门要按照福建省教育厅于2017年印发的《关于开展县级教师进修学校标准化建设与评估工作的意见》，加强县级教师进修学校标准化建设。要把进修学校校舍建设列入县级中小学布局调整规划统筹考虑，确保按福建省教育厅等四部门印发的《关于加强教师进修院校建设的意见》要求，保障"县域教师人数在2000人以下的，占地不少于5亩，建筑面积不低于2000平方米；教师人数在2000～4000人的，占地不少于10亩，建筑面积不少于3000平方米；教师人数在4000～8000人的，占地面积不少于15亩，建筑面积不少于5000平方米；教师人数在8000人以上的，占地面积不少于20亩，建筑面积不低于7000平方米"。对现有校舍面积、建筑面积不达标的，政府和教育行政部门可通过校园置换的方式，或在中小学布局调整中调剂使用闲置校舍的方式，或通过统筹规划、科学布点实现办学资源共享共用的方式等等，努力扩大进修学校的办学空间。在进修学校的设施设备上，要按照教师培训、专业发展的要求，按照领先的要求，配备相应的功能教室及相关设施设备，包括适用于各学科教师培训的实验室、远程教育适时交互教室、多媒体教室、微格实验室、教育心理实验室以及图书馆、阅览室、资料室等；特别是要加强卫星电视和计算机网络等远程教育必备的信息化基础设施建设，满足开展远程培训和网上双向视频系统教学需要，使教师进修学校能够充分利用先进技术，开展县域内培训、教研和社会服务工作，在县域教育现代化建设中起示范引领作用。

四是经费保障。县级人民政府和教育行政部门要确保教师进修学校的经费来源。教师进修学校建设要以财政拨款为主。县级财政要做到"四个确保"，即确保教师进修学校教职工绩效工资、津贴与普通中小学一样由财政核拨，确保进修学校经常性经费，确保进修学校培训专项经费（按当地教师工资的 1.5% ～ 2.5% 安排培训专项经费，其中 70% 以上切块划拨到教师进修学校），确保进修学校基本建设经费。要切实保证进修学校开展中小学教师继续教育基本经费来源，并积极探索经费来源的其他有效渠道。

五是干部保障。要加强教师进修学校领导班子建设。注意选配思想政治素质较高、品德良好、热爱教育事业、懂得教育规律、熟悉中小学管理、熟悉教师工作、熟悉培训与教研、富有事业心和责任感以及改革创新精神，具有大学本科以上学历并具有高级职称，具有团结协调精神、作风民主的同志担任进修学校主要负责人或进入领导班子。县级教师进修学校领导班子正副职一般 3 人左右，平均年龄不超过 50 岁。领导班子实行任期目标责任制，每个任期 5 年左右，制定工作目标要求，激励进修学校领导班子认真履职做好进修学校建设，为服务县域内基础教育改革发展、为提升中小学教师队伍素质发挥积极的作用。

第七篇章　教育学院的困境与登攀

教育行政管理可分为宏观管理和微观管理。面上的管理，总体来说是宏观的、粗线条的；而点上的管理，却是微观的、落细落小的。

2008 年 5 月，我从地方的教育行政管理转到从事一所高校的管理。在福建教育学院工作了 8 年多，对具体单位教育管理的感受，虽然不像地方教育行政管理那么繁杂与忙碌，却也有很多烦恼与操心。

福建教育学院创办于 1956 年，在全省 80 多所高校大家庭中，是仅有的两所成人高校之一，也是唯一一所以服务基础教育、以中小学教师培训为主业的成人高校。在学校办学 60 多年的风雨途中，一路艰辛，一路坎坷。在福建教育学院工作的 8 年多日子里，我亲历了福建教育学院发展史上的第二次工作大转折，对她的困境与艰难的登攀，对一个具体的教育单位的管理，也有了更多的体验与感受。

办学定位：从徘徊中走出困境

在福建教育学院 60 多年的发展历程中，她的办学定位经历了三个阶段、两次大的转折。

第一阶段为 1956 年 7 月福建教育学院创办之初到 1984 年，虽然其间因"文化大革命"停办、复办，但这一阶段学院主要以培训、教研为主。

新中国成立之初，福建基础教育进入一个恢复、发展时期。为了解决中小学师资匮乏的问题，1956 年 7 月，福建省教育厅决定创办福建省教师进修学院。同年 9 月，福建省教育厅将校名更改为"福建教师进修

◆ 福建教师进修学院仓前山旧址

◆ 复办后的福建教育学院老校门（1978年）

学院"。学院首任院长，由时任福建省教育厅厅长王于畊兼任。1959年7月1日，福建教师进修学院与福建省教育行政干部学校合并，更名为"福建教育学院"，校址由福州仓前山迁至福州西门。

福建教育学院成立之初，主要培养新师资。后来，全省各地相继成立师范专科学校，学院的主要任务转为培训中学在职教师和教育行政干部，同时承担中小学教研工作。20世纪50年代末，学院以中学教学研究为中心，在指导高中毕业生复习备考方面，摸索总结了一套适合福建实际的高考教学经验，编印出各学科《总复习纲要》，为福建省1957年、1958年、1959年连续三年夺得全国"高考红旗"做出了重大贡献。"文化大革命"爆发后，学校停办，教职工绝大部分下放农村，校舍等被工厂等单位占用。"文化大革命"结束后，1977年10月，中共福建省委批准复办福建教育学院。复办后的福建教育学院，仍然以"为基础教育服务为宗旨，以师资培训和教研为主要任务，对全省中小学教学进行直接指导"。如编写各学科复习提纲、对高考试卷进行分析等。当时在全国基础教育界，有"北有海淀，南有福建"之誉。

第二阶段为1984年至2007年，福建教育学院主要开展学历教育。这是学院工作的第一次转折。20世纪80年代初，根据当时中小学师资水平低的现状，按照上级要求，福建教育学院以中小学教师学历补偿教育为主。20世纪90年代，随着中小学教师学历基本达标，福建教育学院从教师学历补偿教育转向高职教育。虽然这一期间仍不间断地开展中小学教师、校长培训工作，但这一时期学院以学历教育为主。

第三阶段为2008年之后。2008年年初，福建教育学院徘徊在发展的十字路口：是继续办学，还是整合到其他高校？福建省委、省政府从高校布局分工出发，决定保留福建教育学院。2008年11月12日印发的《福建省人民政府关于进一步加强中小学教师队伍建设的意见》明确，"大力加强福建教育学院建设，强化其培训、教研的功能以及在全省中小学教师继续教育中的引领带动作用，将福建教育学院建设成为中小学教师省级培训主要基地和中小学教师继续教育的政策研究咨询和业务指导中心。"从此，福建教育学院结束了发展中的徘徊，踏上了建院之后的第二次转折之路。

新时期福建教育学院发展的定位功能，既是福建全省高校布局分工的需要，也是福建教育学院办学60多年探索之后回归初心的结果。

21 世纪之初，福建省高校处于大建设、大发展时期，福建教育学院对发展道路进行了许多探索：或走综合性普通高校办学之路，或与省内其他高校整合。教育主管部门光对福建教育学院与其他高校整合的方案，就拟了 7 稿。2008 年 1 月初，中共福建省委研究全省"十一五"高教发展规划，明确福建教育学院保留不合并，并提出要认真研究福建教育学院办学定位，主要以教师教育能力提高为主，学历教育不作为主业。2008 年 1 月 16 日，时任中共福建省委教育工委副书记王豫生到福建教育学院传达了中共福建省委精神，要求福建教育学院按照中共福建省委指示，研究提出发展规划。福建教育学院在当时主持工作的党委副书记吕建明的组织下，对学院发展进行了讨论研究，并于 2008 年 3 月向中共福建省委教育工委、福建省教育厅上报《关于福建教育学院发展的初步建议》。之后，又作了《福建教育学院发展与建议规划意见》等 6 个修改稿。4 月 23 日，福建教育学院党委还邀请有关专家座谈论证福建教育学院的定位与发展，对制定新时期福建教育学院发展规划打下了良好的基础。

2008 年 5 月，中共福建省委派我到福建教育学院工作。时任中共福建省委常委、福建省人民政府副省长、福建省委教育工委书记陈桦找我任前谈话，交代的第一项任务，就是要尽快调研理出福建教育学院发展思路。陈桦还将学院教师对办学定位功能的建议材料交给我阅研。

在学院领导班子原来对学院发展规划设想的基础上，我和学院领导班子成员又广泛听取教职工、离退休老同志的意见建议，同时参阅全国省级教育学院有关办学定位功能及发展规划有关资料、福建省基础教育相关基础资料，拟出《做优做强福建教育学院，推动基础教育又好又快发展——关于福建教育学院发展思路的汇报》讨论稿，提交学院党委会研究。6 月 2 日、6 月 11 日，学院党委对学院发展思路进行两次讨论研究，而后上报中共福建省委教育工委、福建省教育厅。学院上报的发展思路提出，福建教育学院主要应具有培训、教研、培养、延伸服务功能。为统筹省级基础教育培训教研教学资源，形成合力为基础教育改革与发展服务，建议将福建省直相关单位（学校）整合到福建教育学院，加挂"福建基础教育研究院"的牌子，使福建教育学院真正成为福建基础教育师训干训基地、中小学新教材和新教法的研究推广基地、基础教育科学研究基地、中小学教育质量监测研究基地、基础教育政策研究基地、中小学紧缺及新增学科教师的培养基地；并请求福建省人民政府，将福州地区大学新校区中心共享区内教师培训中心规划地划拨学院建设新校区。

福建省教育厅对福建教育学院发展思路的汇报很重视，对福建教育学院工作进行了研究。2008 年 7 月 23 日，时任福建省教育厅厅长鞠维强主持召开福州地区大学新校区建设专题会议，通报了厅长办公会议研究拟将福建教育学院新校区建设列入福州地区大学新校区建设盘子进行统筹考虑。这对福建教育学院鼓舞很大。

2008 年 8 月 5 日，时任中共福建省委常委、福建省人民政府副省长、福建省委教育工委书记陈桦在福建省人民政府会议室召开会议，专题研究福建教育学院工作。在听取福建教育学院工作汇报后，陈桦在讲话中指出，当前基础教育面临推进义务教育均衡发展、全面深入实施素质教育、大力普及高中阶段教育三大任务。围绕这三大任务，福建教育学院的定位，一是师训干训为主。福建教育学院保留下来主业是师训干训，主业不能动摇，所有措施都要围绕这一主业。当然还可以保留一部分学历补偿教育的职能，学历补偿教育也是为了提升教师队伍素质。教育学院不是国民教育的学校，以师训干训为主，学历补偿教育为辅。二是研训结合。开展高中以下教育的研究、课改的研究，教研与培训相结合，通过研究带动培训，使培训适应课改的要求，提高培训的针对性、实效性。三是三级培训的龙头。在全省教师培训体系中起龙头作用，带动市、县两级教师培训机构搞好培训工作。陈桦还对加强学院内涵建设、实事求是地推进新校区建设、整合培训资源及政策扶持保障等作了指示。

根据陈桦的指示精神，福建教育学院对发展规划作了研究修订。8 月 13 日，学院向福建省教育厅上报《关于福建教育学院发展规划的请示》，将福建教育学院发展规划方案、福建教育学院新校区建设方案上报，并抄报给陈桦。8 月 21 日，陈桦约谈我，对福建教育学院的定位功能、培训教研、经费保障、校区建设等作了具体指示，要求学院作深入分析、研究，提出具体方案。学院根据陈桦的指示和福建省教育厅的要求，对学院发展规划方案和新校区建设方案又做了修改。8 月 25 日，将《关于福建教育学院发展规划的请示》修改稿正式上报福建省教育厅。这份请示件只讲福建教育学院的发展规划，内容包括四个部分：一是福建教育学院基本情况；二是新形势下福建教育学院办学定位功能考虑；三是新时期学院培训工作规划与措施；四是需要福建省人民政府支持解决的问题。

在学院工作重心转移之初，从福建省人民政府领导要求福建教育学院围绕基础教育三大任务出发，同时考虑到学院的工作实力状况，学院党委对新形势下办学定位功能的考虑集中在三个方面，即：培训功能，主要承担高中校长、教师培训，承担市、县教师进修学校校长及教育行政干部培训；教研功能，实行研训结合，以教研带动培训，提高培训工作的针对性、实效性；带动功能，在省、市、县三级教师培训机构中起龙头带动作用。

2008 年 9 月 18 日上午，陈桦召集研究福建教育学院工作，时任福建省教育厅厅长鞠维强和我参加了会议。在听取鞠维强汇报福建省教育厅对支持福建教育学院发展的意见后，陈桦对福建教育学院发展中的办学定位功能与新校区建设两件大事作了重要指示。

福建教育学院新时期的定位功能，在 2008 年年底终于有了"红头文件"。2008 年 11 月 12 日印发的《福建省人民政府关于进一步加强中小学教师队伍建设的意见》，将福建教育学院定位功能写入其中："大力加强福建教育学院建设，强化其培训、教研的功能以及在全省中小学教师继续教育工作中的引领带动作用，将福建教育学院建设成为中小学教师省级培训主要基地和中小学教师继续教育的政策研究咨询和业务指导中心。省级培训机构主要承担高中高级职称教师、高（完）中校长，以及省级骨干教师和校长的继续教育任务。"这给福建教育学院立下了"定海神针"。之前，在教职工中一直议论的没有"红头文件"保障的疑虑终于打消了。

根据福建省人民政府"红头文件"精神和《福建省人民政府关于福建省 2009—2012 年教育改革和发展的重点实施意见》，学院党委集思广益，制定了《福建教育学院 2009—2012 年事业发展规划》，提出以师训干训为主业，以全面提高中小学校长教育管理能力、教师教育教学能力为重点，以做好"三个服务"（为基础教育改革发展服务、为提升教师队伍素质服务、为海峡西岸经济区建设服务）为办学宗旨，建设"四个基地"（基础教育教师省级培训主要基地、基础教育教学研究主要基地、基础教育政策研究重要基地、海峡两岸基础教育教学与培训交流的重要基地）、"两个中心"（中小学教师继续教育研究咨询服务中心、基础教育信息资源中心），努力建设以培训为主业、研训一体、有特色高水平的成人高校。学院的主要任务是培训、教研、函授三大项。其中，培训工作，规划每年基本培训量在 1 万人次、10 万人天左右；教研工作，实行研训结合，以教研带动培训，提高培训工作的针对性、实效性；函授工作，在做好培训任务的同时，继续开展在职教师学历提高教育，争取每年在册函授生保有量 5000 人以上。

学院的办学定位功能虽已明确，但在具体实施过程中，却遇到不少现实问题。其中一个重要问题，就是教职工担心收入下降。教职工的担心不是没有来由的：走以师训干训为主业的路子，就要停办高职教育，这将直接影响学院收入。况且当时培训工作量不明确，也不稳定，培训经费不确定。当年福建省对中小学实施绩效工资，福建教育学院究竟按什么样的拨款体制？教职工议论不少。为了争取办学经费、稳定人心，走好以师训干训为主业的路子，2008年9月11日，学院先后向福建省教育厅上报《关于请求协调福建教育学院财政、人事有关问题的报告》《关于请求将福建教育学院核定为普通事业单位的请示》。陈桦十分重视，专门作了批示。时任福建省教育厅人事处处长曾能建，带领人事处同志到学院调研、论证。2009年3月12日，时任福建省教育厅厅长鞠维强主持召开省财政、编办、人事部门负责人协调会，对福建教育学院资源整合、机构人事、拨款体制等问题进行专题研究。会议议定，福建教育学院拨款体制按现行不变，即按人员支出加在职人员公用支出核定，

◆ 2009年，时任福建省政协主席陈明义（左二）、副主席何少川（左一），与参加福建省陶行知研究会成立25周年纪念大会的福建教育学院原党委书记、福建省陶行知研究会会长刘在琳（左三）及作者（右二）座谈留影

再依据培训任务，在师资队伍建设经费中安排一定的培训专项经费。鉴于福建教育学院不再招收全日制高职生后收入减少，加大对福建教育学院培训经费及设施设备经费支持力度，由福建省教育厅制定教师培训总体方案，分年度实施，所需经费列入福建省教育厅部门预算中统筹考虑。每年在福建省财政厅安排核定的中小学教师培训经费专项中安排福建教育学院基本培训经费1500万元以上，用于高中高级职称教师培训和省级骨干教师与校长培训。同时，根据年度培训计划，再给予适当支持。福建省人民政府、福建省教育厅及福建省直有关部门的重视、支持，给福建教育学院人吃了"定心丸"，使大家能够安心走以培训为主业的办学路子。

在福建省委、省政府及福建省委教育工委、福建省教育厅的关心支持下，经过全院教职员工的共同努力，学院三年规划得以顺利实施。2011年，根据新形势、新任务、新要求，学院制定了"十二五"改革发展规划。"十二五"改革发展规划提出，以搞好"三个服务"为办学宗旨，深化体制机制改革，推动学院科学发展、跨越发展，努力办让政府放心、学员满意、教职员工幸福的学院。学院的发展目标是：建设在福建省内基础教育起重要引领作用、在全国教师培训领域具有重要影响作用的一流省级教育学院。具体分两步走：第一步，2012年，实现《福建教育学院2009年—2012年事业发展规划》目标，建成并迁入新校区，基本建成"四个基地""两个中心"，为建设以培训为主业、研训一体、有特色高水平的成人高校打下坚实的基础。第二步，2015年，全面完善新校区办学条件，进一步形成培训为主、研训一体、两翼齐飞、多元服务的办学格局，培训、教研工作在全省基础教育领域起龙头作用，学院综合实力在国内同类院校位居前列，把学院建设成为海峡西岸基础教育人才强教的培训高地、海峡两岸教师继续教育和教师专业发展的合作交流的前沿平台。福建教育学院"十二五"改革发展规划提出，根据学院办学

◆ 2011年，组织制定福建教育学院"十二五"改革发展规划的时任学院党政领导郭春芳、林德泉、赵素文、吕建明、黄家骅（从左至右）在学院行政楼前合影

定位功能和发展目标，学院的主要任务是师训干训、教研科研、学历教育、教育服务四大项。学院的工作方针是坚持研训一体、两翼齐飞、多元服务、改革创新、引领带动、做优做强。实施质量立校、特色兴校、人才强校、科研领校、开放活校战略。"十二五"期间重点实施"八大工程"，即实施现代化校区建设工程、培训质量优化工程、学科专业发展工程、刊物网站提质工程、师资队伍提升工程、教研科研强化工程、教育服务拓展工程、交流合作深化工程。

在实施"十二五"改革发展规划期间，福建省人民政府于2012年9月7日印发《关于进一步支持高校加快发展的若干意见》，对高校发展给予更加有力的支持，高校发展迎来了新的春天。但是，福建省人民政府的优惠政策主要面向普通高校，作为以培训为主业的成人高校基本沾不上边。为了让学院赶上全省高校快速发展的"列车"，2012年9月，学院向福建省教育厅、中共福建省委机构编制委员会办公室上报 4 份关于经费拨款、教师职称、机构编制的专项报告，积极争取有关政策支持。2013 年 1 月，中共福建省委机构编制委员会办公室下发《关于福建教育学院清理规范方案的批复》，对新时期福建教育学院机构的主要职责、内设机构、人员编制和经费渠道、领导职数等作了批复，进一步明确了福建教育学院的定位功能。该文件明确："福建教育学院为省人民政府领导下的成人高等学校，机构规格为相当于正厅级。""主要职责为：（一）根据国家有关教育工作的法律、法规和政策，落实教育改革和发展规划；（二）开展中小学校长教师省级培训，负责全省高中高级职称教师、高完中校长，以及省级骨干教师和校长的继续教育；（三）开展中小学教师继续教育的政策研究咨询和业务指导；（四）开展基础教育教学研究；（五）组织开展成人高等学历教育；（六）承办省政府交办的其他任务。"这是"红头文件"中对福建教育学院新时期定位功能、主要职责的最明确、最完整、最具体的表述。

随着教育改革发展的逐步推进、形势与任务发生的变化、学院事业的逐步发展，学院定位功能的内涵也逐步丰富完善。

2014 年 7 月，时任福建省人民政府副省长李红到学院视察调研，对福建教育学院提出"要树立小校要有大作为的胸怀、小校能有大作为的信心、小校敢有大作为的胆略，在服务全省教育综合改革中谋求更大作为"。2015 年 11 月，时任福建省教育厅厅长黄红武来学院调研，对新时期福建教育学院的办学定位功能也作了具体指示。根据上级领导的指示精神，福建教育学院集思广益，制定了《福建教育学院章程》《福建教育学院"十三五"发展规划》《福建教育学院综合改革方案（2016—2020 年）》，将新时期福建教育学院的定位功能、工作职责进一步具体化。

《福建教育学院章程》明确，学校坚持社会主义办学方向，全面贯彻党和国家的教育方针，以"三个服务"（即为基础教育改革发展服务、为提升教师队伍素质服务、为海峡西岸经济区建设服务）为办学宗旨，以中小学校长、教师培训为主业，充分发挥中小学教师省级培训主基地、基础教育科研主阵地、基础教育资源主渠道、基础教育服务主力军、教师继续教育咨询指导主功能作用，努力建设让政府放心、学员满意、教职工幸福的福建教育学院。

《福建教育学院"十三五"发展规划》提出，"十三五"时期，学院发展要坚定办学方向，全面深化改革，推进依法治校，提升办学内涵，进一步发挥"五个作用"（省级基础教育培训"主基地"作用、基础教育科研"主阵地"作用、基础教育资源"主渠道"作用、基础教育服务"主力军"作用、中小学教师继续教育咨询指导"主功能"作用），着力培育和打造"六个支柱品牌"（培训品牌、基础教育智库品牌、网上福建教育学院品牌、基础教育专项服务品牌、校园文化品牌、学历继续教育品牌），努力建设让政府放心、学员满意、教职工幸福的学院。

《福建教育学院综合改革方案（2016—2020 年）》提出，围绕提高培训质量，提升办学内涵，全面深化改革，进一步完善学院定位功能，凸显培训功能，强化研究功能，拓展评估功能，优化服务功能。深化"八项改革"，即完善学院定位功能、深化内部治理机构改革、深化干部人事和收入分配制度改革、深化培训管理机制改革、深化科研体制改革、深化网络管理运行机制改革、深化教育服务管理体制改革、优化资源配置与管理改革。

福建教育学院新时期的定位功能、工作职责与综合改革工作，得到了福建省人民政府的肯定与支持。2015 年，福建省人民政府在研究事业单位机构改革中，将福建教育学院划分为公益二类事业单位，中共福建省委机构编制委员会办公室专门下发了"〔2015〕77 号"文件。至此，福建教育学院的工作性质进一步得到明确，走上了新时期健康稳定发展的路子。

回望福建教育学院在发展的第三个阶段、第二次工作转折中，学院的办学定位功能，从建设"四个基地""两个中心"，到发挥"五个作用"、着力培育和打造"六个支柱品牌"，这里凝聚着福建省委、省政府，中共福建省委教育工委、福建省教育厅及上级有关部门对福建教育学院的关心与支持，凝聚着学院党政领导班子和广大教职员工对新时期学院办学定位功能的积极探索，也包含着学院党政领导班子和广大教职员工为促进学院第二次工作转折所付出的艰辛努力。今天回想起来，我为福建教育学院领导班子在转轨过程中的坚强有力引导而自豪，为胸怀教育全局不惜牺牲奉献的福建教育学院人而感动。

学院转轨探索之路，可以说是"痛并快乐着"。

转轨第一痛是转思想。"文革"复办后直至 2008 年的 20 多年里，学院以全日制学历教育为主，一下子转过来做培训，很多人对前景充满疑虑：为什么要走培训路？这条路要怎么走？这条路能走多久……2008 年秋季，学院组织开展第一次解放思想大讨论，教职工思想上的疑虑、困惑在大讨论中

◆ 2016 年 11 月 18 日，《福建日报》专版刊发福建教育学院《"追求卓越甘为人梯"》事迹报道

越辩越明。大家从推动基础教育改革与发展的责任中，从深化对校情的科学认识中，从工作目标任务中解放思想，形成共识：实行工作重心转移，是新时期赋予学院的新任务，也是学院发展的新机遇；工作重心转移有很多困难，但也有很多优势，我们要树雄心，立壮志，通过工作重心转移，走出发展新天地，重振福建教育学院雄风。此后，学院每年都针对教职工思想上的疑虑、困惑组织开展思想解放大讨论。到2016年，共组织开展八次解放思想大讨论。一次次的大讨论，促进了一次次的思想解放，在教职工中逐步树立了小校要有大作为的意识，增强了小校能有大作为的自信、小校敢有大作为的胆略。学院的发展愿景，也在一次次的讨论中逐步明晰，并凝成共识。从2009年提出建设"四个基地、两个中心"的发展目标，到2016年提出树立特色立校、品牌强校、服务荣校、开放活校、人才兴校的发展理念，着力培育打造"六个支柱品牌"，进一步发挥"五个作用"，努力建设让政府放心、学员满意、教职工幸福的学院的奋斗目标……可以说，转轨的路程，是不断解放思想的路程，也是不断凝聚共识的路程。

转轨第二痛是调机构。在搞学历教育时期，学院内设机构23个，其中教学部门9个，以系设置。为了适应做培训，2009年年初，内设机构进行了调整。根据工作需要，管理部门撤并3个新设4个，教学部门9个系改为8个研修部。与调机构相对应的是调人员。如文科研修部内设语文、历史、政治、地理等4个学科教研室，与中小学学科对应，人员从原来的中文系、政史系、地理系、教育系中调整过来；理科研修部内设数学、物理、化学、生物、通用技术、综合实践、小学科学等7个教研室，人员从原来的数理系、生化系中调整过来。这完全打破了原来的系的设置。机构、人事的大变动，对每一个干部、教职工都是一大考验。让我感动的是，学院广大党员干部和教职工以对教育事业的无比忠诚、对学院事业的无比挚爱，听从组织调遣，很快各就各位。文科研修部是在原来 4 个系的基础上搭建起来的，一时找不到领衔人。学院党委研究决定，派学院宣传部部长林晨峰到文科研修部担任主任。我找林晨峰同志谈话，他表示一切听从组织安排，体现了一个党员干部高度的组织纪律性。之后，他在这个岗位无怨无悔地干到退休。像林晨峰同志这样关键时候站出来、顶上去、做得好的党员干部很多。2013 年 1 月，中共福建省委机构编制委员会办公室对学院主要职责、内设机构和人员编制作了正式批复，核定学院党政管理机构 12 个、教学机构 7 个、教辅机构 1 个。学院机构数从原来的 23 个压缩至 20 个。这次机构调整，撤销了研究室、干训处、国资处；由于党员干部的表率作用，同样没有引起学院动荡。

　　转轨第三痛是变业务。从驾轻就熟的学历教育转到"似曾相识"的师训干训上来，让每一个人都站在了新的起跑线上。转轨之初，教师不会做培训方案，学院提供了培训方案模板给大家参考；上培训课面对的是具有本科以上学历、副高以上职称的中小学一线老师，教师感到底气不足，学院要求各个研修部开展"岗位练兵"，教师上培训课前先在研修部试讲，集体修改把关后再上讲台；培训工作开始不规范，学院自 2008 年开始，制定了 77 个培训教学管理制度，对培训 7 个流程提出规范化要求，并于 2010 年对培训教学管理制度进行了修订完善，形成《福建教育学院教学管理制度汇编》；培训质量开始也并不令人满意，学院于 2009 年制定了《福建教育学院关于实施培训质量建设工程的意见》，组织实施培训质量工程，并从 2009 年开始，坚持每个学期召开一至两次培训质量分析会，研究解决培训工作中存在的问题；培训模式原来主要是讲座式，比较单一，学院积极推动培训模式改革创新，通过设立培训模式改革创新示范项目进行带头带动，推进"六个拓展"；研训平台原来空白，自 2008 年开始，将福建教育学院网改版，并创办了福建基础教育网、《基础教育瞭望》刊物，将原来的《中学生时代》刊物改版为《福建基础教育研究》，2009 年后又设立了基础教育质量评价研究所等"三所六中心"，为培训教师及中小学一线老师搭建了研训平台……为了使教师队伍结构更加适应培训主业需要，学院提出学科教师"三个一"的结构要求，即每个学科至少有一个教授、一个博士、一个中学特级教师。为此，学院先后从中小学引进了应永恒、石修银、王钦敏、周大明、李华、曾呈进、陈曦、林颖韬、肖晓阳等 9 个特级教师。在内因与外力的共同作用之下，学院从专门向专业发展，并逐步向专家方向迈进，办学特色逐步凸显出来。

转轨第四痛是改作风。做学历教育，就像春耕、夏种、秋收那样，已经形成了一个套路，教师备一次课可以用上几轮；而培训则是常做常新，教师要不断备新课，天天都处在学习研究之中。管理人员就像一个大型会务公司的工作人员，走马灯似的每隔几天要安顿一批新学员、送走一批老学员。新的工作任务，必须拒绝低效率、慢节奏、粗线条、按部就班的工作作风。主业转变后，学院每年针对一个突出问题，开展一个"主题年"活动，一年强化一个共识，一年聚焦解决一个突出问题。与此同时，学院每年围绕一个主题，开展师德师风教育。学院还通过培训教师资格认定、每年举办"精彩一课"大赛、每年评选五个重大贡献奖、每三年评选一次"十佳教师"等，激励教师干事创业、争先创优，进一步振奋了全院教职工的精神，形成了齐心协力做优做强福建教育学院的浓厚氛围。

转轨第五痛是建校区。21 世纪之初，由于学院办学定位不明，错过了高等院校大建设时期。2008 年转轨搞培训，狭小的、家校混杂的办学空间，以及破旧的办学设施，难以满足每年面授培训上万人次的办学需要。学院要发展，必须建设新校区。在福建省人民政府、福建省教育厅和福州市人民政府、鼓楼区人民政府的关心支持下，2009 年在福州地区大学新校区划拨 245.9 亩土地（含公共绿地 72.3 亩）作为学院新校区建

◆ 2008年，时任福建省人民政府副省长陈桦（前排中）、福建省教育厅厅长鞠维强（前排左一）视察福建教育学院新校区筹建工作

设用地，建设资金则通过将老校区置换给鼓楼区办义务教育学校来解决。建设新校区是好事，但也意味着要打破"坛坛罐罐"——必须改变在交通方便的老工作地点，到远离市中心的大学新区上班。这里既有现实的原因，也有割舍不下的情愫，各种声音很多。学院党政班子通过一次次的宣传解释、一次次的沟通疏导，终于取得了方方面面的共识。2010年6月1日，学院召开教代会，投票表决新校区建设，参会的49位教代会代表全部投了赞成票。原定于2010年10月动工建设、2012年上半年建成并整体搬迁新校区，由于征迁交地一拖再拖，导致新校区基建无法进场施工。为此，学院积极向福建省人民政府、福建省教育厅反映。在福建省人民政府、福建省教育厅的支持下，2015年10月，福建省人民政府省长办公会议在研究优化福州地区大学新校区建设规划中，决定将福建教育学院新校区建设用地调至中心共享区地块，用地面积135亩。后来由于种种原因，新校区建设又遭搁浅。2019年，福建省人民政府召开

研究福州地区大学新校区有关工作专题会议，决定继续保留学院选址地块，确保用地不少于100亩。学院把新校区建设作为2020年工作的"重中之重"，提出确保年内交地动建，推动新校区建设取得重大实质性进展。

转轨第六痛是立文化。学院办学一甲子，有深厚的文化积淀，也有不少顽固的积习。积淀要挖掘，文化要梳理，精神要光大，陋习要改变。2009年，学院确定以"师魂、基调、闽风"作为校园文化建设主题。"师魂"，即体现学院培训教师的功能与特色，并展示全省中小学教师的才艺与风采；"基调"，即体现以服务基础教育为工作中心，并充分展示福建基础教育深厚的文化积淀、辉煌的办学成就；"闽风"，即体现福建地域及风貌特色。办学理念类校园文化"立"的过程，也是对顽固积习的宣战过程。在一次次的讨论、一次次的修订中，长期涌动的优秀精神被立了起来，长期浸润的优良风气被树了起来，长期流传的积习逐步被打了下去。到2013年，学院确立了办学理念类校园文化"九件套"，即"追求卓越、甘为人梯"的大学精神、"学高为师、身正乃范"的校训、

◆ 作者在福建教育学院工作期间照片（2015年）

"三个服务"的办学宗旨、"敬业精业"的校风、"研训一体"的教风、"知行合一"的学风，以及校赋、校歌、教职工行为规范。与此同时，学院还着手建设福建基础教育史、福建教育学院史两个展馆。由于老校区展出场地有限，福建基础教育史展馆先做出电子版。学院还筹建了福建省教师著作藏馆、教师书法作品藏馆、教师美术作品藏馆、教师摄影作品藏馆、学生书画作品藏馆、中小学资料藏馆、进修院校资料藏馆、教育志馆、闽誉馆、基础教育电子资源藏馆、校长培训成果展馆、古籍馆等12个专馆；2020年又筹建了师德博物馆。文化的力量，像春风化雨润物无声，悄悄转变了人的观念，增强了人的自信，让教职工的胸襟、境界、气度、修养发生了很大的变化。与众不同的校园文化，也让福建教育学院在全省高校中独具特色，在中小学中产生了积极影响。

转轨是痛的，也是快乐的。经过十余年登攀，如今福建教育学院的中小学教师省级培训的主基地作用、基础教育科研的主阵地作用、基础教育资源的主渠道作用、基础教育服务的主力军作用、教师继续教育咨询指导的主功能作用等"五个作用"逐步凸显出来，学院着力培育的培训品牌、基础教育智库品牌、网上福建教育学院品牌、基础教育专项服务品牌、校园文化品牌、函授教育品牌建设有效推进；学院的决策咨询、委托培训、赛事评选、评估监测、教师资格认定、函授自考、各类评卷等教育服务承接项目越来越多，省、市、县教师培训机构之间"三级联盟"合作也越来越密切。2012年、2015年，学院先后被福建省委、省政府授予第十一届、第十二届省级文明学校；2018年，被授予福建省直文明单位。

培训主业：从"拿不起、放不下"到走向"国优"

福建教育学院因培训师资而诞生，在数十年的办学历程中，师训干训一直是福建教育学院的主业与强项。但从 20 世纪 80 年代末至 2008 年，曾经有十多年时间把主要精力放在了学历教育上，培训一度成为"副业"。2008 年，福建省委、省政府确定福建教育学院以培训为主，"将福建教育学院建设成为中小学教师省级培训主要基地和中小学教师继续教育的政策研究咨询和业务指导中心"，培训工作再次提到了主业位置。但是，这时候福建教育学院的培训工作，却处在"拿不起、放不下"的尴尬境地：一方面，由于一批长期对中学教学有深入研究的名师已经退休，在职的中青年教师多是在开展学历教育中成长起来的，他们对中小学教学比较陌生；另一方面，学校十多年以学历教育为主，对培训业务研究不多，教师对学历教育驾轻就熟，对培训工作反而感到陌生。所以，学院工作第二次转折，从以学历教育为主转到以培训为主上，面临的困难重重，教职工的压力多多，在转轨路上，留下了一串难忘的故事。

故事之一：质量工程，推进培训工作规范化、制度化

转轨之初，2008 年年底，为了争取 2009 年度培训项目，学院要求继续教育处牵头制定 2009 年度培训计划方案，并上报福建省教育厅。当时，不少学科甚至不知道培训计划方案该怎么制定。继续教育处汇总的各个学科拟订的培训计划方案五花八门，有的甚至不知所云。为了能够拿出一个比较像样的培训计划方案，争取拿到福建省教育厅的年度培训项目，学院不得不制作了一个"模板"，列出一份培训计划方案的规范拟写内容，包括培训目标、培训对象、培训内容、培训方式、课程安排、教师聘任、组织管理、资料配备、培训预算等，要求各学科"补考"。

培训班开办过程，开始很多工作也不规范、到位。班主任脱岗，培训教师授课针对性不强，后勤服务吃、住等学员意见也不少。外出下校考察"大轰隆"、实效性不够等是普遍现象。当时分管培训教学的丁崇文副院长经常站在教学楼前"盯梢"、到食堂"明察"。在福建省教育厅等有关部门负责人的印象中，福建教育学院的培训工作是"拿不起、放不下"。

既然培训已经成为学院的主业，学院已成为培训的专门机构，就得往专业的方向挺进、往专家的目标努力。在从专门向专业、专家方向迈进的途中，学院于2009年组织实施培训质量工程，并于2010年组织开展"质量年"活动。

在实施培训质量工程中，学院突出抓了培训规范化管理。学院制定了师训干训办班管理一系列规定、办法，并整理印发了《基础教育政策法规汇编》《基础教育课程改革与教学管理文件汇编》《基础教育培训规范化管理资料汇编》，加强全员学习培训，促进培训工作规范化。同时，建立培训师资库、基地库，入选福建省中小学教师、校长培训师资库教师有132名，中小学校长、教师培训基地库学校有96所。学院聘请余文森、李迅、邵东升等15位高校和中小学名师、名校长担任兼职教授（客座教授），聘请10位高校名师、专家担任特聘顾问。为了加强培训过程规范化管理，学院印发了《福建教育学院关于实施培训质量建设工程的意见》，从构建培训质量管理体系、重视训前调研、加强训中组织、做好训后总结反思、开发利用培训资源、加强教师队伍建设等六个方面提出24条具体要求。

2010年，学院组织开展"质量年"活动，修订完善了77个培训教学管理制度，编印了《福建教育学院培训教学管理制度汇编》。这些规章制度开始让人感到很"束缚"、不自在；后来，这些规章制度渐渐融入了福建教育学院人的血液之中，形成了一种习惯、一种文化。于是，培训质量也逐步走上了规范化、标准化的轨道。

在实施培训质量工程建设中，有一个针对性很强的活动，就是每个学期至少召开两次培训质量分析会。开始的几次培训质量分析会，每次围绕一个主题，把问题讲透、分析透。

2009年10月13日，学院召开第一次培训质量分析会，围绕"加强组织管理、办让学员满意的培训"主题,从组织管理直接影响培训目标的实现、直接影响培训效果、影响学院形象等方面,分析加强组织管理对提高培训质量的重要性,研讨了如何把组织管理做精、做细、做到实处的措施。会议提出,要树立人人都是管理者的意识;认真落实岗位职责,把好项目负责人、研修部、师训处(干训处)"三道防线";从严、从细、从实做好组织管理;加强团队的组织协调工作,不断总结提升组织管理水平。第一次的培训质量分析会,对加强培训组织管理起到很大的促进作用。

2010年1月8日,学院召开第二次培训质量分析会,围绕"加强教学管理,提高培训质量"主题,通过分析、讨论、点评,教职员工对教学质量问题达成了共识:教学质量是第一位的质量;教学质量重点要抓好教学规范和教学纪律;教学质量的关键,是增强教学的针对性与实效性。

2010年6月11日,学院第三次培训质量分析会的主题是"加强作风建设,提高培训质量"。这次分析会,让教职工深切感受到,作风好不好,直接关系培训质量的优劣;对作风问题,要提高到学院成败荣辱的高度上来认识。作风是培训质量的一切症结所在。加强作风建设,要提高制度执行力,自觉增强工作主动性,精益求精地做好工作。

2010年9月28日,学院第四次培训质量分析会的主题是:攻坚克难建好"网上福建教育学院"。

此后的每一次培训质量分析会,或是对教师说课进行点评,或是对国培、省培的申报项目和承办项目作具体分析。通过一次又一次的质量分析、点评,推动了培训质量一步一步走上规范化的轨道,学院的培训质量节节上升。通过多年埋头苦干、奋力爬坡,上级教育主管部门对福建教育学院培训工作的看法,从"放不下"到"放心",下达给福建教育学院的培训项目、培训经费逐年增多。到2019年,福建教育学院共承担国培、省培项目 406 项、588 班次，培训人数达 9 万余人次（其中集中培训 4 万多人次）。

故事之二：岗位练兵，让每一个老师上课之前先说课试讲

从学历教育转过来做培训，最突出的问题是教职工的素质能力不适应新形势、新任务的需要。起初，存在三种倾向，即研修部有什么老师，就安排什么课程；教师备了什么课，就上什么课；老师上课怎么样，没评估，也没跟踪，上得不好仍然继续上。如何解决这些问题呢？2009年 5 月，学院组织开展"岗位练兵"说课评课活动，推动教师岗位业务学习，并以此把住教师上讲台关。学院要求，在培训开始前，各研修部都要开展试说课活动。试说课活动邀请一线校长或学科教师参加，一方面帮助说课教师完善授课内容，提高针对性、实效性；另一方面，对将在培训班上课的教师进行严格把关，对准备不充分、上不好课的不勉强安排上课。毕竟教师到培训班上课，不是个人行为，而是学院行为，不仅代表个人水平、个人形象，更代表学院水平、学院形象。

岗位练兵、说课评课活动，在校长研修部率先进行。2009 年 6 月，说课评课活动扩大到全院各部门。第一次说课的有 7 位教师，其中 4 位是研修部负责人。学院领导、有关部门负责人和一线校长当评委，全院专任教师参加观摩。每位说课教师用 15 分钟针对某一特定的培训专题，阐述自己对教学内容的处理、学情的分析以及教学策略的设计等。教师说课结束后，评委进行现场点评。说课评课活动，不仅对说课教师有很大帮助，也让参加观摩活动的教师从中得到许多启发与感悟。教师岗位练兵、说课评课活动，在当时主抓培训质量工程的黄家骅副院长的精心组织下，每学期举行多次，连续抓了多年，促进了学院教师的专业成长。

在广泛开展岗位练兵、说课评课活动的基础上，学院自 2009 年开始开展中青年教师片段教学竞赛，2012 年后改为组织开展"精彩一课"教学比赛。参赛教师既有从中学一线引进的特级教师，也有博士、教授；

◆ 2012 年 9 月 19 日,《中国教师报》报道——
《福建教育学院:让每一堂培训课都成为
精品课》

既有老教师,也有年轻教师。每年的"精彩一课"比赛,既是好课的展示,也是一种示范,更是一种导向,引导教师精心做好说课准备,上培训学员想听的课、有用的课,十余年来,这项活动一直坚持了下来。通过每年组织"精彩一课"说课比赛,一批培训名师脱颖而出,学院的培训工作也令人刮目相看。自 2011 年教育部组织国培计划项目质量监测评估以来,福建教育学院被抽检的项目,整体培训质量稳居全国培训单位第一方阵。

故事之三:"双名"工程,让培训工作上水平创品牌

学院工作重心自 2008 年转到培训上来后,福建省教育厅每年下达学院的年度培训基本量为 1 万人天,培训经费稳定在 1500 万元以上,福建教育学院捧上了"铁饭碗",这既让兄弟学校羡慕,也让学院教职工感到沾沾自喜。但是,这种"铁饭碗"的美梦,很快被"双名"工程砸醒了。

2011 年,福建省教育厅从加强中小学教师队伍建设考虑,决定实施名师、名校长培养工程。这是培训项目中的高端项目、精品项目。出于对培训质量的考虑,福建省教育厅决定采取项目竞标的方式来确定培养单位。这对福建教育学院人触动很大——大家既感受到培训市场竞争的压力，也感受到自身培训能力水平未创出品牌、未得到社会认可的压力。能否拿到"双名"工程的培养单位，关系到福建教育学院的生存发展与对外形象。这是一场学院生存的保卫战，也是学院发展的背水一战。学院党委召开全院各部门负责人动员会，把竞标福建省名师、名校长工程作为一场硬仗来打。时任学院分管校长培训副院长黄家骅、分管教师培训副院长郭春芳，分别牵头抓名校长培养工程、名师培养工程的申报工作。名校长培养工程以黄家骅为领衔组成专家团队，名师培养工程各学科以郭春芳、林藩、邹开煌等学院名师为领衔组成专家团队，各学科分别认真制定培养方案、申报有关材料。2012 年，经福建省教育厅组织专家评选，福建教育学院、福建幼儿师范高等专科学校分别获得福建省中小学名校长培养工程的承办学校，其中由福建教育学院负责 96 位中小学名校长培养人选培养、福建幼儿师范高等专科学校负责 12 位幼儿园名校长培养人选培养；福建教育学院、教育部福建师范大学基础教育课程研究中心和福建省幼师培训中心等 3 个单位，负责中小学名师培养人选培养，其中由福建教育学院负责中学 12 个学科 53 名教学名师和中小学 11 个学科 311 名学科带头人培养。

福建省中小学名校长培养工程于 2012 年 6 月启动。福建省中小学名校长培养工程专家委员会主任由赵素文担任，副主任由李敏、黄家骅、陈华担任。在福建省教育厅的领导下，在福建省中小学名校长培养工程专家委员会的指导下，黄家骅教授精心组织，杨立国、杨文新教授等专家团队精心研制科学可行的培养方案，把培养目标确定为"打造具有闽派特色的名校长"，即善思考、敢担当、有情怀、有视野、有胸襟、有气度、有梦想、敢先行、立典范。在实施名校长培养工程中，福建教育学院注意把培训与培养相结合，把读书和修行相结合，把集体要求和个性化指导相结合，实现了"三大飞跃"，即转变培训方式，实施培训"从

◆ 2015年，福建省中小学名校长培养工程总结会，时任福建省教育厅厅长黄红武等领导为名校长培养人选颁发结业证书

培训到培养"的飞跃；搭建培训平台，实现培训"从个人到学校"的飞跃；提升教育思想，实现培训"从实践到思考"的飞跃。经过3年多的培养，名校长培养人选的思想政治素质、办学治校能力和综合素养有了很大提升，并在教育科研、办学实践等方面取得了丰硕成果：时任福州市群众路小学校长吕榕麟后来被中宣部、中共福建省委树为"时代楷模"进行宣传，并被国家授予"全国最美奋斗者"；有5位校长获得福建省杰出人民教师荣誉，4位晋升福建省第一批中小学正高级职称；32所中小学被评为省级文明学校，20所中小学获国家级荣誉，80所中小学获省级荣誉。名校长培养工程不仅促进了名校长培养人选的成长，促进了名校的发展与提升，也促进了福建教育学院培训能力水平与社会影响力的提升。3年多的培养工作，学院积极探索参与式、案例式、探讨交流式的培训模式，并从学院式培训向非学院式培训拓展，2011年，先后在泉港区、平潭县、新罗区、福安市建立研训基地。2014年，福建教育学院主持召开"全国首届中小学名校长培养工作研讨会"，时任福建教育学院副院长黄家骅介绍的中小学名校长培养工作经验得到教育部教师工作司领导和北京师范大学、华东师范大学、东北师范大学等40多家高校代

第七篇章　教育学院的困境与登攀

表的肯定与赞扬。《中国教育报》《福建日报》等中央、福建省新闻媒体对福建教育学院实施中小学名校长培养工程工作作了多次报道。福建教育学院黄家骅教授、简占东副教授申报的《提升办学治校能力，培养教育家型校长》教学成果，获得省级优秀教学成果一等奖。

福建省中小学名师培养工程于 2011 年 7 月启动。在福建省中小学名师培养工程专家委员会主任余文森、副主任郭春芳的组织领导下，福建教育学院承担中学 12 个学科 54 位教学名师培养人选的培养工作，林藩、邹开煌等学科名师大胆进行培训内容与模式的改革创新，在培养目标、培养主题、个性化培养、培养人选的影响力、研究成果等方面下功夫，培养过程坚持以"教学主张"为引领，注重集中研修主题化、高端研修多样化、课题研究个性化、搭建平台引领化。经过 3 年培养，形成具有福建特色的名师培养模式，造就了各具特色的教学名师，形成了一批教学主张明确、教学质量优异的名师及其团队，取得了良好成效。在名师培养人选中，有 1 人获福建省杰出人民教师荣誉称号，1 人入选福建省百名新世纪百千万工程，有 10 人评上福建省名师工作室领衔名师，5 人评上中小学正高级职称，15 人评为特级教师。名师培养人选充分发挥了

◆ 2011年，福建教育学院举办福建省首届百名校长论坛。

◆ 福建教育学院积极拓展校外培训基地。图为2012年,龙岩市新罗区培训基地揭牌仪式

示范辐射作用,在省、市级开专题讲座457场,上公开课219场,送培下乡137场次。

　　福建教育学院通过承办福建省中小学名师、名校长培养工程,全面推进了培训模式、培训课程的改革创新。参与式、案例式、探讨交流式、论坛式的培训,使培训形式活泼多样。特别是在开展"双名"工程中探索出的论坛式培训,先由专家作主旨报告;接着,班级同学分别围绕论坛主题,结合学校的工作实际、教学实际谈认识,互相质疑,展开思维碰撞;最后,由主持人作总结升华,从而让学员对所探讨的问题有了较高层次的认识。福建教育学院论坛式的培训,后来凝练、提升为"梦山论道"校园文化,并于2015年获得了福建省高校校园文化优秀成果一等奖。培训课程也从以往的随意性、碎片化,走向课程系列化、模块化,并在培训课程中大量增加了实践环节,让培训课程更有针对性、实效性。

　　福建教育学院通过承办中小学名师、名校长工程,有效提升了培训质量和培训美誉度,福建省内外中小学名师、名校长培训项目委托福建

◆ "梦山论道"：围绕基础教育热点问题开展研讨交流

教育学院开展的日益增多。2015年，广西、河北、吉林等地委托福建教育学院开展中小学名师、名校长培训，福建省内的集美、仓山、马尾、泉港、长乐、闽侯、福清、福安等县（市、区）也纷纷委托福建教育学院开展中小学名师、名校长培养工作，取得了良好的社会效果。

故事之四：申报国培，在全国坐标体系中实战练兵

尽管学院每年培训工作做到上万人次，也承担了福建省高端培训项目，但是学院的培训质量在全国培训质量坐标体系中究竟处于什么位置，我们并不知道，学院的培训工作影响也仅仅在福建省内。教育部的国培项目，以往都是直接下达给全国知名高校和培训机构，全国省级教育学院中，也只有北京教育学院能拿到国培项目，福建教育学院根本沾不上国培项目的边。2012年2月初，教育部实施国培计划项目改革，面向全国师范大学、教育学院、师范高等专科学校以及开设教师教育专业的其他高校，遴选具备条件的高水平院校和教师培训机构承担"国培计划"任务。这是一个机遇，学院党委决定，抓住机遇，争取挤进"国家队"。

这时正是春节放假期间，学院动员组织各学科制定方案，竞标国培计划培训机构资质，争取拿到承接各类国家级培训项目、承担国家级培训模式改革项目的必不可少的"通行证"。

第一次申报"国培计划"培训机构工作，没有工作经验，各个学科加班加点，对申报材料写了又写、改了又改。当时负责组织申报工作的分管教师培训副院长郭春芳和培训处处长林藩，一遍又一遍地审阅、修改。当时，全国共有179所院校和机构提交了《"国培计划"培训资质申请表》。经过教育部组织专家初步评审，第一轮淘汰了59个院校，只有120个院校和机构进入面试答辩环节，其中福建省有福建师范大学、闽南师范大学、福建教育学院、泉州幼儿师范高等专科学校4所院校。2012年3月，学院接到参加现场答辩的通知，决定由分管师训工作副院长郭春芳率综合实践活动学科首席专家邹开煌教授，代表学院赴京参加答辩。邹开煌教授做了充分准备，在答辩现场，教育部评审专家组对福建教育学院提供的培训方案、培训主题、课程设置和培训模式等给予了充分的肯定。根据评审专家的意见，教育部从120个院校和培训机构中，择优遴选了90个单位，确定具有"国培计划"——示范性集中项目培训资质的培训机构。福建省的福建师范大学、福建教育学院入选其中。从此，福建教育学院成为教育部实施"国培计划"的重要基地，这是福建教育学院发展史上的一个重大突破。

获评"国培计划"培训资质后，福建教育学院进入了中小学教师培训的"国家队"。2012年，学院承担"国培计划"（2012）——示范性集中培训项目小学综合实践活动培训、"国培计划"（2011）义务教育骨干教师远程培训项目、中国移动中小学校长影子培训等4个国培项目。学院把承办国培项目作为锻炼队伍、树立形象、创立品牌的重要契机来抓，举全院之力办好国培项目，确保国培项目质量。2013年5月，教育部公布全国73个培训单位质量抽检情况，福建教育学院名列第27位。

◆ 2013 年，时任教育部教师工作司副司长葛振江（右四）、中共福建省委教育工委副书记郑传芳（左四）出席全国教育学院第二十次书记院长协作会，与福建教育学院领导合影

虽然名次不是很靠前，但首次参加"国检"能进入前三分之一方阵，大大提振了福建教育学院人的信心，增添了福建教育学院人向培训高峰登攀的勇气。

2013 年，教育部组织农村中小学校长培训机构竞标工作。当时，由分管校长培训工作副院长黄家骅精心组织申报，并亲自参加教育部评审专家组的现场答辩。2013 年 11 月，教育部公布全国 36 个单位为全国农村中小学校长助力工程培训单位，福建教育学院是福建省唯一一所竞标入选的院校。这一年，学院继续抓好教育部教师队伍建设示范项目申报竞标工作，"创新培训模式，提高教师专业水平"等 3 个项目入选。2013 年度，福建教育学院承担国培计划 14 个面授、远程培训项目，参训教师达 1.2 万人次。

2014 年，福建教育学院通过竞标获得教育部 2014 年国培计划项目10 个，承担国培计划面授 488 人、远程培训 1330 人。在教育部抽检的国培项目绩效评估中，师训项目在全国 56 所承办院校（机构）中名列第 2 位，干训项目在全国 35 所院校（机构）中名列第 10 位，国培项目组织管理在全国各省（直辖市、自治区）中名列第 9 位。

2015 年，福建教育学院竞标获得 27 个国培计划项目、4 个省外省级项目，中标项目覆盖 13 个中西部省份，涉及 12 个学科，培训人数 4900 多人。在教育部抽检的 7 个国培项目绩效评估中，2 个名列全国第一，3 个名列全国第三，2 个名列全国第五，显示了福建教育学院培训质量达到国家优秀水准。

2016 年，福建教育学院竞标获得教育部"国培计划"项目 41 个（其中示范项目 9 个、中西部项目 32 个），培训学员 4378 人。在教育部抽检的 4 个学科项目中，3 个学科名列全国第二，1 个学科名列全国第五，校长培训项目名列全国第十。

2017 年，福建教育学院高中语文、高中数学学科首次入选教育部示范性培训项目，并首次获得体音美学科综合培训项目。至此，福建教育学院所有学科均承担国培项目。当年共承办国培计划项目 64 个班，培训学员 5366 人，项目涵盖 16 个中西部省份。

2018 年，福建教育学院被教育部确定为 14 个首期"国培计划"中小学名师领航班培养基地之一。这是福建教育学院 2013 年开始申报、一直努力争取正式进入国家级培训基地的梦想，终于得以实现。这也是福建省唯一入选的院校。这一年竞标承办"国培计划"项目 58 个 83 班次，培训学员 5600 人次。在教育部抽检的国培项目绩效评估中，福建教育学院承办的项目排名仍位于各承办院校（机构）前列。

2019 年，福建教育学院承办"国培计划"项目 45 个，培训学员 4147 人次。

纵观 2012 年以来，福建教育学院进入"国家队"，承办国培项目逐步增多，到 2017 年实现所有学科全覆盖、2018 年列入国家级培训基地，这让福建教育学院培训工作全面接受国家级培训质量检验。国培项目设置的创新性、项目要求的先进性、课程标准的引领性以及监测评估的科学性、质量管理的示范性，对所有参加培训的教师都是一种磨练与锻炼，是有标准、有规范、有监管的实战与练兵。申办、承办国培项目的过程，对于全面更新培训理念、规范培训制度、创新培训模式、培养锻炼队伍、提升培训能力、增强教师信心，都具有不可估量的引领、影响作用；对扩大福建教育学院培训覆盖面和影响力，培育和打造在全国有影响的福建教育学院培训品牌，也具有重要促进作用。

故事之五：研训一体，以高水平科研支撑高质量培训

2008年学院主业转变之初，教师队伍中大部分人对基础教育不熟悉，所以上培训课显得底气不足。开始时培训教学针对性不强，有的培训老师在讲台上讲得满头大汗，培训学员反映"不解渴"。如何让培训老师尽快熟悉中小学管理、中小学学科教学呢？学院一方面安排教师到福州中小学听课、顶岗任教等；另一方面，采取强有力措施推动教研科研，引导教师开展基础教育研究，努力以高水平科研支撑高质量培训。

◆ 自2011年以来，福建教育学院每年承办福建省社科学术年会教育分论坛

◆ 2011 年，福建省名师送培下乡启动仪式在福建教育学院举行

　　2009 年 12 月，福建教育学院召开科研大会，当时主管科研工作的黄家骅副院长在会上公布了全院每一个教师近两年的科研工作情况清单。这份清单反映了福建教育学院人在科研方面的短缺，特别是在基础教育研究方面的苍白，在教职工中震动不小。知耻而后勇。这次会议，开成了科研兴校的动员会、鼓劲会、誓师会。会议明确了福建教育学院科研工作的重点是：围绕基础教育改革发展，做好"五个服务"（即为基础教育科学决策服务、为提高基础教育教学质量服务、为提升中小学校管理水平服务、为促进海峡两岸基础教育合作交流服务、为提高教师培训机构工作水平服务）。学院强调，只有在工作中研究、在研究状态下工作，只有认真地钻进去，有自己独到的观点与见解，才能在培训工作上"拿得起、放得下"，才能当好中小学教师的"教官"。从 2009 年开始，学院每年都会推出课题供全院教职工选报，学院学术委员会进行立项评审、结题考核、资助奖励。为了加强科研工作，学院于 2011 年设立科研处，科研专门机构在协调推进科研工作中发挥了积极作用。

每年秋季，学院联合福建省教育学会、福建省陶行知研究会举办一次福建省社科学术年会教育分论坛。教育分论坛成了全省中小学、进修院校科研成果交流的盛会。

学院还通过刊物、网站和科研所（中心），"逼"着教师在学习中研究、在研究中学习：《福建基础教育研究》《基础教育瞭望》《福建教育学院学报》"三刊"，致力于传递重要政策信息、交流基础教育改革经验、培养闽派特色名师名校、探索闽派特色教学方法；福建基础教育网、福建教育学院网"两网"，致力于为各级教育行政部门、中小学提供基础教育政策、教学、培训等丰富资源。福建教育学院人在筛选相关信息、编发相关稿件，办好"三刊两网"中，不断学习研究基础教育政策及教学培训业务，使自己的思路走在基础教育的前沿。福建教育学院从 2010 年开始，组建的基础教育质量评价研究所、闽派特色教育研究所、台湾基础教育研究所、福建教育学院语文课程与教学研究所、福建教育学院中学化学教育研究所和福建省基础教育考试研究中心、福建省学校德育研究与指导中心、福建省学校心理健康教育指导中心、福建省中小学教师资格认定指导中心、福建省青少年校外教育测评中心、福建省中小学教师继续教育指导中心等"五所六中心"科研团队，积极开展基础教育相关工作的研究与指导。在开展工作研究中，每一个教师都得到了进步与成长。自 2008 年学院主业转变以来，郭春芳教授入选国务院特殊津贴专家，青年教师黄丽萍、张平忠教授入选福建省哲学社会科学领军人才、福建省高校新世纪优秀人才，黄捷、高岚岚老师入选福建省高校杰出青年科研人才；14 位教师入选教育部"国培专家"，20位教师入选福建省教育厅"省培专家"；一批教师获得福建省优秀科研成果奖。2019 年，福建教育学院教师有 13 人入选福建省高中课程教学指导委员会委员，5 人入选福建省义务教育课程教学指导委员会委员……这些，标志着福建教育学院培训工作从专门、专业向专家的提升。

故事之六：委托培训，在市场中试水实战

主业转变之后，虽然福建省教育厅每年下达 1 万人次的培训任务，但学院老师上讲台的机会并不很多，学院在院内开展说课评课岗位练兵，毕竟也是"模拟演习"。那么，如何让教师有更多的"实战练兵"机会呢？福建教育学院把拓展委托培训作为培养教职工市场竞争意识、锻炼提高教职工队伍的重要工作来抓。面对培训逐步走向市场的新趋势，积极鼓励各部门拓展计划外培训；在争取计划外培训项目中，让教职工学会按市场竞争规则办事，增强市场竞争意识，增强提升培训质量、树立福建教育学院品牌的责任感与紧迫感，努力提升培训本领。

福建教育学院拓展委托培训于 2010 年开始起步。2010 年，学院在承办福建省教育厅下达的培训计划的同时，承接了 4 个委托培训项目。这 4 个培训项目，有 3 个是福建省教育厅有关部门委托的培训，实际上仍然是"行政调拨"，只有 1 个项目是真正在市场竞争中拿到的——这个项目是青海省委托的第一期小学骨干校长研修培训。4 个委托培训项目共培训 435 人，这是学院掘到的委托培训项目的"第一桶金"。虽然拓展培训项目不多，但让大家感受到培训市场潜力很大；而且最为关键的是：我们有没有走向市场的能力与实力。

2011 年，福建教育学院拓展培训乘势而上，承接了新疆昌吉州教育行政干部培训班、重庆市万州区骨干教师提高培训班、青海省第二期骨干校长高级研修班、宁波市鄞州区教育行政干部和小学校长培训班等，委托面授培训达 2226 人。培训项目人数的增多，鼓舞了福建教育学院人到市场的大海中"游泳"的信心与勇气。对市场上争取到的培训项目，学院十分重视。记得校长研修部承接宁波市鄞州区教育行政干部培训班时，学院几位领导亲自到培训班上课。福建教育学院人的认真、专业，让鄞州区教育局干部深受感动，之后鄞州区又委托学院办了几期培训班。

2012 年，福建教育学院计划外培训取得较大突破。当年共承接福建省内外教育行政部门和教师进修院校委托培训40个项目，培训人数3675人；承接福建省内外各类远程培训项目培训9.2万人次。

随着培训影响力的扩大，2013年，福建教育学院承接福建省内外各级教育行政部门、教师进修院校委托面授培训项目54个，培训人数6580人；承接远程培训项目47个，培训7764人次。2014年，承接福建省内外委托培训项目128个，面授、远程培训超8万人次。2015年，承接委托面授、网授培训项目43个，培训24949人次。2016年，承接129个项目，培训76080人次。2017年，承接256个项目，培训68467人次。2018年，承接339个项目，培训57836人次。2019年，承接366个项目，培训56356人次。

福建教育学院承接的各类委托培训项目逐年攀升，让教师有了更多的"实战"演练机会。大家在承办委托培训项目中，了解到培训市场的需求，倒逼教师改革创新培训内容、培训模式，所有的培训参与者都在接触市场中得到了磨练和锤炼。这样的实战练兵，对提升教师培训能力、促进专业培训师的成长起到了极大的推进作用。承接委托培训，也让教师逐步适应未来培训市场竞争的挑战，增强市场意识，学会市场竞争规则，增强提升培训能力与实力的责任感紧迫感。承接委托培训项目，还让福建教育学院人收获了对未来发展的信心，增强了"小校能有大作为""小校能有大发展"的自信。

福建教育学院承接的各类委托培训项目逐年攀升，也彰显了福建教育学院培训质量得到了社会广泛认可，彰显了福建教育学院培训能力与实力的提升。从培训工作让人感到"拿不起、放不下"，到现在样样拿得起、做得好，这里既有福建教育学院人的不懈努力与追求，也要感谢市场对福建教育学院人的教育与推动。当双脚迈进市场之后，市场的需求、市场优胜劣汰的规则，对福建教育学院人是最好的实战练兵。在实战练兵中，福建教育学院人的能力得到了提升，学院的综合实力得到了增强。

校园文化：从深厚积淀中凝练提升

大学文化，是一所大学在传承、梳理和创新知识的过程中，所创造并能体现自身思想观念和价值追求的文化。大学文化，包括精神文化、行为文化、制度文化和环境文化等等。每所大学都拥有自己独特的文化。它不仅彰显一所大学所认同的价值观念，更是积淀了大学一脉相承的人文传统，具有行为导向、价值规范和凝聚人心、氛围感染的重要作用。

成人高校是大学的重要组成部分。成人高校文化，既具有普通大学文化的共性，又具有成人高校的特性。成人高校文化的独特性，表现在它与普通高校大学文化具有三个方面的差异：一是文化认同上的差异。成人高校学生（学员）在校时间不长，短时间内难以形成高度的文化认同。二是文化传承上的差异。大学文化需要一代一代师生的传承积累，而成人高校学生（学员）在校时间短，大学文化的传承创新受到一定影响。三是文化归属上的差异。每一所大学的学生毕业后对母校都有一种依恋的情结，都有想回母校走走看看的冲动，这就是文化归属的力量。而成人高校由于学生（学员）流动性大，在校熏陶时间短，学生（学员）离校后很少有回母校走走的冲动，这反映了成人高校的文化属性问题。

正是由于成人高校与普通高校这种文化上的差异，导致成人高校虽然有深厚的文化积淀，但成人高校文化往往不受重视，没有进行系统的梳理与凝练。

成人高校要不要建设大学文化？成人高校的大学文化作用如何呢？在加强学校办学内涵建设中，福建教育学院党委对成人高校大学文化建设进行了一番思考与探索。

作为一所以培训中小学校长、教师为主业的成人高校，福建教育学院的大学文化与普通高校的大学文化有哪些不同的特点呢？第一，成人高校的大学文化传播速度更快。普通高校育人周期一般在 4 年以上。成人高校一般以培训为主，培养人才的周期短，所以文化传播的速度比普通高校更快。福建教育学院面授培训周期平均为半个月，大学文化所体现的精神文化、行为文化、制度文化和环境文化等传播速度，以半个月的周期迅速进行传播。第二，成人高校大学文化影响范围广。普通高校以文化人的对象是在校学生，成人高校培养对象来自各个行业。福建教育学院培训对象是中小学校长和骨干教师，每年面授数万人次，网络培训上十万人次。大学文化影响面涉及福建全省中小学校长、教师，其范围比普通高校更加广泛。第三，成人高校文化穿透力更大。成人高校培训对象往往是单位骨干分子，骨干分子又会影响周围群众。从这个意义上说，成人高校文化穿透力更强。福建教育学院的培训对象是中小学骨干校长、骨干教师，大学文化经过培训渗透到骨干校长、骨干教师中，直接影响他们教书育人的理念与行为，进而扩散到全省 30 多万名中小学校长、教师中，又通过全省中小学校长、教师向全省 400 多万名中小学生传递。通过分析思考，我们看到了成人高校文化具有独特的作用。因此，学院把加强文化建设摆在突出位置，努力构建成人高校特色文化体系，着力提升和深化成人高校文化内涵。

成人高校文化建设制约因素较多，建设大学文化有一定障碍。福建教育学院在进行学校文化建设中，针对成人高校文化建设的现状与特点，着力从五个方面构建成人高校特色大学文化体系。

第一，针对有积淀但没有挖掘整理问题，着力构建精神文化。福建教育学院创办于 1956 年，在数十年的办学历史中，经历了创办初期的辉煌、"文化大革命"后复办时期的艰辛、世纪之交办学道路探索的困惑、新时期转轨的阵痛与登攀，有着深厚的文化积淀；一代又一代福建教育学院人胸怀大局、甘当人梯的精神，自强不息、奋力拼搏的精神，积累

◆ 由福建教育学院老院长逯敬康书写的福建教育学院精神：追求卓越，甘为人梯

了宝贵的精神财富。在开展大学文化建设中，福建教育学院从为基础教育服务、为提升中小学教师队伍素质服务的办学定位功能和地域特点出发，于2009年确定了以"师魂、基调、闽风"作为校园文化特色。

"师魂"，就是体现学院培训教师的功能与特色，并充分展示全省中小学教师的才艺与风采。

"基调"，体现以服务基础教育工作为核心，并充分展示福建基础教育深厚的文化积淀、辉煌的办学成就。

"闽风"，体现福建地域特色，并展示海西风貌特色。

"师魂、基调、闽风"的校园文化定位，具有独创性、特色性、操作性。在办学条件简陋，正在过渡办学的老校区，她传递出一种特殊的气质和气场，正像一位有思想的人一样，彰显出与众不同的气质。

福建教育学院办学理念类校园文化被喻为"九件套"，由校训、学院精神、办学宗旨、校风、教风、学风、校赋、校歌、行为规范等九个方面组成。办学理念类校园文化蕴含着认同、求异与创新。

认同，就是对社会主义核心价值体系的认同，对学院60多年办学传统积淀的认同。2010年以来，学院党委宣传部就办学理念类校园文化向全体教职员工、广大校友广泛征集意见，并进行反复讨论。经过充分酝酿、校教代会通过，确立形成了"追求卓越，甘为人梯"的大学精神、"敬业、精业"的校风等办学理念类校园文化。它是社会主义核心价值观在福建教育学院的落小、落细、落实。

求异，就是有自己的特色、自己的个性。福建教育学院以培训为主业，学院的教师要担当好"老师的老师"这一光荣职责，学院确立的教风是"研训一体"，学风是"知行合一"，具有自己的特色与个性。

创新，就是不断深化、不断发展。办学理念和办学思想是学校发展的理性导航，更体现出一种积极奋进的价值导向。没有创新和不断深化，就不会有卓越的校园文化。学院不断赋予校园文化新的内涵，福建教育学院校歌唱出了福建教育学院人"看到你在期待我，我就知道怎么做"的心声。

大学精神是大学文化的灵魂，是一所学校的风格与特色。2012年，福建教育学院经过教职工广泛讨论，凝练确定了"追求卓越，甘为人梯"的大学精神。"追求卓越，甘为人梯"作为福建教育学院精神，反映了学院创建以来教职工一贯致力于助力福建基础教育走在全国前列的远大追求；反映了福建教育学院教职工以当好"老师的老师"、争创全国一流省级教师培训机构作为自己的不懈追求，积极进取、拒绝平庸的精神风貌；反映了福建教育学院人"没有最好，只有更好"，永远向新的更高目标登攀的崇高追求。同时，也反映了福建教育学院作为培训院校，致力于"三个服务"的工作特点；反映了福建教育学院人甘当无名英雄的崇高精神境界；反映了福建教育学院教职工秉持"学高为师，身正乃范"的校训，敬业精业的品格、甘于奉献的精神。福建教育学院精神是学院践行社会主义核心价值观的集中体现，是学院办学特色和精神风貌的高度概括。

福建教育学院精神文化，还有校训、办学宗旨、校风、教风、学风、校赋、校歌和教职工行为规范等。

福建教育学院的校训是 1995 年确定的"学高为师，身正乃范"。校训参考了人民教育家陶行知的名言——"学高为师，德高为范"。此训训明，作为一名教师，不仅要具有广博的学识，还要有高尚的品德，要为人师表。

福建教育学院的办学宗旨是"为基础教育改革发展服务，为提升教师队伍素质服务，为新时代新福建建设服务"。"三个服务"的办学宗旨，源自福建教育学院的定位功能，也源自福建教育学院的优良传统与长期执着追求。

福建教育学院的校风是"敬业精业"。它的内涵释义是：忠诚教育事业、热爱教育事业、献身教育事业，勤奋学习、刻苦钻研，努力精通本职业务，争创一流工作业绩。

福建教育学院的教风是"研训一体"。它的内涵阐释是：学院作为培训专门院校，要融教科研与培训于一体，以高质量的科研支撑高水平的培训，致力于传播新理念、推广新教法、解决新问题、提高新技能。

福建教育学院的学风是"知行合一"。它的内涵释义是：教师与学员要勤奋努力学习，注重理论联系实际，弘扬行知精神，学与思统一，学与行统一。

福建教育学院的校赋由福建省著名作家陈章汉先生撰写。校赋写出了福建教育、福建教育学院深厚的历史文化积淀与辉煌，以及对未来的展望与期待，让人读了心潮澎湃，责任感、使命感油然而生。

福建教育学院的校歌《看着你在期待我》，由著名作词家、中央电视台原文艺部主任邹友开先生作词，著名作曲家、原福建省音乐家协会主席章绍同作曲。"看着你在期待我"的歌声，旋律激昂，激励着福建教育学院人在"三个服务"中敬业奉献。

福建教育学院精神文化的三个载体，"梦山论道"获福建省高校校园文化建设优秀成果一等奖，"大学精神""书香墨韵"获福建省高校校园文化建设优秀成果二等奖。

第二，针对有理念但没有认同归属问题，着力构建行为文化。福建教育学院自 2008 年主业转到培训中小学校长、教师的轨道上后，确定了"三个服务"的办学宗旨，并进一步完善了校训、校风、教风、学风等办学理念类校园文化。这些理念，首先要在全体教职工中形成高度的认同。为此，2019 年以来，福建教育学院广泛发动全院教职工讨论办学理念类的校园文化，在讨论中形成对校园文化的高度认同。学院还结合师德师风主题教育活动，进行校园文化宣传教育。2012 年，学院开展"学规范、树形象"师德师风主题教育；2013 年，开展"追求卓越、甘为人梯"主题教育；2014 年，开展"铭校训、见行动"主题教育；2015 年，开展"当四有好老师"主题教育，将学院办学理念类校园文化通过学习教育、"大家谈"、对照检查、民主评议、点评教育、树立典型等各种形式，让校园文化内化于心、外践于行。2012 年，学院发动教职工讨论、制定了《福建教育学院教职工行为规范》，从职业道德、教学行为、管理服务、礼仪行为等四个方面明确 20 条具体要求。其中，在职业道德规范方面，对教职工提出爱国守法、敬业精业、教书育人、严谨治学、服务社会、为人师表等 6 条具体要求；在教学行为规范方面，有 6 条具体要求；在管理服务规范方面，有 5 条具体要求；在礼仪行为规范方面，也有 3 条具体要求。这些行为规范，开始大家感到很束缚、不适应，后来渐渐接受，并形成自觉行动。学院的校园文化，通过教职工的行为规范，渗透到了培训学员中，让培训学员形成了一种文化认同，有一种文化归属。

第三，针对有舞台但没有"上演好戏"问题，着力构建展示文化。成人高校的舞台是广阔的，但人们往往觉得成人高校没有"上演好戏"，特别是成人高校的展示文化比较苍白。为此，福建教育学院积极筹建福建基础教育展馆和福建教育学院校史展馆，着力构建展示文化，让参训学员了解福建教育的历史、现在和未来，增强做好教育工作的光荣感、责任感和使命感。因老校区办学条件限制，福建基础教育展馆先做好电子版，待学院搬迁至新校区后再辟展馆进行布展。学院利用老校区有限的办学空间，努力展示"师魂、基调、闽风"的校园文化主题，让展示文化在成人高校中发挥独特的育人作用。

走进福建教育学院大门，映入眼帘的是"学高为师，身正乃范"的校训。它激励着福建教育学院人为助力福建基础教育腾飞而奋发努力工作。

学院行政楼大厅屏风，是一幅峡江棹歌图，山峦起伏、烟波浩渺，寓意福建教育学院仁爱之心如高山、如流水，连绵不绝，润泽教育。由老院长、中国书法家协会会员逯敬康书写的"追求卓越 甘为人梯"的福建教育学院精神，酣畅淋漓，气韵流动。行政楼的走廊，展示了福建教育重要事件、重大活动，让人领略到福建教育学院的厚重历史。2020年夏季，行政楼拆除，改作绿化广场。

教学楼是培训学员的重要场所。教学楼的楼道上主要展示培训活动场景，让学员了解学院的培训概貌。2020年，教学楼二层辟为师德博物馆，成为对培训学员进行师德教育的重要基地。

走进科学楼，映入眼帘的是叶飞同志为福建教育学院建院40周年的亲笔题字"培育园丁，丰功伟绩"。科学楼的楼道以名师风貌为主题，悬挂一幅幅福建省杰出人民教师图片，展示福建省杰出人民教师风采，激励人们学习名师、争当名师。

走进图书馆，高雅的书法四条屏让人赏心悦目。这是福建省著名作家陈章汉先生撰写的福建教育学院校赋。图书馆的楼道，展示福建教育学院教师书画作品。

盛德、彰德两座楼宇的命名，出自汉朝王充《论衡》篇的名句——"德弥盛者文弥缛，德弥彰者人弥明"。盛德楼楼道展示学院办学历史，彰德楼楼道展示福建省名校历史与现实照片。学员公寓勤耘楼楼道则展

◆ 由陈章汉先生撰、书的福建教育学院校赋四条屏

示福建书院风貌。

　　展示文化，让福建教育学院斑斑驳驳的老建筑增添了历史厚重感，也让人从中感受到责任与使命的熏陶与激励。

　　第四，针对有文本但没有自觉践行问题，着力构建制度文化。福建教育学院在长期的办学实践中建立了一系列规章制度。2008 年主业转变后，学院根据主业转变的要求，于 2010 年对原有的规章制度进行了梳理，形成综合管理、培训教学、科研管理、党建人事、后勤财务等方面的 162 个规章制度，编印成《福建教育学院行政管理制度汇编》《福建教育学院培训教学管理制度汇编》。2010 年以后，学院又制定了《福建教育学院章程》《福建教育学院贯彻党委领导下的校长负责制的实施细

则》等 89 个规章制度。2015 年，学院将新制定的规章制度编印成《福建教育学院规章制度汇编（2010—2015 年）》。

有了文本，并不一定代表已经形成了制度文化。制度是硬文化，文化是软制度。如何让制度真正内化成为每一个教职工"根植于内心的修养，无需提醒的自觉"，真正形成一种制度文化呢？福建教育学院党委自 2008 年主业转变之后，坚持每年组织开展"一个讨论"和"三个主题"教育活动，即每年组织一次解放思想大讨论，每年开展一个主题年教育活动、师德师风主题教育活动、党风廉政建设主题教育活动，坚持不懈地开展思想教育，坚持不懈地开展督促检查，坚持不懈地进行总结完善，让制度渐渐成为教职工的一种习惯、一种自觉、一种文化。

第五，针对老校区过渡办学问题，着力构建馆藏文化。福建教育学院正在筹建新校区，在老校区过渡办学期间，学院提早谋划好新校区环境文化，使搬迁到新校区后的学院不是文化苍白的钢筋水泥建筑组合体。为此，学院从校情出发，从"师魂、基调、闽风"的主题考虑，整体谋划新校区展馆文化、楼宇文化、走廊文化和环境文化，努力使新校区校园文化有特色、有看头，以展示全省中小学教师的才艺与风采，体现为基础教育服务的功能，充分展示福建基础教育深厚的文化积淀、辉煌的办学成就，体现福建地域特色与风貌。

学院特别下气力抓好馆藏文化。作为福建省唯一一所以服务基础教育为己任的高校，福建教育学院深知自己挖掘、整理、展示、弘扬福建基础教育光荣史的使命。2010 年，福建教育学院开始筹建福建基础教育史展馆、福建教育学院史展馆。经过多年征集资料、专家论证，已建成福建基础教育史展馆电子版和福建教育学院校史馆，为今后学院搬迁新校区布置展馆做好了准备。学院还从"师魂、基调、闽风"的校园文化建设主题出发，建了 10 个专馆。在校园文化建设领导小组成员林德泉、赵崇铁、张志刚、张平忠、杨文新、肖龙井、尹雪梅、林秋华、翁毓彰、

◆ 2014年，时任福建省人民政府副省长李红（左一）到福建教育学院调研，视察福建省中小学资料藏馆

陈微、范光基、陈晓虹、邱宁、林铁城、徐小敏及图书馆同志的坚持不懈的努力下，福建省教师著作展馆、福建省教师美术作品馆、福建省教师书法作品馆、福建省教师摄影作品馆、福建省中小学生书画作品馆、福建省中小学资料藏馆、福建省教师进修院校馆、教育志馆、闽誉馆、基础教育电子资源馆等10个专馆，与福建基础教育史展馆、福建教育学院校史展馆一起，成为福建基础教育的小"博物馆"。2020年，学院又筹建了师德博物馆，进一步丰富了藏馆文化。

福建教育学院的校园文化独具特色，在全省进修院校中起了示范作用，在参训学员中留下了深刻的印象。来福建教育学院培训的福建省内外学员反映，虽然一座座建筑不起眼，但因为有独特的校园文化，便让人过目不忘。

办学条件：从尴尬中思迁思变

为了完成学校的定位功能，学校应当具备一定的实力。学校的基础实力，一般包含办学条件（设施、设备、场地等）、校风、教学实力、科研实力、管理实力、创新实力、校园文化建设、领导力、为社会服务实力等等。其中，办学条件是基础实力中最基本的内容。

在福建省高校大家庭中，福建教育学院的基础实力无疑是相当薄弱的。单就办学条件来说，就处于全省高校的末位。

福建教育学院校区面积只有50多亩，由于历史的原因，其中20多亩被用于建设教职工宿舍及商品房，用于培训教学用地的只有34.77亩。本已很小的校园，又因教学区与教工宿舍区混杂、校区与社会商品房混杂，造成校区无法封闭使用。学校地处福州市西湖大梦山景区旁，建筑标高有限定，校区内无法盖高楼，给学校容积率带来影响。学校周边又是密集的居民区，如果对校区进行重新规划修建，按照后建让先建的原则，新建楼房应退后保持一定的距离，校内建设用地则所剩无几。2002年前后，在福建省高校大发展、大建设时期，福建省教育厅、福建教育学院都曾设想易地建设新校区，但由于种种原因而搁浅。福建教育学院错过了机会，丧失了一次宝贵的发展机遇。

2008年，福建省委、省政府确定保留福建教育学院，并赋予福建教育学院培训中小学校长、教师的职能。这时的福建教育学院，曾因办学定位问题"徘徊"了多年，校区因没有投入建设与修缮而破损不堪。学校的9座建筑物中，只有3座是框架结构，其余都是砖混结构，其中2座还是预制板楼板。在新时期、新使命面前，学院党政班子将建设新校区、改善办学条件、树立福建教育学院新形象，作为一项重大而紧迫的任务提到面前。

置换校园，筹措资金争取新校区项目

建设新校区，首先要有建设用地。在世纪之交，福建省进行大学新校区建设规划时，曾在福州地区大学新校区共享区内留有教师培训中心建设预留地。由于种种原因，后来没有安排给福建教育学院。福建省委、

省政府决定保留福建教育学院，能否把原定的规划地拿到手呢？ 2008年8月5日，时任中共福建省委常委、福建省人民政府副省长陈桦在福建省人民政府会议室，专题研究福建教育学院工作。学院班子汇报了学院发展规划，其中把选址建设新校区作为一件大事，请求福建省人民政府将福州地区大学新区的中心共享区内原规划教师培训中心的预留地和相邻的教科中心预留地合计约140亩地，作为福建教育学院校区新址建设用地。当时，陈桦副省长问了在场的福建教育学院班子成员吕建明、裴世柏、林德泉、丁崇文，能不能在现有校区办学？参会的学院领导班子成员异口同声回答，现有校区太小了，又家校混杂，必须建设新校区。陈桦副省长说，老校区作为公园扩大区，盘不了多少钱；要有资金才能建设新校区。

当时福建省内高校贷款超过50亿元，正处于建设还贷高峰期，政府教育经费紧张，而要用钱的地方又很多。那时对新建项目把得很紧，政府不再为学校建设贷款做担保，学校有资金才能上项目，我们的心头不免一紧。

在这次会议上，陈桦副省长对福建教育学院工作作了重要指示。对于福建教育学院新校区建设问题，陈桦副省长要求实事求是地推进新校区建设；要根据定位功能、培训要求制定建设方案；要坚持实事求是、勤俭节约、艰苦奋斗。

这次会议之后，福建教育学院党委根据陈桦副省长的讲话精神，对学院发展规划作了讨论修改。8月21日，陈桦副省长找我个别谈话，了解学院工作进展情况。我向陈桦副省长汇报拟用老校区置换的办法筹措资金建设新校区，如果这个办法可行，请求福建省人民政府支持划拨土地。陈桦指示，可以提出方案，与福州市商谈。领导的支持，让我心里有了底。但校区置换仅仅是个想法，跟谁置换、怎么置换呢？我们首先想到的是与地方政府搞置换、在教育系统内搞置换，让教育资源在教育系统内盘整使用，不减少教育资源总量。正是出于这样的考虑，在一次会议活动中，我碰到福州市鼓楼区人民政府区长林飞、鼓楼区教育局局长陈宏鸥，讲了福建教育学院准备到福州地区大学新校区建校区，但是缺乏建设资金，老校区位于市中心，可以盘整置换用来办义务教育。这是一次试探性的交谈。说者有心，听者也留意。大约半个月后，陈宏鸥给我打电话，说是鼓楼区委、区政府对教育非常重视，近年来区人民政府投入很多资金用于改善区属小学办学条件，区人民政府有意置换福建教育学院校区，用于改善湖滨小学办学条件。湖滨小学是鼓楼区内一所生源爆满学校，占地面积约 7.20 亩，2008 年时在校生超 2000 人，当时急需进行扩建，而学校周边已建成现代化建筑，无法扩容，便准备在学校附近的大梦山北侧选址征地 11 亩，再建一所湖滨新城小学。两所小学距离很近，但规模都很小，也不利于教学资源合理利用。鼓楼区人民政府为了推进区内义务教育均衡发展，决定斥资置换福建教育学院校区，以根本解决湖滨一带百姓子女上学难问题。当年，鼓楼区人民政府地方财政年可支配收入也只有一两亿元，区人民政府能舍得投入巨资改善学校办学条件，区教育局局长十分感动，我这个从福州市教育系统的过来人也十分感动。

2008 年 9 月 18 日，陈桦副省长召集福建省教育厅厅长鞠维强和我，专题研究福建教育学院工作。我向陈桦副省长汇报了学院办学有关工作及与鼓楼区接洽置换校区的意向。陈桦副省长要求福建省教育厅对福建教育学院办学经费、资源整合、岗位设置、职称管理、校区建设等作进一步研究、支持；对新校区建设，不要太大，要节约用地；并嘱咐校区置换与福州市再联络。会后，我向学院党政领导班子传达了陈桦副省长的指示精神，并与鼓楼区教育局局长陈宏鸥进一步联系。

2008 年 10 月 30 日，鼓楼区人民政府区长林飞、区教育局局长陈宏鸥一行到福建教育学院校区察看。林飞区长在察看后对我们说，校区置换是大事，待向鼓楼区委、区政府会议汇报，下周答复学院。

11月初，鼓楼区教育局回复，鼓楼区委、区政府已作研究，同意置换福建教育学院校区。双方约定，均向上级主管部门报告。

在福建教育学院、鼓楼区人民政府双方达成初步意向的基础上，鼓楼区人民政府于2008年12月8日向福州市人民政府上报《关于置换省教育学院现址有关问题的请示》，福建教育学院也于2009年1月12日向福州市人民政府上报《关于请求支持置换福建教育学院校区的报告》。2009年2月3日下午，时任中共福州市委常委、福州市人民政府副市长朱华主持召开专题协调会。会议议定，"由市教育局、市规划局负责，从规划角度论证提出拟置换的福建教育学院现址用于湖滨小学办学的相关意见"，"由鼓楼区政府负责，根据会议提出的意见，对置换方案作进一步细化后报市政府常务会议审定"。

在福州市人民政府研究同意鼓楼区人民政府提出的置换福建教育学院现址用于湖滨小学办学的意见后，福建教育学院于2009年3月3日向福建省教育厅上报《关于置换福建教育学院现址进展情况的报告》，陈述学院现址可盘活资金1.5亿元左右，学院现有积累资金5000万元，新校区建设自筹资金有2亿元左右，基本解决新校区建设资金问题，恳请福建省教育厅报福建省人民政府，尽快审批新校区建设用地，以抓紧在"三材"价格较低落的时期动工建设，使有限的资金能办更多的事。学院报告同时抄报陈桦副省长。

2009年4月6日，陈桦副省长约谈我，告知福建省人民政府已作了研究，福建教育学院新校区地块选址福建师范大学对面，地面上有些房屋，要通过福州市加快拆迁。后来从其他渠道了解到，福建省人民政府在研究调整福州地区大学新校区建设规划时，对中心共享区地块另有考虑，将福建教育学院、福建广播电视大学两所成人高校建在一块，调整到与福建师范大学学生公寓一路之隔的上街镇科技路西侧蔗洲村地块上，福建教育学院建设用地 245.946 亩，其中公用绿地 72.236 亩、学院用地 173.71 亩；福建广播电视大学建设用地 170 亩。

由于福建省人民政府已明确了学院新校区建设选址，老校区置换、新校区建设资金筹措也有了眉目，学院党委便把建设新校区提到了重要议事日程。2009 年 6 月 22 日，学院启动新校区选址工作。8 月中旬，与鼓楼区人民政府进一步接触商谈校区置换事宜。11 月 25 日，鼓楼区人民政府区长林飞带领区直有关部门负责人，来福建教育学院具体商谈校区置换工作。商谈会上，福建教育学院提出校区置换价格参照周边学校福州第十八中学征地价格每亩 530 万元；鼓楼区教育局提出，置换福建教育学院老校区是用于办义务教育学校，鼓楼区教育经费紧张，每亩最多出 500 万元。双方报价有差距，僵持不下。最后，林飞区长提出，对双方报价作折中处理，每亩 515 万元。考虑到当时土地拆迁行情，鼓楼区人民政府财政经费承受能力，且鼓楼区人民政府做一锤子买卖支持办教育不容易，这样的置换额度建设新校区够用，福建教育学院在场领导商议后表示接受。

商谈会后，鼓楼区教育局派人到福建教育学院实地登记、丈量等。鼓楼区委、区政府先后作了研究，同意参照福州市教育局征用福州第十八中学教育预留地价格，以每亩 515 万元置换福建教育学院校区用于湖滨小学办学。12 月初，鼓楼区送来置换《协议书（初稿）》。福建教育学院党委作了集体研究，并对《协议书（初稿）》作了认真审阅、修改，领导班子成员赵素文、吕建明、黄家骅、林德泉、郭春芳 5 人分别在《协议书（初稿）》修改稿上郑重签字，以示负责。至此，校区置换基本谈妥。

国有资产、教育资源置换是办学中的大事。2009 年 12 月 11 日，福建教育学院向福建省教育厅上报《关于置换校园变现资金建设新校区的请示》。经福建省教育厅、福建省人民政府机关事务管理局派人实地察看、核实，2010 年 5 月 26 日，福建省人民政府机关事务管理局给福建省教育厅复函："鉴于福建教育学院为筹集新校区建设资金的需要和促进教育资源循环利用，经省政府批准，同意福建教育学院将位于福州市鼓楼区梦山路73号梦山校区内的教学地块、生活附属区地块、综合楼地块总占地面积34.77亩及地面上13处建筑物（建筑总面积33114.82平方米，原值19228332元）按协议价17906万元转让给鼓楼区教育局，转让收入实行收支两条线管理。"2010年6月1日，福建省教育厅转发该函，并通知福建教育学院"严格按省政府机关事务管理局的复函意见执行"。

收到福建省教育厅、福建省人民政府机关事务管理局的文件后，福建教育学院与鼓楼区教育局法人代表分别在校区置换《协议书》上正式签字，时任鼓楼区人民政府区长杭东作为鉴证人也在《协议书》上签字。《协议书》写明校区置换面积、金额及自2010年至2012年分4期付款。双方约定，福建教育学院在新校区建成后，于2012年6月将校区转让土地及地面上的建筑物，交付鼓楼区教育局改办小学。

按照征迁、规划、建设的正常进度，福建教育学院新校区可望在2011年年底建好并投入使用。但意想不到的是，开工前的一切手续全部到位，却在征迁交地上卡壳了。由于这一地块历史遗留问题，造成征迁难的问题。在经过种种努力交地无望、学院等不起的情况下，2014年，适逢福建省人民政府、福建省教育厅重新修订福州地区大学新区规划，学院便向福建省教育厅、福建省人民政府报告，请求将福建教育学院新校区建设用地调回福州地区大学新区共享区原"教师培训中心"规划地块。在福建省人民政府、福建省教育厅的支持下，2015年8月28日，福建省人民政府下发《关于福州地区大学新校区总体规划修编方案的批复》，将福建教育学院建设用地调至福州地区大学新区共享区内原"教师培训中心"地块，面积135.38亩。虽然用地面积比原先小了一些，但靠近福州西客站，交通方便，且已是福州地区大学新区收储地块，征迁交地没有历史遗留问题。但是，规划用地变更之后，征地、规划等一切手续都得从头做起。在办理各种手续过程中，遇到了学院班子人事调整、对校区建设规模作调整等特殊情况，办理立项手续一来二去，耽误了时间点。2017 年 10 月，新成立的福州市高新区在开发旗山湖中，对位于旗山湖畔的福建教育学院用地有所考虑，以致征迁立项手续再度搁浅。学院坚持不懈地向上级反映，得到福建省人民政府、福建省教育厅的大力支持。2019 年 9 月 23 日，福建省人民政府召开研究福州地区大学新校区有关工作专题会，决定继续保留福建教育学院在福州地区大学新区选址地块，保证用地不少于 100 亩。2020 年，福建教育学院党委将征迁动建新校区作为年度一件大事，并积极与福州市鼓楼区进一步商谈调整老校区置换资金按现时参照标准事宜。但愿福建教育学院新校区在 2020 年能顺利开建。

筹建过程，一路思想"碰撞"

福建教育学院新校区在 21 世纪第一个十年虽然没有建成，但却留下了一路思想上的大"碰撞"。

新校区的筹建过程，是教职工智慧的大碰撞。2009 年 1 月，福建省人民政府将福建教育学院新校区建设列入 2009 年度省重点建设预备项目，福建教育学院正式启动新校区建设。学院成立了新校区建设领导小组，由赵素文任组长，吕建明、林德泉、丁崇文、郭春芳任副组长，学院有关部门负责人 11 人任新校区建设领导小组成员，下设办公室，由邱宁同志兼任办公室主任，开展新校区建设相关手续及基建规划设计等具体工作。

学院教职工是新校区的主人。为了让新校区建设功能好用、实用，学院让全院各部门参与新校区建设规划的谋划与设计。基建办制定的《福建教育学院新校区校园设计任务书（征求意见稿）》，于 2009 年 11 月印发全院各部门广泛征求意见。根据新校园占地面积及学院办学规模、建设资金等实际情况，规划新校区按同时承担 800 名中小学校长、骨干教师和 600 名函授学员的培训、教学任务，学院本部教研、培训及行政管理等 350 人的场所进行建设，新校区规划建筑面积 5.8 万平方米、总投资 1.95 亿元，规划设计原则为统一规划、整体设计，建设具有福州地区建筑风格的书院式、园林式、现代化的新校区。经过全院各部门对校舍功能及使用情况的广泛讨论、征求意见，基建办对设计任务书进行多次修改完善，到 2010 年 2 月，形成正式的《福建教育学院新校区校园设计任务书》，并于 2 月 26 日面向社会进行福建教育学院新校区总平规划设计、单体设计、地质勘察设计项目公开招投标。2010 年 4 月，经福建省招标办组织公开招投标，福建工程学院的"福建工大建筑设计院"中标，成为福建教育学院规划设计单位。

福建工大建筑设计院设计的福建教育学院新校区总平规划，符合学院提出的建设书院式、园林式、现代化的新校区的建设理念要求，新校区的教学区、生活区、运动区、文化区分区明晰，单体设计具有福州民居特色，但在设计上，也存在诸多需要优化的地方。4~5 月份，学院将新校区设计图挂在行政楼一楼大厅进行展示，广泛征求全院教职工及离退休老同志意见。教职工和离退休老同志以主人翁的责任感，对校区建筑外观、单体建筑内功能设施等提出了许多宝贵意见。设计单位根据学院的修改意见，进行多次修订优化，而后正式确定了建设规划方案。

新校区的筹建过程，是福建教育学院人守旧与开拓思想的大碰撞。

2008 年年底开始，学院酝酿将老校区置换给鼓楼区办义务教育。那时教职工及离退休老同志对老校区割舍不下的感情，以及在市中心工作离家近等多方面因素交织一起，对新校区建设议论多多。为什么要把老校园卖掉？为什么要搬到那么远的地方去办学？学院党委通过会议、活动、个别谈心解释等各种形式，反复向教职工及老同志讲清建设新校区的必要性和紧迫性。建设新校区申请用地必须要有建设资金，而新时期政府不再为新的建设项目贷款做担保，只能靠学院自筹资金解决，置换老校区是自筹资金的主要办法。学院置换校区，不是与私人公司做买卖，而是在政府的主导、协调下，在福州地区大学新区划拨土地建新校，将老校区教育资源在教育系统循环使用——从全省教育大局来看，教育资源总量是增加，并没有减少；从学院小局来看，小校园变大校园、旧校园变新校园，既满足新时期培训教学需要，又能树立福建教育学院新形象……通过一次次的宣传解释，把教职工的思想逐步统一到学院建设新校区的举措上来。

2010 年，学院将新校区规划设计方案展示征求意见。即将动工兴建新校区，又在一些教职工思想上掀起了涟漪。学院党委又反复进行宣传教育，并将新校区建设提交院教代会讨论。2010 年 6 月 1 日，院教代会将新校区建设作为重要议题，分管新校区基建工作副院长郭春芳在会上对新校区建设规划作了详尽解释说明。经过院教代会代表表决，参会的 49 位代表，全票通过新校区建设方案。至此，新校区建设成为代表教职工意志和利益的合法合规的工作。

新校区的筹建过程，是福建教育学院人当前利益与长远利益的大碰撞。筹建过程是一场深刻的思想认识转变过程，是引导教职工从关注眼前利益到关注长远利益、从关注本代人利益到关注后代人利益的过程。新校区的筹建过程，也是一场深刻的主人翁意识教育过程，在新校区建设规划的讨论、修订过程中，每一个教职员工都参与其中，使新校区建设从少数人关注到人人关注，让每一个教职员工都成了新校区建设的参与者。新校区的筹建过程，更是凝聚人心、振奋人心的过程。对学院发展前景的期待，对学院共同利益、长远利益的期待，把全院教职工的心紧紧地凝聚在一起，全院上下精神振奋，更加团结和谐，更加积极进取。虽然新校区建设因种种原因受阻、耽误了很多年，但新校区筹建过程中给教职工思想观念上带来的变化，却是另一种的收获。

征迁土地，事情经过方知难

在福建教育学院新校区筹建中，征迁土地是十年迈不过的坎。

2010年9月3日，福建省重点办召开会议，对福建教育学院新校区建设列出动工前的工作时间表。按照这张时间表，福建教育学院新校区将于2010年11月底动工建设，2011年年底早就可以建成了。意想不到的是，所有工作皆因2010年9月10日施工队无法进场进行地质勘探而受阻。

2009年3月，经福建省人民政府批准，福建教育学院新校区选址在福州地区大学新校区科技路西侧原商住预留用地地块。福建教育学院于6月22日向福州市规划局办理了规划选址意见书。福州地区大学新校区管委会于6月24日函告闽侯县人民政府。但是在8月初，闽侯县上街镇蔗洲村却在福建教育学院选址地块上强行进行安置房桩基施工。福州地区大学新校区管委会工作人员巡查发现后，立即与闽侯县、镇、村有关负责人联系，要求立即停工，并立即函告闽侯县、福州市人民政府，要求紧急制止蔗洲村抢建行为。8月中旬，福建省教育厅、福建省重点办先后召开紧急协调会予以制止，但停工几天后蔗洲村又强行进行桩基施工。9月1日，福建省教育厅、福建省重点办向福建省人民政府办公厅报告，省领导作了批示，县、镇予以制止，蔗洲村才停止抢建施工。此时，村里已在80亩地块上打上了200多根桩。

80亩地是打不开的"结"。原来，对福州地区大学新校区科技路西侧原商住预留用地，蔗洲村认为其中80亩是县里同意作为村民留用地，所以在福建教育学院、福建广播电视大学进场施工前，村民抢先打桩动建；当抢建被制止后又设置重重障碍，阻挠两校征迁交地、进场施工。从2009年一直耗到2019年，两校新校区还是一张图纸，白白耽误了10年宝贵时间！

回想起与上街镇、蔗洲村打交道征迁交地的过程，是多么无奈！

自从福建省人民政府确定福建教育学院新校区建设用地选址在福州地区大学新区科技路西侧地块后，学院即与闽侯县、上街镇、蔗洲村联系，县、镇领导始终热情接待；但是，征迁交地却一直在"保稳定"中拖延，拖过元旦、春节，又有各级"两会"，又有清明、端午，又有中秋、国庆，一年"敏感时期"不断，安定稳定摆在第一位，就这样拖了一年又一年。

蔗洲村在与福建教育学院、福建广播电视大学沟通征迁交地中，以"80 亩地"为由不断提出各种条件。2010 年 4 月下旬，村委会和村民代表十多人到福建教育学院，要求学院划出一块土地给村里建一排店面，解决失地后的生活出路问题，并承诺一个月内解决搬迁问题。考虑到尽快推进征迁交地，也考虑到适当兼顾失地农民利益，让镇、村干部工作好做，学院研究提出了和谐拆迁的思路，得到上级领导的支持。当上级领导同意福建教育学院和谐拆迁的方案后，蔗洲村又得寸进尺，提出了新的要求：在福建教育学院与福建广播电视大学两个相邻的地块上建设商业步行街，街道两侧建设店面。在两校迫不得已同意建商业步行街后，村里又要求闽侯县人民政府再安排村民 80 亩生产生活留用地，并给予征迁、安置优惠政策。到 2012 年，又加码提出在福建工程学院预留地上划出 90 亩作为村民生产生活留用地；2013 年，提出补偿在原 80 亩地块上打桩退场费等等。一次一个新条件，当解决完这个条件后，又提出新条件。征迁交地就这样，耗了一年又一年。福建省委、省政府对福建教育学院新校区建设十分重视。2010 年、2011 年，时任福建省人民政府领导陈桦、苏增添先后 4 次召开协调会，督促闽侯县、上街镇加快福建教育学院新校区征迁交地工作。虽然每一次都确定了交地时间底线，但每一次都因为县、镇领导干部调整，或是"敏感时期保稳定"的原因而一拖再拖。

为了加快征迁交地建设新校区，福建教育学院想尽各种办法，积极争取各种机会，借助各方面的力量予以推动。福建教育学院新校区建设先后被福建省人民政府列入 2009 年、2010 年、2011 年省重点建设预备项目。2014 年列入福建省委、省政府关于进一步加快福建科学发展、跨越发展行动计划，作为福建省 2014 年下半年至 2015 年新开工的社会事业项目。2016 年，学院积极向中共福建省委巡视组反映，福建省人民政府办公厅将中共福建省委巡视组反映的福建教育学院新校区征迁工作进行专项督办。与此同时，在福建省党代会、省政协会等福建省重要会议上，学院领导都向福建省主要领导反映新校区建设问题。时任福建教育学院院长余建辉，副院长郭春芳、官明辉等同志经常到上街镇督促，新校区建设办公室邱宁、徐毅明、徐伟等同志更是每天跑镇村，后来干脆把办公室设在福州地区大学新区的"新区办"里。蔗洲村 80 亩安置地的"结"太深了，福建教育学院被耗了几年，我们等不起，也耗不起。2014 年，在党的群众路线教育活动中，时任福建省人民政府副省长李红到福建教育学院检查指导工作。学院向李红副省长汇报了新校区建设难题，请求福建省在福州地区大学新校区规划编修中，将福建教育学院校区选址调整回中心共享区的原规划地"教师培训中心"地块。在李红副省长和时任福建省教育厅厅长黄红武、副厅长曾能建的支持下，2015 年 6 月，福建省人民政府在研究福州地区大学新校区规划提升方案中，将福建教育学院新校区选址调整到福州地区大学新区中心共享区地块上，调整后的面积为 135.38 亩。经过一番磨难，学院新校区终于又返回"原点"，但已耗去 6 年时光！规划调整之后，所有手续都得从头做起。后又因学院内部特殊原因，项目立项未得到福建省发改委审批，以致新校区选址面临再次被调整的危险。在学院的积极努力下，2019 年 9 月，福建省人民政府在研究福州地区大学新区建设工作时，确定福建教育学院选址地块不变；但在用地面积上作了调整，"保证用地不少于 100 亩"。虽然用地面积小了些，但毕竟保住了新校区建设用地。但愿历经磨难的福建教育学院能早日动工建设新校区，实现几代人的梦想。

福建教育学院从 2008 年年底开始进行新校区建设的种种努力，到 2020 年写本书时，仍是一纸规划。这十多年，不仅耗费了学院发展的宝贵时光，也耗费了上级领导、学院党政班子成员和新校区建设办公室相关同志的诸多精力！事不经过不知难。或许有人会讲，这件事情过程复杂、未有结果，不值得一提。我则认为，福建教育学院新校区建设的坎坷历程，是福建教育学院奋力发展交响乐中的一个乐章。这一段历史虽然没有出彩，却写满了福建教育学院人的不懈追求与艰苦奋斗精神。而且这一段经历，也给教育管理工作留下诸多感悟。

感悟之一：对超过自身能力范围的事情，不能预定完成时间。福建教育学院在筹建新校区过程中，无土地、无资金，通过置换老校区筹集建设资金，既争取到项目用地，也解决了资金难题，应该说求变求进的思路是对的，工作措施也是有力有效的。但是在与鼓楼区人民政府签定置换、交接校区的时间点上，因对征迁土地难度估计不足，按正常建设进度推算交接校区时间，造成工作上被动。到了老校区转让交接的时间点，新校区还未交地，无法进场施工，学院处于"腹背受敌"的困境。从中感悟到，从事教育行政管理，对于自身能力范围内可掌控的事，胸有成竹，可以大胆去做；对于非自身能力范围内的事，不可掌控，要慎之又慎，包括制定工作规划、计划等，都要考虑自身能力范围内是否可以掌控，否则就会使工作落空或给自身带来麻烦。

感悟之二：凡事都要充分考虑条件，这个条件包括当时的条件及未来变化的条件。辩证唯物主义认为，凡事都离不开一定的条件。我们在做事情时，往往只考虑当时的条件，很少甚至不会去预测未来的条件。实际上，未来条件也是很难预测的。但如果仅仅只看到当时条件，而不去预测未来条件，或是对未来条件可能会产生什么变化没有多想，就会使工作处于不利。福建教育学院在置换老校区时，以当时新校区建设所需资金盘子考虑置换资金额度底线，以当时市场行情，参照老校区附近福州第十八中学征用学校预留地的价格考虑每亩土地置换价格，没有过多的考虑未来建设资金会发生多大变化，也没有预测未来中心城区房地产价格走势的变化。2012年时，以每亩515万元价格置换老校区，筹集资金1.79亿元，加上学院自有资金，新校区基建够用并略有盈余。由于征迁土地受阻，新校区建设到2020年尚未动工。经过多年，各方面条件都发生了很大变化。首先是老校区周边环境提升。虽然新校区地块也一样升值，但市中心的优势地位却是无可替代。其次是基建投资的变化。基建材料价格、人工费等都上涨，2012年确认的置换资金，当时可以盖好一个校园，到2020年时已显不够。所以，教育行政管理决策既不能离开当时条件，又要有一定的前瞻性，应该考虑未来哪些条件会起变化、哪个条件的变化会对其他条件起主要影响作用、这个主要条件的变与不变会对其他条件带来什么样的变化。今天不少人讲到福建教育学院老校区置换价格时都会说："置换价格怎么这么低呀！"这是离开当时当地条件看问题。但我们可以从后人的感叹中感悟到，教育行政管理决策必须要有对未来条件预测的眼光与能力。

感悟之三：机遇非常重要，机遇稍纵即逝，如果不能抓住机遇，就会耽误发展。世纪之交，在全省高校大建设、大发展时期，福建教育学院虽然在福州地区大学新区中心共享区内有新校区建设规划地，却因为办学定位不明而失去了建设与发展的宝贵机遇。2008年，福建教育学院办学定位明晰后，因种种原因省里调整了新校区选址地块，调整后的地块又碰上了闽侯县划出80亩地作为村民安置地，造成了征迁的重重障碍。到2015年福建省人民政府进行福州地区大学新区规划编修，将福建教育学院新校区选址重新调回中心共享区地块，这时已经耗去了7年时间。虽然耽误了几年，但如果2017年时学院抓紧办理各项手续，可能在2020年新校区也已经建成。可惜在第二次机遇面前，恰逢学院特殊时期，求大求全的良好动机，将2010年时福建省发改委核定的新校区总建筑面积5.8万平方米、建设项目总投资估算1.95亿元，于2017年5月上调至办学规模3500人、建筑总面积11.87万平方米、建设项目总投资4.2亿元。福建省发改委在受理立项审批时认为，福建教育学院调整的规划不够实在，致使建设用地立项审批受阻。后来新校区建设用地节外生枝，又陷入新的困境。2019年，在时任学院党委书记、院长郭春芳等领导班子成员的积极努力下，所幸当年8月福建省人民政府专题会议确定保留福建教育学院用地，才保住了新校区建设用地，但用地面积却调至103.07亩，减少了30余亩，且建设又耽误了3年！从福建教育学院新校区建设的坎坷路程中，切身体会到，教育管理者办事要抓住机遇。机遇稍纵即逝，能不能抓住机遇，对一个地方、一个学校的发展关系重大。

教师队伍：在"三个主题"教育中提振精神

一个单位员工的精气神，决定一个单位事业的兴衰成败。2008年，从发展的十字路口中走出的福建教育学院，如何让员工认清新形势、明确新任务、迎接新挑战？如何让员工振奋精神、凝聚力量、奋力拼搏，共谋发展？福建教育学院党委每年组织开展"三个主题"教育活动，以强有力的思想政治工作，引领教职工提起精气神，奋力登攀发展的一个个高地。

一年一个解放思想大讨论，提振精神，凝聚发展力量

2008年，福建教育学院主业转到培训上来。伴随着主业转变，经历了一场深刻的思想革命。在这场深刻的思想革命中，每年一个主题的思想解放大讨论，始终是最强的推力。

2008年学院主业转变之初，教职工求稳怕乱、因循守旧的思想比较突出。当时，人们思想上存在诸多疑惑：学历教育搞得顺风顺水，为什么要转向搞师训干训？我们有没有能力做好师训干训？师训干训的路

能走多远、走多久？针对教职工思想上的种种疑惑，2008年秋季，福建教育学院党委组织教职工围绕主业转变的主题，开展解放思想大讨论。在大讨论中，引导教职工从认清在基础教育改革与发展的责任中解放思想，从深化对校情的科学认识中解放思想，在认清目标、明确任务中解放思想，使广大教职员工认识到：实行工作重心转移，是新时期赋予的新任务，也是特色兴校、质量强校的需要；实行工作重心转移有很多困难，但也有很多优势，我们有信心、有能力搞好工作重心转移；目前福建教育学院正处在发展的重要机遇期，要抓住机遇，把福建教育学院做优做强。在解放思想大讨论形成思想共识的基础上，学院确立了新时期"三个服务"的办学宗旨。

2009年，在学习实践科学发展观活动中，学院以"坚持科学发展、搞好'三个服务'、做优做强福建教育学院"为主题，深入开展解放思想大讨论。这次的大讨论，紧扣"四个紧紧围绕"进行，即紧紧围绕学院办学定位，深刻领会福建省委、省政府对学院的定位功能，在学院发展规划与思路上集思广益、形成共识；紧紧围绕基础教育改革发展实际和教师队伍建设实际，深刻认识搞好"三个服务"的历史责任，在提升"三个服务"水平上集思广益、形成共识；紧紧围绕师训干训主业，围绕本部门、本岗位的工作实际，树立科学的教育质量观，在提高办学质量上集思广益、形成共识；紧紧围绕思想实际，深刻认识面临的新形势、新机遇、新挑战，增强信心、振奋精神，在破解学院发展难题上集思广益、形成共识。这次解放思想大讨论，把广大教职员工的思想认识进一步统一到福建省委、省政府对福建教育学院的定位功能上来，坚定了全院教职员工坚持特色兴校、质量强校，努力打造以培训为主业、研训一体、有特色高水平的成人高校的信心与决心，增强了做优做强福建教育学院的紧迫感、责任感和危机感。

2011年，在学习贯彻国家、福建省中长期教育改革与发展规划纲要

（2010—2020年）中，学院组织开展第三次解放思想大讨论，着重引导教职员工认清新形势、新机遇、新挑战，破除安于现状、不思进取、因循守旧、按部就班、贪图安逸、知难而退的思想，树立居安思危、开拓创新、积极进取、敬业奉献的思想观念，营造想干、敢干、会干的良好氛围。在深入开展解放思想大讨论、形成思想共识的基础上，学院党委根据福建省委、省政府对学院的定位功能和新时期福建基础教育面临的新形势、新任务，集思广益制定了《福建教育学院"十二五"改革和发展规划》。

2012年，福建省人民政府印发《关于进一步支持高校加快发展的若干意见》。学院党委以"提高办学水平，提升办学内涵"为主题，组织全院教职工开展第四次解放思想大讨论，引导教职员工分析学院主业转变以来取得的成绩、存在的问题和面临的挑战，进一步增强教职员工的责任感、危机感和使命感，增强干事创业的朝气、改革创新的勇气、开拓进取的锐气。在学习讨论中，学院党委注意引导教职员工联系工作实际，把解放思想大讨论与推动部门工作结合，加强规范化、精细化、标准化、专业化管理，学院的培训、科研和函授教育等工作出现了新的气象。

◆ 2012年3月28日，《福建日报》报道——《福建教育学院：创新培训模式》

2013 年年初，时任中共福建省委常委、省委教育工委书记陈桦，福建省教育厅厅长鞠维强在学院 2012 年工作总结报告上作了重要批示。学院党委引导全体教职员工围绕"创新年"工作部署，广泛开展大讨论、大调研、大反思、大改进活动，营造改革创新、追求卓越的浓厚氛围，推动培训、科研、教育服务、创建文明校园等工作上新台阶。

2014 年的思想解放大讨论以"坚定办学方向，树立小校要有大作为的意识"为主题，组织教职员工学习贯彻时任福建省委、省政府领导于伟国、陈桦、李红对高校工作、对福建教育学院工作的重要指示精神，引导教职员工从高校布局分工中，从福建基础教育发展的支撑中，从中小学教师专业发展的需要中，从发挥学院传统办学优势中，加深对福建省委、省政府关于学院办学定位的认识，增强办学定位的自信与自觉。这次的思想解放大讨论，在教职员工中进一步形成"小校要有大作为"的共识。教职员工一致感到：福建教育学院虽小，但可以在服务中小学教师专业成长上谋求大作为，在服务基础教育改革发展中谋求大作为，在引领中小学教师继续教育上谋求大作为，在引领学校文化建设上谋求大作为，在一业为主、多元发展上谋求大作为。

2015 年，学院以贯彻落实中共福建教育学院第三次党员大会精神，建设让政府放心、学员满意、教职工幸福的学院为主题，开展解放思想大讨论。

2016 年，学院以完善定位功能，搞好"三个服务"为主题，组织开展解放思想大讨论，引导全院教职员工坚定为基础教育服务的办学方向，增强定力、增加压力、激发活力，为实现"十三五"规划目标任务团结奋斗。

……

一年一次的解放思想大讨论，带来了教职员工思想观念的深刻变化、精神面貌的焕然一新以及学院事业的蓬勃发展。2011 年、2015 年，学院先后被福建省委、省政府授予福建省第十一届、第十二届文明学校；

2018年，被授予福建省直文明单位。

一年一个"主题年"活动，解决学院发展中的突出问题

福建教育学院在主业转变之后，面临着一个个新问题、新挑战。在问题与挑战面前，福建教育学院党委每年组织开展一个"主题年"活动，解决突出问题，推进事业发展。

主业转变之初，针对因多年办学定位不明，造成人心浮动、对外形象不佳的问题，2008~2009学年，学院组织开展"形象年"活动，着力强化教职员工的主业意识、服务意识、质量意识和主人翁意识。这一年，学院制定了培训管理规章制度，对老旧校园进行了修缮整理，创办了"两刊两网一信息"（《福建基础教育研究》《基础教育瞭望》、福建基础教育网、福建教育学院网、《福建教育学院信息》），努力为中小学校长、教师提供优质资源、优良服务、优雅环境，让学员（学生）满意，让中小学满意。

2009~2010年学年，针对培训质量上的突出问题，学院组织开展质量年活动，实施培训质量工程，全面推进培训工作规范化管理。学院印发《福建教育学院关于实施培训质量建设工程的意见》，从构建培训质量管理体系、重视训前调研、加强训中组织、做好训后总结反思、开发利用培训资源、加强教师队伍建设等六个方面提出24条具体要求。为了在全院形成浓厚的学习、钻研业务氛围，促进教师精心备课、认真上课，提高培训教学质量，学院组织开展了"岗位练兵"说课评课活动。学院还成立培训质量领导小组，建立培训质量分析制度，针对培训班的性质、类别，改革创新培训方式，努力提高培训的针对性、实效性。"质量年"活动强化了全院教职员工的质量意识，促进了培训工作从不规范走上规范，从只求过得去向求优求好努力。

2010年，学院面对内涵提升、外延建设的新形势，组织开展"建设年"活动。当年着力推进七项建设，即加快新校区基础设施建设、深化培训质量工程建设、提升网络平台建设、推进校园文化建设、加强培训体系建设、推进学习型学院建设、加强师德师风建设。时任中共福建省委常委、副省长、福建省委教育工委书记陈桦在《福建教育学院开展"建设年"活动》的信息上作了批示，对福建教育学院人鼓舞很大。这一年，除了新校区基础设施建设因征迁交地受阻未完成外，其他各项建设都取得了明显成效。

在 2008 年到 2011 年，主业转变头三年的过渡期中，福建教育学院既有培训，又有高职教育——这一时期，主要推动职能转变，接好培训任务，推动从不会做培训到会做培训；这一时期，学院的培训工作还很粗放。为了推动学院从专门走向专业并向专家提升，2012 年，学院组织开展"管理年"活动。在"管理年"活动中，致力于在全院教职员工中推动形成管理就是质量、管理就是形象、管理就是文化，管理就要从细节抓起，管理要久久为功的共识。在"管理年"活动中，围绕办政府放心、学员满意、教职工幸福的学院，大力推进"四个化"，即行为规范化、工作标准化、办事精细化、研究专业化。当年在课程体系建设、培训形式手段创新、培训精品项目、培训资源库建设、培训学员信息电子化管理、委托培训、培训联盟协作、申报国培基地等八个方面取得了新突破。

在学院发展的新时期，提升办学内涵、解决学院发展中的突出问题、应对激烈的培训市场竞争、调动人的积极性和创造性、形成新的学院文化等，都迫切要求学院推进改革创新。2013 年，学院开展"创新年"活动，围绕"十二五"学院事业发展规划提出的在福建省内基础教育起重要引领作用、在全国教师培训领域具有重要影响作用的一流省级教育学院的总体目标，从破除惯性思维和不合时宜的模式入手，从学员反映强烈的问题入手，从阻碍教职员工积极性的问题入手，从影响工作效能的问题入手，推动优质培训、优质资源、优质服务。"创新年"重点围绕七个方面改革创新，即围绕办学员满意的培训，推进培训工作改革创新；围

◆ 2012 年 9 月，福建教育学院承办全国教育学院第二十届书记院长协作会

绕提高科研工作的时效性，推进调研科研改革创新；围绕做强"网上福建教育学院"，推进教育信息化改革创新；围绕一业为主多元发展，推进教育服务改革创新；围绕理顺机构人事，推进体制机制改革创新；围绕提升师资队伍素质、推进教师队伍建设改革创新；围绕创建平安文明校园，推进党建思政工作改革创新。这一年，福建教育学院以入选教育部 3 个教师队伍建设示范项目、院级 15 个培训模式改革示范项目为龙头，积极探索基于实践环节的教学模式改革，有效提升了培训质量。

2014 年，福建教育学院开展"改革年"活动。学院印发全面深化改革实施意见，紧紧围绕提升培训引领力、激发办学活力、挖掘办学潜力、增强综合实力、提升为基础教育服务的整体能力，以"七大攻坚"为重点，推进培训模式改革、推进科研管理制度改革、推进人事分配制度改革、推进后勤财务管理制度改革、推进"网上福建教育学院"建设、推进多元化开放办学、推进文明和谐校园建设等多方面的改革，促进学院各项工作长足发展。这一年，学院培训质量提升、竞争力增强，通过竞标先后获得教育部 2014 年国培计划项目 10 个，国培项目绩效评估师训项目在全国 56 个承办院校（机构）中名列第二位，干训项目在全国 35

个院校（机构）中名列第10位，国培组织管理在全国各省（直辖市、自治区）中名列第9位。

2015年，学院组织开展"品牌年"活动，在教职工中强化培育品牌、争创品牌、服务品牌、爱护品牌意识，集中打造培训、基础教育智库、网上福建教育学院、基础教育专项服务、校园文化、函授教育等"六个支柱品牌"。这一年，"六个支柱品牌"建设取得良好成效。其中，在培训品牌建设方面，在做好上万人省培项目的同时，通过竞标获得教育部"国培计划"项目27个，在国培项目绩效评估中，

◆ 2014年，中国教师报报道福建教育学院助力闽派教育

被抽检的5个项目位居全国前列。在网上福建教育学院建设方面，学院主办的福建基础教育网点击量达1.45亿人次，稳居全国省级教育信息综合网站排行榜前3位。在校园文化建设方面，"梦山论道"被评为福建省高校校园文化建设优秀成果一等奖。与此同时，学院基础教育智库、基础教育专项服务、函授教育等工作也都取得新突破。学院被福建省委、省政府授予福建省第十二届文明学校。

涛声过后——教育管理沉思录

◆ 2012 年 4 月，福建教育学院牵头举办海西 20 城教师培训协作会

　　2016 年，围绕提升办学内涵，努力办让政府放心、学员满意、教职工幸福的学院这一核心，组织开展"精品年"活动，引导教职工树立精品意识、深化品牌建设，推动各项工作出精品、上水平。这一年，学院的"五个作用""六个支柱品牌"建设均取得新成效：通过竞标获得教育部"国培计划"项目 41 个，实现国培项目数量、涉及学科覆盖省份等多方面新的突破；在教育部组织的国培项目质量检查评估中，福建教育学院被抽检的 7 个项目，2 个名列全国第一，3 个名列全国第三，2 个名列全国第五，显示学院培训质量稳居国家优秀标准。

　　2017 年，学院组织开展"绩效年"活动；2018 年，开展"奋进年"活动；2019 年，开展"攻坚年"活动；2020 年，开展"治理年"活动。一年一个"主题年"活动，一年重点解决一个突出问题，推动了学院办学水平步步提升。到 2019 年，福建教育学院从主业转变之初的"三不像"单位（不像机关、不像普通高校、不像培训机构），发展成为在全国具有一定影响、培训质量优秀的省级教育学院，实现了培训工作从专门、

◆ 2015年，中共福建教育学院第三次党员大会选举的党委班子成员：黄清波、官明辉、黄家骅、赵素文、余建辉、郭春芳、赵崇铁（从左至右）

专业向专家的跨越和提升。

一年一个主题师德师风教育，激发教师责任感、使命感

福建教育学院教师是"老师的老师"，因此师德师风的要求更高、更严。学院对教师的师德师风教育一年一个主题，具有很强的针对性。在开展师德师风主题教育中，引导教师自觉践行"学高为师、身正乃范"的校训，努力做有理想信念、有道德情操、有扎实学识、有仁爱之心的好老师。

主业转变之初，针对教职员工中存在的畏难思想，学院于2008年秋季，在全院集中开展以"责任·自励"为主题的师德师风教育月活动。活动以教职工自我激励和自我教育为主，引导教职工联系思想和工作实际，开展对照反思，增强搞好"三个服务"的责任感、使命感，在培训服务、教学管理、校园环境、学生管理、机关作风等方面出现了新气象。

2009 年，针对教职工中存在的安于现状、不思进取，马虎应付、不善钻研，看重得失、缺乏奉献等不良作风，学院组织开展以"敬业·精业"为主题的师德师风教育月活动。教职员工通过联系思想实际，查找思想、工作、作风上的差距，形成了对敬业、精业的新共识。后来，"敬业精业"被确定为福建教育学院校风。在开展"敬业·精业"师德师风教育月活动中，学院组织开展中青年教师片段教学竞赛、首届十佳教师评选表彰活动、"岗位练兵"说课评课活动等，在全院营造了"敬业精业"的浓厚氛围。

2010 年，学院培训任务开始增多，学院党委提出办学员满意的培训。但在教师队伍中，存在一些与新任务、新要求不相适应的问题：一些教师工作主动性不够，主业转变两年了，还未完全进入新的工作状态；有的存在自我满足、自我陶醉思想；有的在工作中互相推诿、敷衍了事等等。之所以存在这些问题，其症结在于教师的事业心、责任心不强。针对教师队伍中存在的问题，学院开展以"事业心、责任心"为主题的"师德建设年"活动。活动围绕建设"四个基地""两个中心"的发展目标，围绕搞好"三个服务"、办让学员满意的培训的具体要求，引导教职工

◆ 2009 年，福建教育学院组织开展评选表彰首届十佳教师活动，树立身边的先进典型

开展十个方面的自查自纠，促进了教风、学风、工作作风的好转。

2011年是实施学院"十二五"改革和发展规划的第一年，学院组织开展了以"敬业、奉献"为主题的师德师风教育活动，着重开展五个方面教育，即形势任务教育、学院发展愿景教育、先进典型教育、自我反思教育、部门点评教育，以进一步增强广大教师教书育人的责任感、紧迫感，增强主业意识、服务意识、质量意识和主人翁意识，激发教职工的工作热情为学院发展服务、充满感情为培训学员服务，努力办学员满意的培训、做学员满意的老师。

2012年，在学习教育部印发的高校教师职业道德规范中，学院组织开展以"学规范、树形象"为主题的师德师风教育活动，引导广大教职员工学习践行高校教师职业道德规范和学院校训、校风、教风、学风，在形成共识的基础上，制定了《福建教育学院教职工行为规范》，内容包括职业道德规范、教学行为规范、管理服务规范、礼仪行为规范等四个方面共计20条具体要求，使福建教育学院人行为规范更加具体化。

2013年，围绕学院开展"创新年"的工作要求，组织开展以"追求卓越、甘为人梯"为主题的师德师风教育，激励教职工仰望星空，勇于向新的、更高的目标登攀，努力争创一流工作业绩；脚踏实地，敬业精业，努力搞好"三个服务"，齐心协力做优做强福建教育学院，使"追求卓越、甘为人梯"的福建教育学院精神进一步融化进教职员工的血液中，化作每个人的自觉行动。

2014年，学院开展"改革年"活动。围绕"改革年"全面深化改革、提升办学内涵这一核心要求，学院组织开展以"铭校训、见行动"为主题的师德师风教育活动，引导教职员工自觉增强教书育人的光荣感和责任感，自觉践行"学高为师、身正乃范"的校训，自觉践行校风、教风、学风和《福建教育学院教职工行为规范》，努力做社会主义道德的示范者、师德师能的引领者、校训校风的践行者，以自己的人格魅力和学识

涛声过后——教育管理沉思录

魅力教育影响学员，在培训主业中展示福建教育学院人的风采。

2015 年，在深入学习贯彻习近平总书记 2014 年教师节前夕讲话提出的"四有"好老师的要求中，学院组织开展以"当四有好老师"为主题的师德师风教育活动。以"四有"标准为核心，以师德师风教育活动为载体，结合学院当年开展"品牌年"的工作部署，引导教职员工志存高远、立德树人，努力做有理想信念、有道德情操、有扎实学识、有仁爱之心的好老师，办学员满意的培训，努力打造福建教育学院品牌，推动各项工作提质增效。

2016 年是福建教育学院建院 60 周年，学院组织开展以"我为学院添光彩"为主题的师德师风教育，引导教职员工大力弘扬"追求卓越、甘为人梯"的福建教育学院精神，立足本职本岗位，以实际行动为福建教育学院争光添彩。

2017 年，学院开展"提品质、促绩效"主题教育；2018 年，开展"奋进·担当"主题教育；2019 年，开展"爱国·奉献"主题教育；2020 年，开展"崇德·尚礼"主题教育。

一年一个师德师风主题教育，针对性强，重点突出，坚持不懈，久久为功。

与此同时，学院还采取一系列措施，加强教师队伍建设。一是组织安排一批教师下校听课调研、顶岗任教。在主业转变之初，学院每年派出一批中青年教师到福州地区中学顶岗任教、听课调研，让中青年教师熟悉中学教学、管理，为提高培训针对性、实效性打下坚实的基础。二是广泛开展"岗位练兵"说课评课活动，努力提升教师培训业务能力。三是组织开展全院教师培训能力认定工作。从 2011 年开始，开展培训教师培训能力认定，全院有 101 名教师通过考核，分别认定为培训首席教师、主讲教师、合格教师。四是积极引进高层次人才。根据学院定位功能，学院以"三个一"（每个学科至少有一名教授、一名省级中学名师或特级教师、一名博士）为人才队伍建设目标，加大高层次人才引进力度，有效调整了各学科教师队伍结构。五是聘请一批兼职教授、兼职教师。2008年首次聘请15位，2009年又聘请77位中小学和高校名师担任福建教育学院兼职教授，并筛选聘请134位中小学名师作为福建教育学院培训兼职教师，组建了一支兼职教师队伍。六是评选学院十佳教师，树立身边的先进典型。学院于2009年、2013年、2019年先后组织开展三届学院十佳教师评选表彰活动，并开展评选表彰"师德标兵""教学名师"活动，激励广大教师爱岗敬业、教书育人，办学员满意的培训。七是每年举办一次"读书节"活动。从2010年开始，学院每年举办一次读书节活动，引导教职员工多读书、读好书，大力推进学习型学院建设，促进工作学习化、学习工作化。八是加强学科团队建设。根据教师学科专业方向和基础教育学科的门类建立学科教研室，并以教研室为单位组建适合教师专业发展及教学与培训任务的教学团队。2010年开始，

◆ 2008年，福建教育学院首次聘请时任福州第三中学校长邵东升（左）等15位中小学名师、高校名师担任兼职教授

◆ 2016年，作者参加第十届国家督学聘任仪式。图为国务院领导向国家督学颁发聘书

扶持教育管理学、思想政治、信息技术、中学生物、综合实践等优势学科、教学团队建设，并组建以名师为领衔的8个名师工作室，充分发挥学科团队、名师工作室凝聚带动作用，促进教师队伍专业发展。

师德师风建设、人才队伍建设，使福建教育学院教师队伍精神面貌发生很大变化，一支充满理想、敬业精业的教师队伍正在成长。主业转变十余年，福建教育学院教师中，有1名入选国务院特殊津贴专家，1名被聘为国家督学，2名入选福建省哲学社会科学领军人才，14名入选教育部"国培专家"，20名入选教育厅"省培专家"，13名入选福建省高中课程教学指导委员会委员，5人入选福建省义务教育课程教学指导委员会委员。

福建教育学院主业转变以来，每年坚持开展"三个主题"教育活动，是党建、思想政治工作寓于学院培训主业、教师队伍建设之中的积极有效探索。从中可以得到有益启示：学校的党建、思政工作必须找准有效载体，必须虚功实做，必须坚持不懈、久久为功。

新闻界有一位名人说过："在改革的过程中，不仅要向前看，也要向后看。好比坐着轮船在海上航行，旅客总是埋怨船走得太慢；只有经常回头看，才会发现自己离原来的出发地已经很远，离目的地已经越来越近了。"福建教育学院自 2008 年开始进入发展史上的第二个转折，如今已经过去十余年，虽然有的工作还不尽如人意，但在奋力爬坡的路上，留下了一路奋力登攀的脚印，也写下了一路的进步成绩。祝愿福建教育学院这艘航船能够一直乘长风破万里浪，勇往直前、勇往直前！

后　记

　　五载掏心格上爬，三书写就满白发。得失名利全不计，只为史山添粒砂。

　　2016 年年初，在我即将卸任之时，萌生了写三本书的愿望：把我生活过的建新村庄的故事、工作过的《福州晚报》的故事和教育管理中的故事整理出来，为地方史、报业史、教育史留下一些历史资料。五年来，我为之而努力。

　　2017 年年底，《挥不去的乡愁——忆建新村庄》一书出版。2020 年年初，《我心难忘——福州晚报世纪之交的故事》出版。如今，《涛声过后——教育管理沉思录》也出版了，我心充满欢欣。

　　生活与工作本身就是一本厚厚的书。但是，当想将之用文字的形式展现出来时，才发现是这么难以下笔：那些飘然远去的记忆，要想把它们捕捉回来，并不容易；那些零零杂杂的事情，要想把它们拎出来，也有些困难。好在我以往做了一些笔记，可以循着笔记本上那被岁月抹得淡淡的字迹，一路寻找，一路挖刨。

　　21 世纪之初，在教育改革发展的特定阶段，教育管理中遇到的一些事情，在后人看起来，或许觉得是奇事、怪事，也或许觉得是小事、平常事；但不论后人怎么评判，这些事情都是这一时期教育改革发展途中真真切切的历史影像。把它们回放出来，目的是留下教育改革发展特定阶段教育史上的一些细节和一些详尽资料。

本书自 2019 年 4 月开始动笔，2020 年 5 月完稿。在本书写作过程中，福州市教育局老同事连仲恺、何旺金、黄林、黄耀荣、詹翌、何睦童同志，福建教育学院范光基、肖龙井、尹雪梅、林铁城同志，福州晚报左莉伟同志等，在提供或整理资料方面给予了热情支持；海峡文艺出版社、福州良之文化传媒有限公司等单位给予诸多支持帮助。在此，谨向各位朋友的支持帮助表示深深的谢意！

赵素文

2020 年 10 月 10 日

涛声过后——教育管理沉思录